教育

因培育灵魂而神圣

袁仁超 ◎ 主编

我以为好的先生不是教书，不是教学生，乃是教学生学。教学生学有什么意思呢？就是把教和学联络起来：一方面要先生负指导的责任，一方面要学生负学习的责任，对于一个问题，不是要先生拿现成的解决方法来传授学生，乃是要把这个解决方法如何找来的手续程序，安排停当，指导他，使他以最短的时间，经过相类的经验，发生相类的理想，自己将这个方法找出来，并且能够利用这种经验理想来找别的方法，解决别的问题。

——陶行知《教学合一》

人民日报出版社·北京

图书在版编目（CIP）数据

教育因培育灵魂而神圣 / 袁仁超主编 . –– 北京：
人民日报出版社 , 2019.11
ISBN 978 – 7 – 5115 – 6248 – 7

Ⅰ.①教… Ⅱ.①袁… Ⅲ.①小学教育—教育研究
Ⅳ.① G622.0

中国版本图书馆 CIP 数据核字（2019）第 238516 号

书　　名：**教育因培育灵魂而神圣**
　　　　　JIAOYU YIN PEIYU LINGHUN ER SHENSHENG

主　　编：袁仁超

出 版 人：刘华新
责任编辑：周海燕
装帧设计：中联学林

出版发行：人民日报 出版社
社　　址：北京金台西路 2 号
邮政编码：100733
发行热线：（010）65369509　65369512　65363531　65363528
邮购热线：（010）65369530　65363527
编辑热线：（010）65369518
网　　址：www. peopledailypress. com
经　　销：新华书店
印　　刷：三河市华东印刷有限公司

开　　本：710mm × 1000mm　1/16
字　　数：268 千字
印　　张：17.5
印　　次：2020 年 4 月第 1 版　　2020 年 4 月第 1 次印刷

书　　号：ISBN 978 – 7 – 5115 – 6248 – 7
定　　价：88.00 元

编委会

目　录

第一章　灵气校园　灵魂摇篮

什么是好学校？

一个学校好不好，不光要看今天，更要看20年、30年以后，这所学校的学生怎么样。如果在学校"圈养"几年，个个规规矩矩，却近视眼、驼背一大堆，学生怨恨学校、怨恨教师、怨恨书本、怨恨学习，这样的学校尽管成绩再好，也是坏学校、"死学校"。

民进中央副主席朱永新指出，优质的学校是孩子们的天堂，他们在这里常欢乐，常惊奇，主动地探索，健康地成长；劣质的学校是孩子们的"地狱"，他们在这里常悲哀，常恐惧，被动地接受，人格在萎缩。

好学校是孩子们寻找伙伴、生发灵气的地方。重庆市双福实验小学（简称"福小"）就是这样一所灵气校园。

一、校标

重庆市双福实验小学的校标造型简洁，富于动感。主体由"双福"的拼音声母的大写字母"S""F"组成，似一个快乐自信、向前奔跑的小能人；似翻开的书本；又似帆船在大海中航行，象征福小学子迎着朝阳，在知识的海洋中遨游；又如一只大手托起孩子，寓意福小学子在学校、老师的呵护下，健康快乐地成长。主色彩为橙色，色彩

鲜明，象征着阳光、欢乐、朝气蓬勃。辅助色为红蓝二色，红色象征吉祥、热情、健康、富有生命力，蓝色寓意理智、睿智、永不言弃、海纳百川的精神。

二、校训石

校训石：坚如磐石，永不动摇！（2018 年 5 月 23 日拍摄）

三、快乐浮雕

一轮金黄的太阳（核心：小能人校标）放射出万道快乐自信的光芒，抚摸着"快乐自信自主规范充满梦想"的福小人。

校门柱：顶天立地，乐在其中

（2018 年 5 月 23 日拍摄）

四、八字校风

校风：快乐 自信 自主 规范（2018 年 9 月 28 日拍摄）

快乐使人成长，厌倦使人停步。

快乐使人身体无病，心灵无疾。——杰弗逊

人都不快乐了，还祈求干什么呢？——斯宾塞

自信使人成功，自卑使人失败。

培养人就是培养他的自信，摧毁人就是摧毁他的自信。

自信是成功的第一要诀。——爱默生

自主使人创新，盲从使人落后。

思维必须自由，敢想敢疑，是创新之源。教师的神圣就是敏感发现学生的潜能，不断鼓励，不断强化，不断暗示，不断引发，激活学生"梦想""冲动""钻牛角尖""与众不同""奇思异想""胡说八道""异想天开""另辟蹊径""标新立异"。呵护学生好奇心、自信心、求知欲、想象力。培养学生不唯师、不唯上、不唯书、不轻信、不盲从，敢想、敢疑、敢说、敢探的科学态度。

规范使人文明，散漫使人庸俗。

言行规范文明，乃做人之根本。上学、早餐、早读、上课、下课、作业、放学、两操、礼仪等规范是师生的言行指南。

五、书石

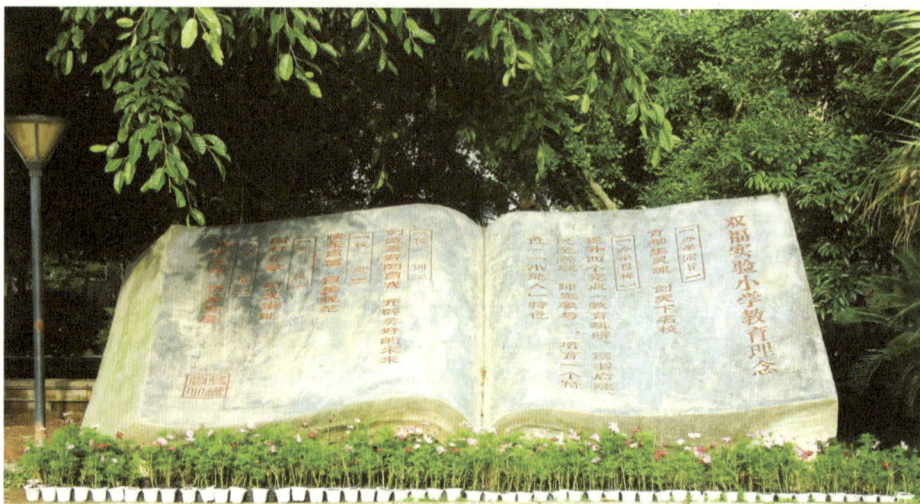

（2018 年 6 月 13 日拍摄）

　　书石之厚重，象征着办学理念的深邃与落实。这本书是修身养性、育魂激能的书，须慢慢翻、慢慢读、慢慢品味、慢慢修炼，以陶冶灵魂。

六、勤行雕塑

业精于勤荒于嬉，行成于思毁于随。——韩愈《进学解》（2018 年 5 月 23 日拍摄）

七、"小能人"浮雕

干能，能干，越干越能，不干无能。你行我行，人人都行！（2018 年 5 月 12 日拍摄）

八、24 字社会主义核心价值观

（2018 年 11 月 7 日拍摄）

富强、民主、文明、和谐，是国家层面的价值目标；

自由、平等、公正、法治，是社会层面的价值取向；

爱国、敬业、诚信、友善，是公民个人层面的价值准则。

九、24字心言

（2018 年 11 月 7 日拍摄）

三楼：雄心（志存高远）、信心（相信自己）、决心（坚定不移）、专心（一心不二）；

二楼：爱心（心怀他人）、诚心（真心诚意）、耐心（不厌其烦）、恒心（坚持不懈）；

一楼：虚心（谦虚谨慎）、静心（平心静气）、精心（一丝不苟）、用心（使用心力）。

十、健体浮雕

（2018 年 5 月 23 日拍摄）

十一、体育图案

跑跳投掷，喘气流汗，强我体能！（2018年5月23日拍摄）

十二、四园一林一大道

1.福旗园

（2018年5月23日拍摄）

巍巍福旗，志高致远

园内花木错落有致，风景四时不同，黄桷、雪松、银杏、文母、金弹子、红叶李、蒲葵、海桐球、铁树、桂花、万年青球，幸"福"一家，乐在"旗"中。生机盎然：春日笑看黄桷丫，夏雨乐听棕榈音，秋风趣拾银杏果，冬雪雅赏松高洁。"育魂之书"吸园中之灵气，润福小育人之理念。"育魂之师"，掩映于雪松之下，释"身正世范，为人师表"之内涵。巍巍福旗，志高致远！（贺建红）

2. 桂园

（2018 年 5 月 23 日拍摄）

桂花芳香扑鼻，八字沁人心田

桂花又名木犀、岩桂，是中国传统十大花卉之一，集绿化、美化、香化于一体。每逢中秋时节，桂园丛桂怒放。月下赏桂，芳香扑鼻，令人神清气爽。真是"暗淡轻黄体性柔，情疏迹远只香留。何须浅碧深红色，自是花中第一流"。

我认识你：香樟、天竺桂、女贞、红花继木、海桐球、南天竹、红叶石楠、十大功劳、八角金盘。（钱永琴）

3. 红梅园

（2018 年 5 月 23 日拍摄）

福小园中梅，棵棵放异彩

红梅，梅花的一种。落叶小乔木，蔷薇科，杏属。干呈褐紫色，多纵驳纹。小枝呈绿色。花于早春先叶而开，颜色水红至深红。

园中一株株红梅，干粗叶茂，株株各异。历经风雨阳光，自信地傲立风霜，快乐地迎寒绽放，就像福小一个个小能人，完整地茁壮成长。与园中盆栽云母（珍贵品种）相得益彰。

福小园中梅，棵棵放异彩。凌寒竞相开，暗香满校园。（杨先奎）

4. 紫薇园

紫微照笑脸，满堂红七洲

紫薇，属于千屈菜科紫薇属双子叶植物，别名小叶紫薇、细叶紫薇、百日红、满堂红、入惊儿树。阴阳太极，紫微普照，稳中发展，变中提高，恒中升华，红遍七洲。

我们都是好伙伴儿：玉兰、黄桷兰、海桐球、红叶石楠、小叶榕树、杨树。（文惠）

（2018 年 5 月 23 日拍摄）

5. 千木林

（2018 年 3 月 30 日拍摄）

树木千千形态各异，学生万万各领风骚

　　大小树木近千棵，曰：千木林。林内四季绿荫芳香，犹以"S"形路和海棠路最具特色。"S"形路两侧是一株接一株的梅花，冬季来临，梅花盛开，花

香四溢。海棠路侧有一排茂盛的海棠，初春时节，一道鲜红的花墙格外壮观。

我们的成员真多！罗汉松、栾树、玉兰、杉树、红枫、羊蹄甲、杜鹃、三角梅、小叶榕树、黄桷树、红叶李、桂花、银杏、天竺桂、香樟树、丁香、女贞、十大功劳、红叶石楠、小叶蒲葵、红继木、海桐球、八角金盘、杨树。（林德建）

6. 名家大道

（2018 年 11 月 9 日拍摄）

双福实验小学"名家大道",是西临教学楼,东连操场的一条宽敞整洁的林荫大道。紧挨教学楼一旁,渐次矗立着孔子、贝多芬等名人的雕像;快乐楼、自信楼一侧的几块透明塑胶橱窗里,每月轮流展示着"百强闪亮星"(自己申请,班级认可)和"我是小名家"作品(自己认为最好的书法、绘画、手工等)。"百强闪亮星""我是小名家"和名人雕塑交相映衬,相得益彰,故名"名家大道"。

今天福小小名家,明天国际大名家!

一路绿荫,一路芳香;一路汗水,一路希望。快乐、自信、自主、规范,笔直平坦,如人生的康庄大道。从"小能人"到大方之家,不过百步之遥。孔子、祖冲之、爱因斯坦、贝多芬,你们就是我们的榜样。今日,我们是福小能干人,与您的雕像同路;明天,我们要成为祖国栋梁材,与您的成就并肩!(穆贞宁)

我是百强闪亮星

我是小能人,我是闪亮星!你行,我行,我们都行!(2018年6月8日拍摄)

我是小名家

科学家研究认为:"人是唯一能接受暗示的动物。"积极的暗示,会对人的情绪和生理状态产生良好影响,激发人的内在潜能,发挥人的超常水平,使人进取,催人奋进。每天行走在名家大道上,耳濡目染,"名家"之梦想和信念就会深深地埋藏在心灵深处。

（2018 年 5 月 23 日拍摄）

我要把我最好的作品展示给全校师生看！（2018 年 9 月 28 日拍摄）

十三、班级名片

春阳班

2018级2班

班 风
自信、阳光、团结、拼搏。

班级口号
绳锯木断，水滴石穿；
放飞梦想，创造辉煌。

班主任：郑萌

班主任寄语
路上春色正好，天上太阳正晴；
请乘理想之马，挥鞭从此启程。

（2018年9月28日拍摄）

十四、班级文化

教室是我家，成长你我他。（2018年6月12日拍摄）

"小笑脸"激励孩子们进步！（2018年3月5日拍摄于二年级2班）

"大笑脸"鼓舞孩子们成长！（2018年3月5日拍摄于2年级2班）

班级文化建设经验交流

钱永琴

我们班的班级文化主要有四个特点：实在、实用、实效和创新。

一、实在

我们的班级文化建设不是为了面子，而是实实在在地从有利于班级的发展、学生的成长出发。所以我们的班级文化建设一直都是实实在在地做，绝不弄虚作假。

二、实用

1. 评比方法简单，适合每个班级

为了不加重自己和搭班老师的负担，我采取奖惩结合的办法，也就是"笑脸加哭脸"的形式，对孩子们各方面的表现进行评比。总的来说就是表现好的，可以一次获得1—5个小笑脸。比如：作业书写漂亮、听写得100分、课堂积极发言、餐桌收拾干净、拾金不昧、帮助同学等，一次可以获一个小笑脸；表现有进步、考试得100分、参加学校其他竞赛获奖，可按获奖等级高低，一次获得2—5个小笑脸。小笑脸贴在孩子们的语文、数学书的扉页上。当孩子们凑齐十个小笑脸，就可以到老师这里兑一个大笑脸。大笑脸由孩子们自己动手，贴在班级小能人评比栏里。孩子们一眼就能看到自己有多少小笑脸和大笑脸，到了该兑换的时候，不用老师提醒，他们自己就会主动来找老师兑现。这样既可以避免孩子弄虚作假，更主要的是让老师更省心省力。但是，如果孩子有违纪被扣分，比如被学校文明礼仪巡逻队发现并在广播里提出批评的，一次处罚一个哭脸，哭脸直接由孩子自己贴在班级小能人评比栏中。一个哭脸抵扣一个大笑脸。若孩子们凑齐10个大笑脸，就能得到一份大奖。

2. 神秘大奖来源简单，发放形式隆重

当孩子们凑齐10个大笑脸来兑奖时，我们就会问他想要什么奖励。当然了，价格一般控制几十元到一两百元，一百元以内的占多数。孩子们有要玩具娃娃的，有要马克笔的，有要做手工的，有要无人机的，还有少数同学要书的，要家长陪着去游乐场玩的。了解了孩子的愿望后，老师就悄悄联系家长，让他们把孩子想要的大奖买来，悄悄送到老师这，然后老师当着全班同

学的面发放奖品并拍照，再把照片传到微信群里。这样一来，没得到大奖的孩子和家长就会很在乎，也会更努力。到目前为止，每一个孩子的大奖都是兑现了的。而且到目前为止，有的孩子还不知道到底奖品是谁买的。这样一来，老师也可以省掉一笔不小的开支，同时又让家长特别关心、重视孩子们各方面的表现，还让家长感受到老师的巧思妙想和良苦用心，让老师的工作更得心应手。我记得一年级上学期结束时，能得到大奖的孩子只有不到20人。于是领通知书的前几天，就有家长给我打电话，表示自己家小孩还差一两个大笑脸，能不能下学期不清零，让孩子接着挣笑脸，好得到大奖。我说："不行啊！因为很多孩子的评比栏贴满了，不清零就贴不下了。"不过，我想了一个折中的办法：孩子期末考试成绩还不错，老师额外重奖一两个大笑脸还是可以的。不过下学期得加把劲，争取靠自己的努力得到大奖。

三、实效

由于我们一直都实实在在地坚持去做，所以各方面都收获较大。班风正了，学风浓了。老师在家长心目中的地位提高了，家长们对老师的工作就很支持。比如：我们班级的爱心捐款，一连两次都是全校最多的；"红色之旅"参与率也达到百分之百。孩子们的阅读兴趣也更浓了，我每天都有一个固定的作业：读课外书30分钟。刚开始能坚持的也就20来个。上学期我加大了奖励力度，若有坚持每天读书半小时的孩子，周一我就让家长在群里告诉我，我会根据本周坚持读书人数的多少，酌情奖励小笑脸。这周大部分都坚持得好，可以发3个；这周有的孩子开始懈怠了，我就发5个。一年下来，现在我们班每天坚持读课外书半小时的孩子能达到百分之六七十。

（2018年9月10日在全体教师大会上）

四、创新

1. 以前都是只奖不惩，效果不尽如人意。笑脸加哭脸的评比方法就是我从这个班开始用的，一年下来，效果比以前更好一些。

2. 以前孩子不爱读课外书，所以一年级下学期我不仅加大对读课外书这一块的奖励，而且让家长每周一在群里汇报孩子读书情况。家长们都说，娃娃以前不爱读书，现在回家做完作业也能主动读书了，不然得不到笑脸。

十五、功能室文化

图书室（2018 年 8 月 30 日拍摄）

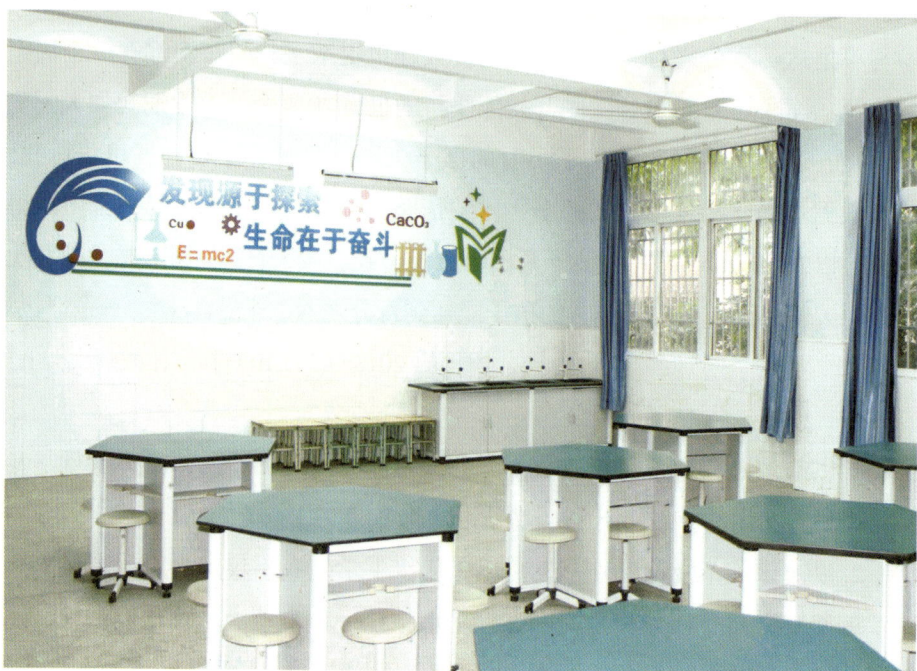

劳技活动室（2018 年 11 月 7 日拍摄）

美术活动室（2018 年 11 月 7 日拍摄）

科技活动室（2018 年 11 月 7 日拍摄）

信息技术教室（2018 年 11 月 7 日拍摄）

音乐活动室 1（2018 年 11 月 7 日拍摄）

十六、食堂文化

学校食堂（2017年11月7日拍摄）

十七、校旗

十八、校歌

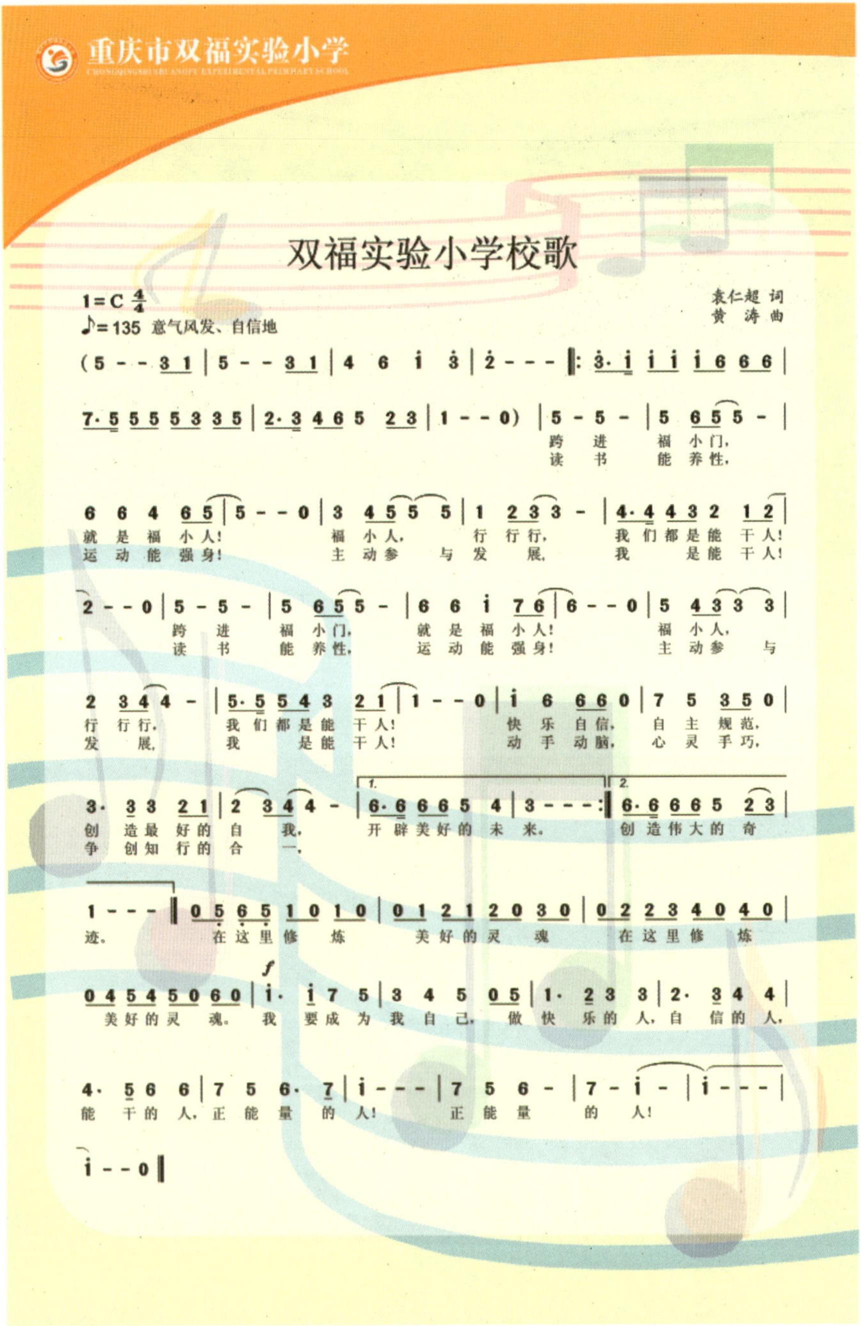
重庆市双福实验小学
双福实验小学校歌
1=C 4/4
♪=135 意气风发、自信地
袁仁超 词
黄 涛 曲
跨进福小门，就是福小人！福小人，行行行，我们都是能干人！
读书能养性，运动能强身！主动参与发展，我是能干人！
跨进福小门，就是福小人！福小人，行行行，我们都是能干人！
读书能养性，运动能强身！主动参与发展，我是能干人！
快乐自信，自主规范，创造最好的自我，开辟美好的未来。
动手动脑，心灵手巧，争创知行的合一，创造伟大的奇迹。
在这里修炼 美好的灵魂 在这里修炼 美好的灵魂。
我要成为我自己，做快乐的人，自信的人，能干的人，正能量的人！正能量的人！

十九、大爱福小

校园诗五首

方立新

福旗楼

——不畏浮云遮望眼，只缘身在最高层

草根一介恋书情，

立志悠悠育后生。

分数成名天下重，

灵魂落第几人轻。

眼光独到创名校，

活动平常点梦灯。

特色校园结硕果，

立说著书世人评。

七律·题福小"百师情怀"墙

缘聚一方汇百师，

初心不改意未迟。

情怀墙上春蚕调，

座右铭里孔圣辞。

老九谁曾扬画卷，

杏坛庆幸育新诗。

名家大道人开眼，

更待山花烂漫时。

七绝·题福小"千木林"

遥想千木未满枝，

十载成荫也未迟。

木秀于林寻觅处。

福小春夜细雨时。

七律·福小"名家大道"

园丁笔下满园花，

彩墨丹青孕嫩芽。

撇捺竖横染纸背，

赤橙黄绿点山丫。

丝竹歌咏晨钟起，

广袖嫦娥暮月发。

莫道一隅无大树，

名家大道育奇葩。

五律·游福小

觅圣缙云下，

咸集学府楼。

十年树木事，

百载载风流。

四顾分数重，

凝眸素质优。

神邀孔圣者，

杏地共话谋。

福小，学生们的福地

况明苋

晨光熹微，初升的太阳总是温和，吹开笼罩校园一夜的雾色。清晨的空气还带着丝丝清冷，福小校园的一花一草、一梯一楼都早已俏生生又安谧地静立在校园中，迎接一茬茬儿花骨朵一样的孩子们。

一直以来，福小都致力于满足孩子们各方面的成长需求，硬件设施不断完善——任凭驰骋的绿茵场、各领风骚的大舞台、包罗艺术的音美室、手脑并用的实验室、拥抱知识的课堂教室……校园里的每一处无不展现着福小对学习环境的高品质要求。而一个学校有了完备的硬件条件还远远不够。生而为人，自是群体性动物，潜移默化的环境影响力远超想象。福小教师在全国名校长袁仁超校长的领导下，抱着"育学生灵魂，创天下名校"的宗旨，都很重视自身学习，读哲学人生，读教育专著，读大师名篇，读名师案例。教师们坚持练习钢笔字和毛笔字，还积极参加各种竞赛，不断提高自身素质，为学校争得荣誉。强大的师资力量为孩子们打造了优越的人文环境。教师们用自身的知识储备浇灌着孩子们的智慧之花，课上的字斟句酌，课下的兢兢业业，成为孩子们素质全面发展的坚实后盾。

秉持福小"要分不惟分，要分更要人""让不同的学生得到不同的发展，人人都得到最大的发展"的育人理念，学校开展了"一歌一享一提醒一宣誓""一周一语""孝敬日""家庭会日""进步日""读书启魂""午间练字""课间行动""少儿广播""升旗风采""主题队会""运动会"等德智体美劳各方兼有的活动，多维度发掘孩子们的兴趣特长点，培养独立自信有担当的"小能人"。

福小本着"快乐、自信、自主、规范"的教育目标，举办了书法绘画赛、故事演讲赛、科技航模赛、棋赛、乒乓赛、篮球赛、足球赛等一系列活动。让孩子们在尝试中收获惊喜，在碰撞中品尝成败，在玩闹中将个体与群体相融。种子总有破土开花之日，小苗也终有成长为大树的一天，羽翼渐丰的孩子们在人生的道路上需要的远远不只有知识。合抱之木，生于毫末，九层之台，起于累土，千里之行，始于足下，孩子们在福小的素质培养为日后良好的人格品质和优秀的行为素质打下了根基。

一生二，二生三，三生万物，教育的力量看似很渺小，见效甚微，事实上任何事物的从无到有都从一颗种子、一个念头开始。教育是这个"一"，是一颗不起眼的种子，而福小要做最适合这颗种子生长的沃土，福小的教师们则是其中心甘情愿负重前行的播种人。

二十、领导团队

我们的领导团队：团结、乐观、务实、向上

第二章　理念卓远　灵魂灯塔

一、什么是教育？什么是小学教育

教育是德智体美劳的全面发展，而不是考试科目的全面发展。

教育是每个个体的差异发展、扬长发展、个性发展、最大发展，而不是整齐发展。

教育是尊重人性，而不是征服人性。

教育是农业，而不是工业；人生是长跑，而不是短跑。

教育是唤醒潜能，唤醒智慧。

教育是培养美好的人性。

教育是正能量不断的暗示。

教育即生活，生活即教育，合而用之。

教育过度是伤害，比不教育危害更大。

教育因培育灵魂而神圣。

要分不唯分，要分更要人。

小学是苗，中学大学是杆，贡献人类是果；没有健壮之苗，哪有粗壮之杆；没有粗壮之杆，哪有丰收之果！

培养人就是培养他的自信，摧毁人就是摧毁他的自信。

儿童是成人之父。

没有爱就没有教育，没有兴趣就没有教育。

读书养性，读书养人，读书发育精神。

脱离自然、脱离社会的学习，是死学和学死，毫无意义。

只有脑手并用、知行合一、做学教一体的教育，才能天人合一，才是真教育。

离开活动、运动、劳动、互动的教育是死教育。

野蛮其体魄，文明其精神！

玩是孩子的权利。没有孩子自由的空间，就没有孩子智慧的启迪、灵魂的升腾。

善待教师，就是善待孩子的未来。

好学校是孩子们寻找伙伴、生发灵气的地方。

二、我们的教育思想

追　求：让30年后的人们因我们今天的教育而自豪！

办学宗旨：育学生灵魂，创天下名校。

办学目标：提升四个亮点（教育科研、读书启魂、民主理管、师生参赛），培育一个特色（"小能人"特色）。

校　训：创造最好的自我，开辟美好的未来！

校　风：快乐自信，自主规范。

师　风：因材施教，引发潜能。

学　风：主动参与，扬长发展。

教科观：科教兴国应教科兴国。

发展观：心态适应时代，安全重于泰山，稳定压倒一切，质量求得发展，和谐提升品位，特色创造辉煌，培育学生灵魂，放射神圣光芒。

爱心观：教师应成为儿童灵魂的引领者，不应成为儿童灵魂的"加害"者。

素质观：要分不唯分，要分更要人；人自由的发展是最大的发展；让不同的学生得到不同的发展，人人都得到最大的发展。

成长观：快乐使人成长，厌倦使人停步。

成功观：自信使人成功，自卑使人失败。

创新观：自主使人创新，盲从使人落后。

文明观：规范使人文明，散漫使人庸俗。

工作观：千有理万有理，干好工作硬道理。

第三章　神圣之师　灵魂保障

什么是领导？什么是校长？什么是教师？

领导，引领，指导。**走在前面才能领，高人一筹才能导。**

校长的办学思想，是学校的灵魂，是引领师生的精神大旗。

校长对学校的领导首先是教育思想的领导，其次才是行政的领导。

没有思想的校长，只能重复着昨天的故事。

校长的第一使命是促进教师专业的发展。

一个好校长，带出一批好老师，办出一所好学校，校长的言谈举止、人格习惯、为人处世、专业素养无不影响着感染着教师。

教师是人类灵魂的工程师，因为没有心灵的沟通、灵魂的对话，那只能是教书之师，绝不是育魂之师，更不是神圣之师。

教师是教练之师、示范之师。教师的神圣伟大，不在于学有多高，而在于身正世范、人格影响。

师者，传道授业解惑！传道第一。

教师的责任：传播知识、传播思想、传播真理，塑造灵魂、塑造生命、塑造新人。

身正世范，为人师表。其身正，不令而行；其身不正，虽令而不从。

有什么样的老师就带出什么样的孩子！教师的言谈举止、人格习惯、为人处世、专业素养，无不影响着感染着学生。

一、身正世范

太阳底下最光辉的职业，人类灵魂的工程师。

您的爱，太阳一般温暖；您的爱，春风一般和煦；您的爱，清泉一般甘甜。您的爱，比父爱更严峻；您的爱，比母爱更细腻；您的爱，比友爱更纯洁。

您，多么伟大，多么神圣！

师高弟子强，师道兴则国家兴。

二、百师情怀

（2018 年 5 月 23 日拍摄）

百师情

周万平

悠悠天地间，
八方将奔缘。
百师座右铭，
人师情怀显。
敢问何处去？
育魂笑九天！

三、福小箴言

福小人，这样做！

（福小箴言 19 句）

1. 多改变自己，少埋怨环境。

2. 开心过好每一天，你的一生都没虚度。

3. 最大的敌人是自己不相信自己。

4. 微笑时的你自己喜欢，别人更喜欢。

5. 赞扬别人就是赞扬自己，帮助他人就是帮助自己。

6. 不学习，总重复着昨天的故事！

7. 反思是自我成长的一种内在思辨。

8. 小学是苗，中学大学是杆，贡献人类是果；没有健壮之苗，哪有粗壮之杆；没有粗壮之杆，哪有丰收之果！

9. 快乐使人成长，厌倦使人停步；自信使人成功，自卑使人失败；自主使人创新，盲从使人落后；规范使人文明，散漫使人庸俗。

10. 要分不唯分，要分更要人。不同的人得到不同的发展，人人都得到最大的发展，这是全人的最大发展。

11. 培养人就是培养他的自信，摧毁人就是摧毁他的自信。

12. 施教之功，先在激趣，巧在授法，重在练习，贵在养习。

13. 教育，离开对心灵的触动，就不可能有成效。

14. 赞美是阳光、空气和水，是学生成长不可缺少的养料！

15. 一个成功的教师不会为难任何一个学生，也不会放纵任何一个学生。

16. 给学生一个机会，他（她）会给你一个奇迹。

17. 用力工作只是合格，用心工作才能优秀。

18. 办法总比困难多。

19. 千有理万有理，干好工作硬道理。

四、福小情怀

人生处处是修炼

杨先奎

五年，一晃即逝。初来时的情景依稀在眼前。回想这几年的工作和生活，颇多感触。

第一，一个人的成长需要站在对的地方。

回想自己这些年的变化，得益于我们这个团队的影响。袁校长、周书记以他们的人格魅力、睿智思想影响着团队的每一个人，这种影响是潜移默化的。团队其他成员也相互影响，互相学习。没有猜忌、扯皮，大家团结、和谐。在这样一个团队工作是愉快的。

第二，做教师专业发展的助推者。

2012年9月，学校提出了"一年入行、三年成名、十年成家"的青年教师成才计划，通过这几年的历练、坚持，我们看到了青年教师可喜的进步。自己也在与他们共同进步。我虽没有高深的专业素养、扎实的教学技能，但我想在自己分管的领域，尽力做一些实实在在的事，助推教师专业发展。这也是自己的又一次修行。

第三，在工作和生活中感受幸福。

幸福可以无限接近，但无法抵达。这句话是说幸福是一个过程，是自己在工作和生活中经历的过程。工作中的每一件事都是自己的历练，完成一项工作，感受到成功的喜悦，幸福感油然而生；面对生活，我们要学会坦然处之，知足常乐。只要适合自己，就是幸福的。我很享受这几年的幸福时光以及这几年的经历和变化。

我为自己总结了两个词语：勤学习，多思考。不断学习，才不会被时代抛弃；独立思考，才不会迷失方向，知道自己该做什么，想要什么。

总之，这几年的工作、生活，都是在创造最好的自我中前行，有成绩，也有不足。成就自我，不为功名利禄，只为增加自己人生的厚度，以便以后能和孩子一起回想当年……虽有点晚，但什么时候都是起跑线。

谢谢我们这个伟大的团队。

（在2017年1月19日座谈会上）

教育可以更精彩

文惠

从2011年12月27日考调到双福实验小学，至今5年有余，回顾这段时光，一种幸福自豪感油然而生：在福小的每一天，我满怀激情追逐梦想；在福小的每一天，我都能感受自己因学习进步而喜悦的心跳；在福小的每一天，我都被许许多多的教育情怀感动着……

（一）

午后的阳光温暖着大地，我正在操场上闲庭信步，看看孩子们都在玩些什么游戏，忽然一个小女孩跑过来抱住我说："文校长，你好漂亮哟，我喜欢你！"

幸福来得太突然，我还没有心理准备。"你也很乖巧呀！"我乐呵呵地回应了孩子一句，我还没来得及问她的名字，孩子已经跑远了。

望着孩子远去的背影，我的内心充满了愉悦，或许曾在不经意间我和这个孩子有所交集，让她信任并喜欢上了我，这是孩子在用他们自己的方式表达情感。此时，我更加坚信，我们在教育中的坚守与努力，都会以你不知道的方式向你回报！努力做学生心底敬佩的老师，将是我们教育人永恒的追求！

（二）

11月，学校跳绳比赛即将举行，6个女生来到我的办公室，怯生生地询问："文校长，我们几个想在全校同学面前进行花式跳绳表演，可以吗？"

本来活动计划上没有这个环节，但望着孩子们急切的眼神，想到学校一直坚持的理念"培养人就是培养他的自信"，孩子们主动请缨，我怎能打消她们的积极性，于是立即决定给这6个孩子提供展示的舞台，但条件是她们必须将展示的内容精心编排。

接下来的几天中午，我发现这6个孩子都在操场进行花式跳绳练习：从动作编排到队友的配合，甚至服装的搭配，她们都有认真思考。看到孩子们为了目标不断努力，我感到由衷的喜悦！

比赛那天，6个孩子伴随着我为他们精心挑选的歌曲，在主席台上开始了优美的花式跳绳表演：变幻多样的跳法、娴熟的技巧、整齐的服装，都让小伙伴们惊叹，台下的观众对他们报以热烈的掌声。

时至今日，孩子们在舞台上翻飞的快乐身影还时刻浮现在我的脑海，孩子们都渴望得到展示的舞台，我们教育人要做的重要工作之一就是发现并欣赏每一个孩子的长处，提供机会与舞台，给他们在阳光下快乐自由生长的动力！

（三）

12月，因为袁校长的关心与支持，我得到了去南京晓庄学院培训学习的机会。上飞机之前，袁校长发来一条短信：一路顺风，广交高友。虽然只有

8个字，却让我无比温暖感动。正是袁校长一直以来的引领关怀，我的教育思想教育情怀才不断提升；正是袁校长一直以来的鼓励支持，我的教育实践效果才愈加彰显。

这一次，您又用饱含期待的目光伴我远行求学，您亦师亦友亦兄般的期冀将激励我在教育追梦路上不断探索前行！袁校长，请您放心，您的弟子定会不负重托，好好学习，天天向上。

我庆幸，拥有这样一位高瞻远瞩的领路人；我坚信，做教育的有心人，感动常有，温暖常在，教育可以更精彩！

最后，用习总书记的话和大家共勉：现在青春是用来奋斗的，将来青春是用来回忆的。让我们撸起袖子甩开膀子干，在教育追梦路上留下一串串快乐而坚实的脚印！

（在2017年1月19日座谈会上）

身在福小　快乐工作

穆贞宁

2016年转瞬即逝，工作中、生活中、学习中也有颇多感受，现简单总结为一首打油诗，如下：

> 巍巍福旗指方向，热血沸腾似火烧。
>
> 全力以赴促均衡，督导检查评价高。
>
> 福小特色活动多，简报信息不可少。
>
> 继续教育模式改，资料翔实早提交。
>
> 党建网站勤维护，考核满分乐陶陶。
>
> 超市规范又有序，服务师生立功劳。
>
> 课堂教学亦努力，辅导参赛有高招。
>
> 神猴辞去金鸡到，共祝明天更美好。

感受：福小办学理念正确，领导班子、教师团队具有强大的战斗力和凝聚力。身在福小，建设福小，为身为福小的一分子而感到骄傲！

（在2017年1月19日座谈会上）

能走多远，看你与谁同行

贺建红

与福小团队一起行走在育人之路上，是幸福的。

这种幸福，源于有一个有责任、有担当的校长。大事能高屋建瓴，小事能亲自示范，遇事能宽容下属，好事先想着大家。我虽达不到这样积极乐观的为人处世境界，但我乐于学着让自己心胸豁达。

这种幸福，源于有一个充满正能量的领导班子。任何学校的工作都是复杂而又繁重的，福小的工作也不例外。然而无论多忙，这6年来，我在这个领导班子中从没听到过一句抱怨，阳光的笑容永远挂在团队每个人的脸上。在这样的团队中工作，正能量的光芒充满我的心灵。

这种幸福，源于有一个融为一体的教师团队。福小领导的个人魅力，领导班子的团结协作，领导对老师们的亲切关怀，管理制度的公平、公正、公开，无时无刻不在影响着在福小工作的每个人。同事之间的相互关心，温暖了我的心房。

2016年已画上句号，新的征程又启航，能在袁校长的带领下，与这样一群人快乐同行，相信我们的教育梦能够走得更远。

（在2017年1月19日座谈会上）

说成长

廖流平

很多人说，成长是经历过痛苦的蜕变，难道没有痛苦就没有成长吗？我想也不尽然。

两年多前的一天，我揣着对新环境的向往、新奇和惴惴不安，踏进了双福小学的大门。那一天，定格在我记忆里的不是崭新气派的校园，也不是令人耳目一新的教育理念，而是那绽放在福小人脸上的温暖笑容。从袁校长、李主任、黄科长到每一位老师，他们的笑容都深深触动了我。从那时起，我便已明白，无论你来自何方，无论你贫穷富贵，无论你优秀平凡，福小人都用微笑欢迎你、接纳你、包容你。

如今我已成为福小人中的一员。在两年多的时间里，我学到了最宝贵的东西，那就是"微笑的态度"。一是微笑待人。用微笑对待学生、对待家长、对待同事、对待家人。因此，在我的班主任工作中，我从未与一位家长红过脸，家长们也总是以礼相待。二是微笑对事。在这两年里，我曾经历过一次家庭危机，幸而我以乐观积极的态度解除了危机。我相信，你对生活笑，生活也会对你笑。

这学期，我有幸与学校领导班子有更多的接触，从他们身上我发现了"笑的艺术"。如果说"微笑待人"是态度，那么在谈笑风生中沟通、提点，甚至批评，那就是艺术。

我想，作为一名人民教师，完成的是一项以人格影响人的事业。只有坚持完善自己的人格，才能更好地培育学生。

"路漫漫其修远兮，吾将上下而求索。"不经历痛苦，也可以成长；只要不放弃追求，就可以成长。

（在2017年1月19日座谈会上）

内心的真实感受

刘明富

在这几年，我有幸参与了学校的行政管理工作，我想用3个关键词来谈谈我内心的真实感受。

一、榜样

"榜样的力量是无穷的。"一个人的成长，很大一部分因素得益于周围优秀人物的影响。我很幸运，能在我们双福实验小学工作。在这里，有我们的领路人袁校长，他先进的办学理念和超前的教育思想是我们学习的榜样；党支部书记周书记的率先垂范、严于律己是我们学习的榜样；三位副校级干部的才华横溢、热情睿智也是我学习的榜样；还有我周围的同事，他们对待工作的态度和工作的方法，都是我学习的榜样。我常常想，身边有那么多值得学习的人，我自己也必须努力，争取也能为他人做榜样。同时，我也为能和大家一起共事感到快乐而幸福。

二、学习

"不学习，总会重复着昨天的故事。"自从负责学校的德育管理这项工作以来，我一直秉承着"多学习多动脑，边学边干"的原则。每天利用上学途中的半小时车程，学习网络上一些先进的教育理念，学习一些教育教学的先进经验；平时的工作中，遇到不懂的地方，就向身边的领导学习、请教。我永远不会忘记徐主任手把手教我工作，永远不会忘记周书记和文校长亲自指导我的工作；永远不会忘记袁校长对我的谆谆教诲，从思想高度上给我们鼓劲加油，敦促我们进步。在具体的工作中，我自己学习画纸质图、电子图，绘制学校的卫生划分区域，方便班级同学们打扫，便于学校对班级的管理；自己学习电子表格的制作，能制作适应各种需要的表册。接受新的工作（少先队总辅导员）后，我遇到不懂的就多向丁丁请教，结合自己的工作思路，力争把这项工作做好。我常常想，自己要不断反思在工作中的经验教训，才能不断改进自己的工作。只有虚心听取老师们的意见和建议，才能让自己的工作不断完善，力求为大家做好服务。

三、进步

在我们双福实验小学，有一群有责任、有担当的领导，有一个团结和谐、充满正能量的团队，我感到每天过得充实而有活力。有身边的榜样引领，我学会了理性和冷静地看待问题，处理事情；我学会了放下。工作中我学会了一边工作，一边反思改进，多请教，多与大家协作，共同干好学校的工作；我会继续用真心工作，真诚地对待每一个学生。"能做多远，看你与谁同行"，我坚信，在我们这个团队的带领下，我一定会步履坚定，豪情满怀地越走越好，走出一片美好的未来。

（在2017年1月19日座谈会上）

我的福小一月感怀

王霞

我5月来到学校，在上学期近1个月的时间里，我从熟悉环境，认人识人，了解学校办学理念、思路，到初步接触学校的一些简单工作，短时间内让我对学校工作有了一个全新的体验，对"教育"也有了一个全新的认识。工作10年，有7年半的时间我主要从事中学英语教学工作，2年半的时间在机关学习锻炼，这一路上我不断地认识新知、更新理念、转变态度，感觉一直在尝试做很多不同"样式"的自己，可始终没能找到一种内心的归属感。今年2016年2月份，一次偶然的机会我可以正式调动到其他机关单位，在调动手续的办理过程中，我内心一直忐忑不安，这在别人眼中可是一份难得的幸运，可我忐忑茫然的感觉从何而来呢？经过了1个多月的纠结，调动手续在一步步跟进，我却越来越感觉慌乱，晚上休息不好，白天工作也恍恍惚惚，直到一天，一股强大的劲头推动着我找到了领导，汇报了我的情况，并鼓起勇气表达了我不想离开教育、离开学校的愿望。这时的我才明白，原来我内心一直丢不下的是我对教育的那份情结。我向组织申请去学校，去一所"好"学校，跟一个"好"校长，我想做一个合格、优秀的教育人。

因此，我来到了双福实验小学。在这之前，我对这所学校一无所知，只是听说那里的校长还不错，有思想。也有人告诉我，双福实验小学氛围不错，老师领导都打成一片，可以嘻嘻哈哈开玩笑。带着从别人口中了解的双福小学印象，我来到学校，感知学校，了解学校。我，一个谈不上有丰富的教学经验，有过硬的专业能力，谈不上天生丽质人见人爱，更谈不上拥有与生俱来的领导才干，可就是我——这么一个初出茅庐的黄毛丫头，竟然在一个陌生的环境里，迅速地喜欢上了这里，让我的内心充满了学习和前进的动力。短短的几个月，我看到的、感知到的、见识到的袁仁超同志，不仅仅只是大家口中的"还不错"，而是"非常牛"，他是我见过的最有思想、有胸怀、有智慧、有见地、会为人、会育人的校长。

直到这学期开学，我才真正地开始接手学校的德育、安全工作，一个月来也可谓感触颇多。

一、新的感知体验，促使自身提能强质

第一次初拟本学期工作计划，为了做好这件事，我赶着点翻阅完了窦桂梅的三本德育书籍，希望从中搜索到一些闪光、有特色的活动安排，我正按着自己的想法，"异想天开"地规划着如何把德育工作安排得丰富有趣时，袁校长发话了，"尊重常规，考虑教师"，我瞬间像被泼了一瓢冷水一样。沉默了几秒，我才缓过神儿来，是啊，我连基础都没有开始做，还谈什么创新呢？活动安排不是我一个人去完成，是整个师生团体共同去落实，还没有经历实践，我怎么和师生们一起感同身受，考虑他们呢？于是，我对照参考着之前的学期安排又重新制定，修改1次、2次……在袁校长的耐心指导下，工作计划终于确定下来。这让我在"酸"中有所收获。

每天和一群可爱的孩子在一起，校门口、操场上、教学楼、食堂里，几乎学校的每个角落，都可以看见一双双清澈的眼睛，孩子们对我点头、鞠躬，高兴地喊着"王校长好！""王老师好！"甚至一不留神就会被三五成群的小同学围着问候、拉手。这让我在"甜"中有所收获。

很久没上课了，第一节课走进课堂，一向嗓子不好的我面对一年级的小家伙们，真的感觉好生无奈。刚安静下来的课堂，用不了一分钟就像"麻雀开会"一样嘈杂起来，有跑到我面前告状的，有莫名其妙就开哭的，有一个接着一个要上厕所的……一节课下来真是欲哭无泪，我耗光了力气，再也没有多说半句话的欲望。三周的时间，我向经验丰富的老师讨教，逐步规范了课堂，得到了孩子们的喜欢，还用各种游戏活动吸引他们自觉遵守课堂规矩，还有了一群天真可爱见到我就"王老师好""王老师好"叫个不停的小"粉丝"。两节课后，刚开始那个最调皮、根本不听讲、老往教室外跑的小男生老远就向我跑过来："我认识你，你是我们的植物老师，我喜欢你。"这让我在"苦"中有所收获。

仅仅一个月的时间，真可谓各种滋味在心头，而这其中的种种都让我有所收获。袁校长耐心的指导，每一次讲话稿的规范，每一次工作安排的建议，每一次话语艺术的感染，点滴在心间。我也深刻地记着周书记在我第一次规范同学们行队礼行鞠躬礼时给我的肯定，她的和蔼谦逊、务实肯干一直静静影响着我。

很多时候我也常有"书到用时方恨少"的感觉，但是在袁校长的带领下，阅读已经成了我们每日所需的精神食粮。可这一个月的时间里，我总觉得时间不够用，没时间看书，又说不清楚一天做了些什么，就是没有停下来静静休息过。想到袁校长对我的教诲，我咬咬牙，没时间就挤时间！我每天坚持睡前至少30分钟的阅读，每天记录至少1条对我有影响、使我有感悟的好句。我深刻认识到，要做好这个副校长只有不断地学习再学习，才能不断提高自己的业务水平和管理水平，不断丰富工作经验，才能跟上学校发展的步调，少走弯路，提高效率。在高度信息化的今天，如果没有不断充电、自我发展的意识，那么我们的能量就会逐渐消亡，我必须做的只有见缝插针地进行学习。向长者前辈们学，向我们这个团队的每一个人学，向专家学者学，向报纸杂志学，向媒体网络学。

二、新角色新定位，力争当好左膀右臂

到学校之前，很多前辈都半开玩笑地跟我说："副校长好啊，大方向正职定，具体事情中层抓，天塌下来有高个子顶着，自己乐得轻松自在。"我微微一笑，不置可否。我想，作为学校副职，我们也要有所为有所不为，要做到定位准确，心态平稳，不计名利。好校长不是独舞，而是领舞，副校长不是对舞，而是伴舞才对。所以，要当好这个副校长，我将照以下几点严格规范自己。

1. 努力精通业务，力争独当一面。如果分管工作抓不好，不但会影响自己的威信，也会影响整个工作，拖学校的后腿。对于自己分管的工作，要做到身体力行，大胆落实，勇于创新，成为一名有能力、有实力的副校长。

2. 严于律己，以身作则。"其身正，不令而行，其身不正，虽令不从。"袁校长常说"喊破嗓子，不如做出样子"。我将严格要求自己，为师生做好示范、做出榜样。

3. 勤勤恳恳，敬业务实。主动配合学校开展工作，各项工作做到工作分工不分家，不管发现什么问题，都能及时主动处理并向校长请示汇报。

4. 配合默契，协调一致。努力做好一个优秀的执行者。

5. 勇于负责，主动负责。思想影响态度，态度决定行动。我相信一个不找任何借口的人，肯定会是一个执行力很强的人。我将时刻告诫自己，也勉励老师们"只为成功找方法，不为失败找理由"。

（在 2017 年 1 月 19 日座谈会上）

我的福小一月感怀

兰云伟

我从前经历过的学校都是相对较小的学校，我也一直希望能看看那些大学校是怎么管理、怎么运行的，这些事务性的工作又是怎么安排的，活动是怎么计划、分配、监督、落实的……还有很多我不明白、不清楚的，以及好奇的事情。带着这些问题，我来到了双福实验小学。

进入双福实验小学已经一月有余，从初来乍到什么都不清楚，什么都不明白，到逐渐融入了这个规范化、节奏快、效率高的团队，让我感触很深。下面给大家简单分享这一个月以来的感触。

一、感知双福实验小学

对于我来说，双福实验小学给我的感觉一直很好，袁校长与我的几次接触，也让我感觉他非常地有魅力。以前和他的接触几乎都是一个照面、一句问候，但是总让我能感受到那种年轻人的精神和激情。我当时就在想，这所学校的老师应该很幸福吧，领导都这么地阳光而富有激情，他所带领的团队一定是和谐、积极、团结的团队。

外界给予双福实验小学的评价也是相当高的，这里的老师个个都是教学骨干，这个管理团队里的每个人都有独当一面的特长，这里的两位坐镇领导也具有非常独特的管理方式和为人处世的人格魅力，可以把上上下下的关系处理得滴水不漏。

陈君华老师是我们和艾小学交流过来的，她经常对我说，这个学校的管理氛围非常好，每个人都很客气，大家一团和气。尽管事情有点多，但是，干起来心情很不错。的确如此，事情不在多少，而在于做事情的那份心情。这一个月里，我对这句话也是深有感触，并深表认同的！

正如袁校长说的，能够在一起工作就是一种缘分。我想我会好好地把握这人生中难得的缘分，认认真真地静下心来思考学习和工作。

二、了解双福实验小学

有些时候人总是会跟着感觉走的，感觉对了，好像一切就都对了。我感觉，来到双福实验小学不仅仅是"对了"这么简单，因为这里有我所想知道的答案，我也可以在这里好好感悟一番。

首先，双福实验小学的办学愿景可谓是高瞻远瞩，我们是要创办"天下名校"的。一句"学校好不好，我们说了不算，要三十年后的学生说了才算"让我满怀教育豪情。学校制定的校风校训也是紧密联系学生成长实际的，通俗易懂，朗朗上口，真正做到让每个孩子入脑入心，还通过各种形式的活动将其融入学生的生活中，让他们时时牢记学校办学思想，处处展现学校育人理念。这在很多学校是做不到的。

其次是制度的建设和执行。这里的制度已经非常完善了，并且都不是花架子，而是实打实在执行，并在执行中完善的制度。这样的制度看上去是死的，实际上却是活的。用这样的制度来管理学校，每个人都不会有任何的怨言。例如，我们的评职晋级制度就体现得淋漓尽致，上半年的山东之行让我感慨他们的评职制度，下半年，就让我经历了这样的评职过程，让我感触很深。

最后是学习型团队的打造。上半年去了山东烟台的新牟小学，他们那里搞的教师阅读沙龙和学生阅读活动让我觉得惊艳。特别是他们那边的孩子，阅读能力之高已经超出了我的想象。同时，他们也非常注重教师的成长，非常关注教师的阅读。都说一个人的成长史就是他的阅读史，我现在才逐渐地明白了，并非每一本书，你都要去看，只是在一个适合的时间去看适合自己的书而已。在双福实验小学短短的一个月里，我感受到我们双福实验小学打造学习型团队的决心和力度。行政每周一学、教师每周一学、教师每月荐文、教师阅读活动、微信推送经典文摘等，让我目不暇接。我觉得我们在这方面是不输于山东烟台的，甚至做得比他们更加实在。比如，他们的教师阅读，我参加过两次，大家拿着各自的书籍来到指定的活动室，时间为40分钟。但我发现他们有些拿的是杂志，有些拿的练字本，有的根本就是手机小说……然后，主任在旁边点名画钩，时间到了就走人，没有交流，没有沟通，没有思想上的碰撞，这样的读书活动我觉得没有太大的意义。但我们是真的在交流，真的在分享感悟，真的在做实这件对自己有好处的事情，而不是应付学校。我觉得这点非常好。

三、融入双福实验小学

一是感谢袁校长和周书记在工作方面不遗余力地耐心指导和包涵，让我倍感温暖。每次遇到问题，他们都会适时地指点我，帮我不断地修正，让我快速融入这个团队。

二是感谢在座的各部门负责人对我工作上的关心与支持，每当我不知道怎么处理的时候，总会有人给我指点迷津，使我豁然开朗，进而快速推进工作。

和大家相处一个月来，我几乎每天都被感动着。我以为很难的事情，在大家的共同努力下，很快就办好了！这让我觉得这些事情不是我个人的，而是大家的、整个学校的！每个人都根据自己的实际情况来出谋划策，每个人都能结合自己的分管工作来配合行动，事情就很简单了！比如，9月1日的宣传照的策划，就是建红主任给我指的方向，该组图片不仅被教委网站采用，还被新华网记者收录。再比如，公共节能信息的采集，本来很烦琐的事情，结果在李传洪主任、林德建主任，还有夏元容书记的协助下，半个小时就搞清楚了……这样的例子还有很多，我也就不再赘述，但是，我会铭记于心，将它转化为我的内在动力，继续做好我的工作。

四、奋斗在双福实验小学

双福实验小学的快节奏是我事先没有预料到的，翻开我的笔记本，几乎每天都记载了各种各样的事情，数量之多连我自己都难以相信。但是，这里的每一件事情都应该去做，都应该去做好……于是，我这一个月不断地调整着自己的状态，争取把自己的本职工作完成好，不出问题不掉队。

为了达到这样的目的，我选择了住在学校。这样有很多好处，一是可以提前准备当天的各项工作，二是可以有更多的时间了解学校的情况，三是可以应对一些突发性的工作事项。事实上这个月也遇到了一些，都被提前解决了，我感觉还可以，至少没有因此而慌乱。

我用了一周的时间来观察，并找到了自己该什么时间去吃午饭；我又用了一周的时间来实践，找到了自己在什么时间可以休息一小会；经过一个月各方面的接触、调整，我也慢慢地适应了这里的工作节奏：早上六点起床，可以翻看一下书籍，也可以作为自己的"自能早读"时间，六点四十去吃早饭，七点到办公室厘清当天工作，八点开始跟着袁校长或者值周行政逐班查看早读情况，八点半回办公室开始自己的工作，直到十一点二十去食堂吃午餐，完毕后立即休息，否则可能就没有时间休息了。因为，十二点半有可能要开会，或者布置工作；一点半检查午休，两点准备上课，四点放学后去校门口或者在阳台观察一下放学情况……感觉自己一天比一天更有规律，也没有第二周那么慌张、不知所措了。到了第五周的星期五，我居然提前完成了学校及学区的工作，开始有时间练字和阅读了，我自己也感觉到很意外。

经过一个月的初步接触与观察，尤其是和学校领导班子成员的朝夕相处，我学到了很多，也看到了自己的不足。袁校长的亲和、稳健，周书记的勤奋、务实、深入一线，贞宁校长对学校情况的了如指掌、如数家珍，王霞校长对他人的关心和细心，还有我们的各位中层干部，我们学校的中坚力量，你们都是我学习的榜样。这个月也参加了学校组织的多次会议，感受到学校管理层的工作作风。领导团队对学校远景的规划与设计、对各项工作的要求和规范高标准，关注师生成长的每一个细节、务实的工作作风、简洁明了的会议形式，都给我留下了深刻的印象，也使我受到了鼓舞和启发。

到了双福实验小学后我的最大感受是："我来对地方了！"我希望在这里能得到在座各位的指点，也希望我能快速成长，在这里找到我想要的答案，成就属于我的教育人生。

（在2017年1月19日座谈会上）

五、教师感怀

（一）我的和美家庭

你是好丈夫吗？你是好妻子吗？你是好儿子、好女儿、好媳妇、好女婿吗？你是好爸爸、好妈妈吗？你是好邻居吗？这些都不是，何谈当好老师？

家和教师心情好，带给学生好心情；和美之家年年评，促进家和事业兴。

夫妻恩爱，工作舒心

袁仁超

1988年结婚，1989年生子，25年来，我的家庭一直和睦，即使有点语言摩擦，也都在谈笑中结束，从没发生肢体冲突。经济统筹，协同治家。2002—2003学年，我任大桥中学校长，每天早晚奔波于大桥中、小学之间。每天早晨总是轻轻起床，给老婆盖好被子，然后送去一个"亲吻"，匆匆离开。每天傍晚下班回家，她也做好香喷可口的饭菜等待，互相问候"老婆，辛苦了！""老公，累了吧？"那年冬天，每个晚自习后回家，她早已用暖手器烘暖了被窝。2003年8月，她调入四牌坊小学，我调入白沙双槐树小学。从此，进入上班分开、周末团聚的时代，每天一次电话问好、交流。孩子的起居、饮食、上学全落到了她肩上，但她无怨无悔。一晃10年过去了，早晨微笑点头"我走了"、回家"问好"还温馨地延续着，"家务我来做"已成为常态，洗碗、拖地、洗衣都是在开心与玩笑中完成。散步、逛街，手挽着手，谈笑风生。一方生病，另一方总陪同去看医生，倒开水、提醒吃药。生活中的点滴细节，都相互关心着……

（2014年3月8日在教师会上）

我是好丈夫

刘安贵

我的妻子在政府部门工作，具有较强的事业心和责任感，工作勤奋，业务精通，一直担任政府二级机构负责人。为了全力支持妻子的工作，家务、教育子女和照顾老人的工作都被我包了，给家庭创造了一个舒心安逸的生活环境，为妻子解除了后顾之忧。为了把儿子培养成为有益于社会的人，我不仅注重儿子的学习成绩，更注重培养儿子独立生活、学习的能力。主动加强与学校老师联系，关心儿子学业、爱好、身心健康状况。为儿子健康成长提供一个良好的家庭环境。生活中的日常开支，我合理安排，克勤克俭，从不浪费，但对老人，我非常大方。我非常关注双方老人的身心健康，让他们的晚年生活始终保持在一个身体健康、身心愉悦的环境中。

（2014年3月8日在教师会上）

我是一个好邻居

秦梅

人常说，远亲不如近邻，我非常认同。作为一名教师，我更应该处理好邻里关系，下班回家时我很远就下车跟前后邻居打招呼，哪怕是个孩子。平日里我主动询问邻里孩子的学习情况，发现孩子学习有困难时，我总会积极主动地帮助他们，使问题得以解决。邻居家有困难时，我总能热情地伸出援助之手，使他们倍感温暖。

（2016年3月8日在教师会上）

我是好女儿、好媳妇

邱乾梅

自从参加工作以后，我便每月定时给父母零花钱，每逢过节、父母过生日我都会给四位老人买衣服。调到双福后，由于家隔江津比较远，我便经常回家看望父母。父亲患有肺气肿，作为女儿我全额支付医药费，经常打电话、回家慰问其身体状况。现在公公婆婆和我们一起住，只要有空我就和他们聊聊天、谈谈心，一家人生活在一起三年多了，从未发生过口角，虽然我们两个人上班供四个老人和一个小孩，生活并不宽裕，但我们一家人安贫乐道。

（2017年3月8日在教师会上）

我有一个幸福的家

周林

我和爱人结婚以来，资金一直共管共用。家中抽屉从未上锁，从未计较谁用多用少。教师的薪水虽微薄，但亲人资助加上我们夫妻勤俭持家，已过上了有房有车的小康生活。

读书时，父母说："只要你读书，家中就是卖瓦片，当襟襟当片片都要供你读书。"刚工作时，工资100元左右，父母给提供米、肉、油、菜……贷款买房时，父母支持全部积蓄。父母无私的爱，让我们感受到父爱如山，母爱似海。作为子女，我们夫妻不忘报答老人，让父母老有所居、老有所依。父母退还宅基地后，无自己的房产。我在江津和父母共同购房。风和日丽时，与父母同游鼎山公园，欣赏公园的美景，享受天伦之乐！父母年事渐高，病痛渐多。我就将医保卡交给父母，担心父母有所顾忌，从不问父母用了多少钱。即使父母帮我兄弟带小孩，生病了我们也负责带他们看病。人老了哪有不生病的，爱不能斤斤计较。

儿子现在润通上班，白班、夜班交替，比较辛苦。他却说，没什么，扛得住。他正在成为一名自食其力的劳动者。

（2017年3月8日在教师会上）

我们是孝顺子女

曹祖林

生活日常开支，我们夫妻都合理安排，克勤克俭，该花的一定花，不该花的从不浪费。但是在双方父母遇到困难的时候，我们总是尽力给予帮助。节假日、双休日，我们夫妻总是尽量回去看望双方老人，或带上一些水果、食品、营养品；日常生活中，我们非常关注双方老人的身心健康，每当碰上老人有头痛脑热时，我们总是第一时间放下身边所有的事情，带他们去医院检查、治病，直至痊愈，让老人的晚年生活身心愉悦。

（2017年3月8日在教师会上）

（二）我是好教师

在双福新区庆祝教师节座谈会上发言

蒲娅琳

尊敬的各位领导，各位老师：

大家好！

我是来自双福实验小学的蒲娅琳，在教师节来临的日子里，我能作为教师代表发言，感到十分荣幸，心情也特别激动。在此，向关心教育、重视教育、关爱教师的各位领导表示衷心的感谢！向在座的各位同仁们说一声：节日快乐！

很意外的是，我加入福小仅两年的时间，竟能够被评为双福新区"优秀教师"，这都有赖于福小严格的考核制度、评优评先制度和领导严格的执行力，从而使我更想干好工作，工作信心倍增。

未入双福实验小学时就已知道福小是"全国百强特色示范学校"；袁校长是全国百优校长、江津的名校长，有着先进的教育理念；周书记和蔼可亲、一身正气，工作在福小幸福指数很高……

很幸运，两年前我通过进城考试，来到双福小学，福旗楼上"育学生灵魂，创天下名校"几个大字赫然出现在我眼前，校训石上由袁校长所提出的"创造最好的自我，开辟美好的未来"的先进教育理念浸润在我的心间。周书记的一身正气，使得身为党员的我肃然起敬。走进福小校园，"绿荫芳香、快乐自信"的氛围让人向往、舒服。教学楼上的"快乐自信、自主规范",体育场边的"野蛮其体魄、文明其精神",都在时刻提醒和鞭策着每一个福小人。

每天转转校园、看看教室,微笑、点头、精神抖擞是袁校长给我们的印象,我们福小教师在袁校长的带领下,通过开展"教师师徒结对互助""青年教师练字""朗诵接龙""展示课学习""示范课"专题培训等多种形式的教育,提高教师的专业技能和教育水平,学校也不断地提供机会和积极地鼓励每位教师参加各类比赛,我们学校教师每年获区级以上表彰奖励近200人次。我们学校还努力营造培育福小学生的"能气"氛围,坚持以人的自由发展为最大发展,让不同的学生得到不同的发展,人人都得到最大的发展,真正实现差异发展、扬长发展、个性发展、最大发展。并通过"一歌一享一提醒一宣誓""课间行动""升旗风采展示""午间练字""读书启魂""课程辅助""文明礼仪巡逻"等活动,使学生血液中流淌着能干之气,学校还积极鼓励和培训学生参加各类比赛,每年我们学校学生获区级以上表彰奖励1200人次左右,由此可见我们福小师生都做到了"福小人行行行,我们要做能干人"的口号。

作为福小的一分子,我骄傲,我自豪,我更是幸福的。原因之一是,在未进入福小时,我对教育的认识很浅薄,只把学生的成绩放在第一位,但经过袁校长提出的"教育因培育灵魂而神圣"的先进理念的洗礼,我对教育有了新的、更深刻的认识,教育不只是教书更要育好人。为了坚守培育学生灵魂的誓言,我改掉了以前的一些懒散和将就的习惯,抓紧一切时间学习。积极认真参加学校组织的各项培训,看专著、看心理学、听讲座、观课例、写反思,取人之长,补己之短。我一边储备着丰富的教育理论,一边在教学实践中磨砺提升。为了让学生把学数学变成喜欢数学,我尽量从学生熟悉的生活情境或与知识有联系的故事入手,寻找学生感兴趣的方式教学,对于知识的难点我通过儿歌、顺口溜等方式让孩子记住。例如,凑十法的计算,我就编了一个顺口溜"看大数,分小数,凑成十,再计算",再比如,10的分一分,我则通过儿歌"一九一九好朋友,二八二八手拉手、三七三七真亲密、四六四六一起走、五五凑成一双手"让孩子熟记。渐渐地,我的数学课变得妙趣横生。课堂上,不仅时常飞扬着我和学生睿智的思想,洋溢着我们探究的乐趣,启迪着我们灵动的才智,还有我们的"小老师"自觉站上讲台讲解自己的思考。课余，我和孩子们是朋友，我们一起研究魔方、象棋、跳棋、做手工等，我班的王宇涵在转魔方比赛中曾获得学校的一等奖。家长是我重要的工作伙伴，我们经常打电话交流沟通孩子的情况，还抽时间去学生家里实地考察，为共同教育好孩子互相出谋划策。原因之二是，在福小这个无须扬鞭自奋蹄的环境里，我们每天都会感受到能吃苦、肯钻研的工作态度，前辈们关心、鼓励我们年轻人的学习与成长，更会像一群普通家庭里的兄弟姐妹，相互地关爱、照顾和帮助。

我们福小的老师都有一个共同的追求：让30年后的人们因我们今天的教育而自豪！我相信通过我们每天、每周、每期的努力，持之以恒，定能做到。在以后的工作生活中，我会不忘初心，继续奋斗，为我们双福新区的教育、福小的发展、学生的终生幸福献出属于自己的一分力量。最后，祝愿各位领导、各位同仁，家庭美满、工作顺心！祝愿我们双福新区的教育事业蒸蒸日上！谢谢大家！

（2018年9月7日）

花开教育，一路芬芳

胡爽

那一年，歌声激荡着青春。小时候，我以为你很美丽，领着一群小鸟飞来飞去；小时候，我以为你很神气，说上一句话便惊天动地。我把自己对老师的崇拜转化成行动，在高考志愿书上毫不犹豫地填上了"师范"。从我背着行囊，踏进师范大门的那一刻开始，我的人生便和教师结下了不解之缘，教育，已经在我心中埋下了种子。

那一年，我怀着满腔热情走上工作岗位，成了九龙坡区石新路小学的一名代课教师。学校设施的完善，教学氛围的浓厚，领导的关怀，同事的帮助，照亮了我前进的方向。清晨，我静候在三尺讲台旁，迎接孩子们朗朗的读书声；黄昏，踏着最后一抹夕阳，守护着孩子们远去；灯下，看着孩子们的作业在我的严格要求下，做得越来越好时，有一种幸福感在暗暗滋生，教育的种子已经开始在我心底萌芽。

那一年，我幸运地通过了公招考试，来到双福实验小学。"育学生灵魂，创天下名校"几个大字赫然出现在我眼前，"创造最好的自我，开辟美好的未来"的先进教育理念浸润在我的心间。为了坚守培育学生灵魂的誓言，我抓紧一切时间，如饥似渴地学习着。这样坚持下来，我的成长迈上了一个新台阶，从优秀辅导员，到教学质量先进个人，再到江津区小学数学优质课竞赛一等奖。那一张张奖状，一声声赞许，一份份荣耀，便是辛勤付出的最美见证。在收获的同时，我也深深地爱上了教师这份职业，此时，教育之树已经长得枝繁叶茂。

那一年，我有了自己的孩子。对"可怜天下父母心"的理解，让我明白教师这份职业仅有专业能力是不够的，还要有爱。没有爱就没有教育，老师的爱能够清除悲伤的瓦砾，推倒绝望的断壁，也能点亮希望的明灯。班上有位叫辰辰的女孩，上学经常迟到，几乎每天都不能完成作业。上课经常无精打采，有时甚至上着课就睡着了，成绩很不理想。她总是形单影只，沉默寡言，当我找她谈话时，她总是低垂着头，泪水一滴一滴往下落，滴在我的心上。事出必有因，我想她的身上一定有我不了解的故事。经过多次家访，我终于得知了辰辰的不幸遭遇：原来她的爸爸于几年前去世，妈妈又进了监狱，家里只有一个年迈的奶奶，生活的重担一下子就落到了她稚嫩的双肩上。每天放学回到家，她要做饭、洗衣，忙完了所有家务才能摊开作业，强睁着困倦的双眼，抬起疲惫的手臂。得知这一切之后，我被深深地震撼了，面对这个坚强懂事的女孩，我还能苛责什么呢？我能给她的唯有加倍的爱。从那以后，我总是利用课余时间给她补课，辅导作业，像朋友一样和她聊天，聊学习，也聊生活。渐渐地，辰辰不再是那个自卑孤僻的女孩，她的眼神越来越自信，笑容越来越灿烂，她也用自己的方式，默默地回报着我。一声声热情的问候，一份份工整的作业，一张张满意的答卷。我的心里有说不出的感动与骄傲，我知道，我做对了，我做到了。在我的精心浇灌下，教育之树亦绽放出绚丽的花朵。

习近平总书记说，好老师要"有理想信念，有道德情操，有扎实学识，有仁爱之心"。教育，是一棵会开花的树，只要用心浇灌，定会繁花似锦。我愿意将青春和热血奉献给这份太阳底下最光辉的事业，让我们一起花开教育，一路芬芳。

（在2018年5月11日学区演讲）

师爱无声，默默前行

周宇

2013年9月，我带着兴奋与期望踏上了盼望已久的三尺讲台，但是班级管理并不像我想象中那么顺利。

班上有个孩子小莫，总是会"没事儿找事儿"，让我不得安宁。

他有先天性不足，语言残疾，肢体不协调，所以说的话大家根本听不懂，写的字也没法认。一连几天的入学常规训练，小莫在上课时总是不停地扭动身子，有时莫名其妙地站起来，大吼、大笑，甚至走来走去，撕书吃，嚼过以后再往同学身上吐，身上脏兮兮的一股口水味儿，中午吃饭用手抓，弄得到处都是，谁也不愿与他一桌吃饭，还经常把鞋脱下来玩，或是反穿着两只不同的鞋来上学。弄得同学们总用奇怪的眼光看他，都不和他一起玩儿。

开学第一周，小莫的手卡到了下水道里，文校长打了119，在消防员的帮助下才把他的手取了出来……无论我怎么嘱咐，每天留下他单独教育，都像对牛弹琴，他总是睁着他那双大眼睛，笑嘻嘻地看着我，依然我行我素。

有一天，他的妈妈来接他放学，她努力地说出能让我听懂的话："老师，感谢你没有不管他，我们一辈子都不会忘了你！"原来，他的妈妈也有语言障碍。我跟在他们后面一起下楼，看着母子俩费力地交流，我一句话也听不懂，但我看见了他们眼里流露出的真情。小莫用脏兮兮的沾满口水的手把自己在学校吃的零食喂给妈妈，妈妈欣慰地吃了，母子俩都露出了开心的笑容。

那笑容让我的心揪了起来，多么不幸的家庭，多么不幸的孩子啊。我的心情很沉重，作为一名教师，我有责任关心他，呵护他。

我以去他家玩为理由去他家家访，了解具体情况，他特别高兴。了解了一段时间后，我发现小莫的心智比同龄孩子要小很多，很容易满足，总是面带微笑，于是我把他评为"微笑之星"，还在班上表扬他是个阳光的男孩，他特别高兴。我改变了与他说话的语气，他开始愿意听我说话了。

课余时间，我单独训练他的坐姿，结合加星星的制度，上课经常有针对性地表扬他的进步，中午跟他一张桌子吃饭，鼓励他用筷子吃饭，提醒他经常洗手，在教室里当着学生的面跟他交谈，跟他玩游戏……把他当成一个小孩子来对待，像家人一样真切地照顾他。

慢慢地，他的脸变干净了，会用筷子吃饭了，没有穿反鞋，甚至上课也能坐住了，即使是乱动了，稍稍提醒他就能做出一副很认真的样子，基本上很少扰乱课堂，而且有时候还会举手回答一些简单的问题，渐渐有同学愿意在生活上和学习上帮助他了。

后来，我鼓励他订阅了《少年先锋报》，和他一起看了两期，他便成了《少年先锋报》的忠实读者，每期必订，也爱上了阅读，运动会也会拿本书到操场上阅读。有一次还模仿课文写了一首关于春天的小诗，看到他的进步，我感到无比欣慰。

小莫的转变过程让我深深体会到：爱，是一种力量，技巧是一种智慧，教育需要爱心加技巧。试想一下：马戏团的小动物都能训练做简单的数学题，为主人做一些简单的事情，更何况我们的孩子呢？

每个孩子都是活生生的有情感的人，只要付出爱心，科学培育，枯草也会发芽。

我曾梦想做一个无私的太阳，把自己的光芒照射到每一粒种子的身上，让他们都扬起自信的脸；我也曾梦想开掘一口激励源泉，做成一盏引路明灯，带着经久不衰的爱，将我的教育生活涂满明丽的色彩。今后，我将继续与我的梦想同行，把忠诚奉献给教育，用爱心托起明天的希望！

（2016年4月28日在党员大会上）

不忘初心，做学习创新之师

张涛

2014，简单的数字组合，对于我而言，它意味着人生的转折点，意味着我从大学校园到小学校园，从学生到教师的角色转变。

依稀记得四年前新教师培训会上的收获；依稀记得袁校长那"育学生灵魂，创天下名校"的豪言壮志；依稀记得开学时学生们叫张老师时的别扭感觉；依稀记得课堂上突遇调皮学生的惶恐无助；依稀记得面对教材难以入手时的焦头烂额……

作为一个山里的孩子，读书是唯一的出路。小时候，看着讲台上的老师感觉他们是如此的神圣，因此，我立下志愿：我要读书，我要走出大山；我要读书，我不要做文盲；我要读书，我要教会更多的人知识。就这样，做教师的理想在一个山里娃的心里开始萌芽。

怀揣着梦想，披荆斩棘，解决困难，战胜挫折，一路前行，2014年，终于，梦想实现了。

站在梦寐以求的岗位上，面对陌生的环境、陌生的同事、陌生的孩子、陌生的教材……我惶恐了。此时，学校领导的关心关怀，同事们的热情帮助，使我很快地进入角色。而在面对烦琐的工作时，我又开始焦躁抱怨了。而此时，袁校长的那句话又在激励着我：千有理、万有理，干好工作硬道理。

作为教师，要做创新之师，而创新在于学习。正如袁校长所说"一天不学，自己知道。两天不学，对手知道。三天不学，人人知道。不学习，总重复着昨天的故事"。经过四年的学习锤炼，我的教学水平和工作能力有了些许提升，但这只能代表过去。世界在变，你也要改变。所以，别总拿过去看未来，思想跟不上，终究被淘汰，你不努力，谁都可以代替你。

不忘初心，不懈努力，孕育桃李，奉献教育。因为，我是一名人民教师。

（2018年4月党员演讲）

我的教育创新智慧

——我班的"流动日记本"

白朝荣

我班里有一个特殊的日记本，它叫"流动日记本"。这个日记本不属于某一位学生，全班55位孩子都可以在上面写日记。只要你愿意，随时都可以用这个本子来写日记。在日记的最后注明作者是谁就可以了。后面写的同学可以阅读前面的日记，不仅可以了解别人写的内容，还可以看看别人的书写情况。有个孩子在"流动日记本"将同一篇日记写了两遍，原来是觉得自己的书写不工整，就重新写了一遍。家长还在上面留言重写的原因。

写作是孩子们比较头疼的一件事，大多数孩子都不喜欢写，特别是才二年级的学生，更觉得无话可写。可是，我班有一部分孩子却特别盼望写日记，这是为什么呢？因为我们班每周都会评选写作之星，每周都会出版题为《我是小作家》的班级小报，人手一份，小作家就是班里的孩子。孩子们写的日记，我会认真阅读，写得好的，我会给他们盖上"写作之星"的印章，凡是获得该印章的，在小组评比中就可以加一分。"写作之星"的日记以邮件的形式发给我，我下载后进行排版，然后做成我们的班级小报——《我是小作家》，凡是登上小报的学生，每次在小组评比中加一分。每个学生都有一份，班级梦想墙上也会张贴。孩子们利用课余时间读一读，看看别人是怎么写的，想想同样的事情，自己也经历过，自己为什么没写，如果自己写，会怎么写？到目前为止，我们已经制作了15期《我是小作家》。里面的内容丰富多彩，有写自己养的蚕宝宝的，有写消防演练的，有写自己去郊游踏青的，有写自己上课收获的……凡是自己生活中经历的，孩子们都乐意把它写下来。我相信，只要我们坚持做下去，孩子们一定会爱上写作，乐于写作，并敢于表达自己的真情实感。

（2017年11月优秀班主任经验交流）

我的音乐教学"四创新"

肖亚丁

创新，就像撬动地球的杠杆，总能创造令人意想不到的奇迹，我在音乐课堂中正在尝试以下改变。

一、语调、语气、语速、语言加上肢体动作的创新

不使用小蜜蜂，用比较轻的语调吸引学生注意，学生会很感兴趣地想知道老师为什么突然声音这么小，是不是有什么悄悄话要讲；有时候，我会突然提高语调，学生会跟着很兴奋、激动起来。批评学生的时候我会降低语调，使学生感到沉重，从而收敛自己的行为；表扬的时候我会用比较温和亲切的语气夸奖学生并且偶尔会摸摸她的头。讲课的时候我遇到重要的知识点，我会运用速度加快和速度变慢引起学生注意，遇到难理解和记忆的歌词我会引导学生用肢体动作进行歌词记忆。

二、课堂小组比赛竞争

每节课我会根据实际情况把学生进行分组，在课堂上以小组竞争的方式从课堂纪律、上课认真的态度、上课积极举手回答问题、举手表演唱歌跳舞等方面进行加分的制度保障整节课的纪律和学生主动参与的效率，得分最高的小组，下课的时候可以享受先出音乐室、先下课的特别奖励。

三、课堂奖励

我一直在教低年级的孩子，他们单纯活泼，也很喜欢我，经常喜欢摸摸我，还喜欢来抱我，受袁校长电话奖的启发，我现在正在尝试使用拥抱奖励、握手奖励、拍照奖励和与我坐一个桌子吃午餐的奖励。这些奖励有时候是在孩子表现好的时候给予奖励，有时候是在孩子需要鼓励的时候给予奖励，我觉得对于孩子来说，表扬是最大的动力，比起语言的口头表扬，我觉得用行动表扬更能激励孩子。

四、考试

以前每次期末音乐考试都是10个人一起唱歌，我觉得没有什么期待和特色。现在我尝试让学生自由组合，自选歌曲，自编舞蹈动作，这样学生会自己去思考，去想象，去努力，考试的时候给全班同学展示，效果很好，我想以后在班与班之间相互表演也可以试试看。

（2016年4月在教师会上交流）

我的"大富翁"班级游戏管理

熊知忠

我创造了"大富翁"游戏班级管理。每个孩子申请一份工作，树立责任意识；每份工作有对应"班币"，有付出才有回报；每次活动机会需要付出"班币"，所得不是理所当然的，都是辛苦换来的，一定要好好珍惜；定期上映电影，需要自购门票，设立短期目标；每月一次拍卖会，可以用"班币"交换玩具、文具、书籍，他们会为此更加努力。在游戏中，孩子们学会了责任、勤劳、自主、珍惜、合作、分享，这必将让他们受用终身。

（2016年4月班主任经验交流）

我的语文学习"四自主"管理

贺建红

为了充分发挥孩子的主观能动性，激发其学习兴趣，提高学习自觉性，我在小学语文教学中实行了"四自主"。

第一，自主早读管理。在低段一至三年级的"自能早读"活动中，老师按时进教室或带领、或督促，培养孩子早读的习惯，同时培养起带领早读的小能人。四年级开始，由小能人带领自主早读。

要保证早读的有效性，老师需要做的是：1. 和早读小能人一起明确早读内容和方法，保证早读的有效性；2. 老师适时在早读课时间巡视教室，注意发现调皮捣蛋的学生，保证早读的纪律性；3. 严肃对待早读课上不认真的学生，单独为其上早读课，保证早读课的长效性。

第二，自主上课。偶尔让学生给学生上课，学生感觉也不错。从四年级开始，我让学生给学生上课。四年级主要让学生讲讲说明文，愿意尝试的同学都可以报名。学生讲课的内容逐渐由说明文到积累运用再到写景文，最后是记叙文。

要保证学生教学的有效性，老师要做的是——1. 帮助上课的小老师一起备好课；2. 发挥导师的作用，四年级适时在课堂上给以指导，五六年级让小老师课后反思；3. 给小老师以真正老师的权利，对学生实施奖惩，惩的方式很简单：下课后单独背诵课文。高段课文都比较长，一般孩子都愿意选择好好上课，不愿课后"单独辅导"。

第三，自主批改习作。作文的批改一直是老师头疼的事，全批全改费时费事、收效甚微。曾经也有老师提出每次习作老师抽阅批改一部分，但这让没被批改到的学生心中难免遗憾。语文课标的高段习作目标之一就是学生相互欣赏习作、自批自改和相互批改。到了小学高段，让学生自改或互相批改习作是一种省时省事又有效的作文评改方式。评改的方式也可以多样化：先自己评改再请别人改、同桌改、小组内改、随机改、组长改……改完后返回手中再读，考虑是否接受别人的意见。这样的评改过程，是学生间相互学习的过程，也是学生对自己习作的一个反复修改的过程。

要保证作文评改的有效性，老师要做的是：1. 四五年级时常带领学生一起评改范文，交给方法；2. 结合习作教学的课标和单元习作要求，明确评改方向；3. 对评改结果进行监督，确保每个孩子都认真读、改自己和他人的习作。

第四，自主布置作业。到了高段，语文课代表可以多一些，专人专管：一人管练习册，一人管《字词句》作业，一人管生字词等作业。管作业的同学不仅负责收发这些作业，还负责布置这些作业，如课前完成字词句预习作业，课后完成练习册，抄写生词、听写生词。这些作业都由分管的课代表根据上课的进度安排，老师要检查作业质量，时间允许，有难度的尽量自己改。时常对作业质量进行评价，提醒学生重视。

老师在敢于放手让学生自主的同时，还要善于指导督促，才能真正培养起学生自主的学习能力。

（2017年3月党员学习交流）

（三）我是教学能手

小学三年级语文教学经验交流

廖流平

小学三年级语文是一个关键的年级，因为在这个阶段，学生对生字词的学习仍不能完全做到自主学习，老师对生字词的教学除了在词义的沉潜玩索上有所体现，还不能放松对生字字音、字形的教学。而更为棘手的就是——三年级将开始学写整篇的作文。面对繁杂的教学任务，如何能高效地完成？我认为要做到以下几点。

一、继续加大力度培养学生良好的学习习惯

在日常教学和管理中，要适时地培养学生专心听讲的习惯、动脑多思的习惯、质疑问难的习惯、阅读课本的习惯、独立完成作业的习惯、参与合作的习惯、运用学过的教学语言准确表达的习惯、课外学习的习惯、快节奏有条理的习惯。让习惯成自然，改变学生的贪玩偷懒等现象。

二、努力提高课堂教学的质量

加强新课标的学习，更新阅读教学理念，明确三年级的阶段目标，把握年段的教学重点。为了能在教学中做到有的放矢，我们要以学生为本，向40分钟课堂要效率，扎扎实实抓好基本功的训练。多关心学困生，关注他们的学习情况和学习需要，缩小两极差距，让每位学生学有所得，日有长进。

三、注重有效训练，提高学生活学活用的能力

在教学中，我们不仅要让学生学会综合运用知识，同时还要培养学生的思维方式、思维方法，养成灵活思维的思维品质，不断地提高学生的感知理解、分析判断的能力。

四、加强课外阅读的指导

鼓励学生多读课外书，在阅读中习得解决问题的方法和能力！通过共读一本书，提高学生阅读兴趣，习得基本的阅读方法，在阅读中提升语文素养，获得快乐。

五、习作指导重在激发兴趣

鼓励学生从平淡的生活中积累习作素材，注重培养学生的观察能力，养成良好的习作习惯。鼓励学生写身边真实的人和事，重视片段练习。批改作文重在勾出好词好句。多鼓励，少批评。

六、加强家校联系

通过沟通，教师要让家长明白学生三年级中段的重要性，使之明白其中的利害关系；要让家长重视孩子在学校和家里的一些变化，希望家长多一些严格督促，少一些溺爱迁就。针对孩子的薄弱环节采取补救措施。

总之，提升语文教学质量任重道远，需要我们不断地改进提高！

（2016年4月党员学习交流）

在路上

夏清英

带着8月的热情，我们迎来了从幼儿园毕业的一群小"知了"，他们任性，他们无拘束，还摆脱不了对老师的依恋，对父母的不舍。从此我们相识了，我成了他们人生求学路上的第一位数学老师！

面对这些"嫩芽"，朝夕相处中涟漪不断，他们的随性给我这位从中学到小学高段，再到低段的老师带来了许多困扰，在成人看来，20以内的加减法还有什么可难的呢？在这种思维的束缚下，我要努力寻找一个"出口"。

从"1—5的认识"到"＞""＜""＝"的认识，孩子们似乎都不觉得是难事，但"★★★★★△△△（　）比（　）多（　）个，（　）比（　）少（　）个"这种题目，可难倒了许多小朋友。在他们的认知里，只知道单纯的谁多谁少，却不知道两者比较连在一起说，突然间让我有了一种"柳暗花明又一村"的感觉，我的突破口找到了——数学也要学会表达。

抛弃数学只要会算的旧观念，就从看图列式开始学会表达。例如：

这种题型，第一次接触时，孩子还是不太明白，多见几次自然依葫芦画瓢都会写"4+1=5"，但我认为会写算式不是目的，要让他们明白算理才达到了教学的目的，我要用美丽的语言贯穿数学的数字宝贝，让他们潜移默化地知道数学知识是用来解决实际问题的。

于是，我问："有谁想得到老师的星星啊？""我想……"这声音简直是此起彼伏。我抓住契机："左边这1颗星星是王老师的，右边这4颗星星是夏老师的，问我和王老师一共有多少颗星星？"刚开始，可能只有小部分的孩子会跟着说，并且是边说边想。不过别着急，奖励说得好的，还没张嘴的宝贝自然就会跟着说了。"比比哪组的孩子说得最棒！"哎哟哟！这下教室里可算是热闹了！估计训练3道类似的题目，多数孩子的心中已经初步装下了"求总数用加法"的理儿啦！这就为后面学习减法"知道总数和其中的一部分，求另一部分"埋下了伏笔。

数学重在明理，在我的引领下，孩子们明白了数学是一个讲道理的学科，我们也要做一个讲道理的孩子。

渐渐地，孩子们从迷雾中找到了乐趣，我也觉得自己能轻松上完一节课，很有几分成就感。但孩子的注意力就只有那短短的十来分钟，你要想让他们能自觉地坚持下去，只靠找教学方法可不行，课堂得出新招儿呀！俗话说"又要马儿跑，又要马儿不吃草"这怎么行呢？"贴星星，换红旗"这些招数自然得用上，但在这物欲横流的社会，孩子能逃脱得了这世俗吗？所以精神的奖励只有昙花一现的效果，我们要变招——买点饼干、QQ糖等零食。当孩子疲惫时，我就把手往口袋里一放，第一次他们当然不知道老师要干吗，我就点拨了两句："看，老师给大家变个魔术！"随着我的手从口袋移出来时，教室里传来齐刷刷的一声"哇"，这下，我趁机说："谁坐端正了呀？"这效果可想而知，下次不用我多说话，只要手往口袋里一放，孩子们自然坐端正，但时日已久会生厌的。老师就又得更新方法："老师不仅奖励饼干，还要亲自喂给那些表现好的孩子吃。"这句话绝对有"含金量"，孩子也是要面子的，老师喂着吃肯定脸上有光嘛，谁还会坐得不直呢？在这"斗智斗勇"的过程中，我算是暂时"取胜"吧！

迷雾殆尽，也是小有收获。在一次学习"32-19="的两位数减两位数的退位减法时，孩子们凭借以往的学习经验，知道了列竖式的方法，固然不错，但为了提高口算速度，我故意写成了"32-20="，有孩子脱口而出"12"，但有些仔细的孩子重点不在计算，观察非常仔细："老师您写错啦！"要知道，这个时候我是多么地感谢这个孩子呀！我顺势说道："啊！真的，你是个细心的孩子，夏老师也是一个粗心大王呀！但错了没关系，改正过来就行，有没有孩子能帮我改错呢？"说到帮老师的忙，小孩子谁不乐意呢，思维单一点的就想重新列竖式，这也绝对是要肯定的！我及时补充道："能不能将错就错下去呢？"我看到思维活跃的孩子们灵动的小眼睛不停地转动着。"老师，我知道啦！"一个叫张云皓的男孩最先把他小小的右手高高地举起，我示意让他说说自己的想法："原题是减19，但老师您减成了20，多减了一个，我们得还一个回去，12添上1就是13，所以32-19=13。"简直就是完美！我把我的两个大拇指"送"给了他，他自信地坐了下去，在其他孩子信服的眼神中，我抓住契机："大家一起把小张的金点子复数一遍……""再来一题挑战一下，有信心吗？"桥搭好了，不怕路难走，多做几题，绝大多数孩子都会啦！

历经这一次，我觉得语言的形象和巧妙也是非常重要的，如果我们一开始就给孩子介绍"多减了几个，所以我们总数还得加上几个"这种格式化的语言，孩子定会乏味，毕竟他们还小。

前程似锦，让我们在小学数学教学的康庄大道上共同努力，越走越好！

（2017年10月30日在教师会上交流）

学做"农民"

——漫谈 2012-2017 的收获

周定娟

"教育是农业。小学是苗，中学大学是杆，贡献人类是果；没有健壮之苗，哪有粗壮之杆，没有粗壮之杆，哪有丰收之果！"这是令我内心最震撼的一段话。它出自双福实验小学袁仁超校长之口。这也是我从事英语教学工作14年以来，听到的最新鲜、内涵最丰富，却又最浅显易懂的有关教育的定义。

自从2012年踏入双福实验小学那天起，第一次听袁校长讲自己的"农业教育"时，我就知道，在小学教育这条道路上，我就是个"新兵蛋子"，要想有所成长，必须一步一个脚印，从头再来。五年来，我基本上做到了以下几点。

一、意识改变（变得快乐自信）

正是有了学校"育学生灵魂，创天下名校"的伟大理想和"快乐自信，自主规范"的办学理念，我的教育教学思想也随之变化。无论是谁，只要能做到"快乐自信，自主规范"，做任何事情都会有所收获。从踏进校门的第一天开始，每天都能看到小鸟般快乐的孩子、阳光般自信的老师、严谨又不失幽默的领导。热情洋溢的微笑挂在每一个人的脸上。在这样一个地方工作和学习是一种享受。

所以，我很快乐！纵观全校，我竟然是当年唯一一个英语专业毕业的考调青年教师。所以，我很自信！

二、勤于实践（学习和创新）

2012年9月，已有9年高中英语教学经历的我，来到一所新的学校——双福实验小学。面对叽叽喳喳的小学生，其实惶恐多过自信。不过，周围的老师都很热情，也很耐心。正是有了他们的鼓励与支持，我才能每天积极地去了解、学习怎么做一名合格的"农民"。学校没有现成的教具，我就自己带孩子的玩具。没有图片，就请夏玉玉老师帮我画，没想到她却教会我快速又规范地自己画了。没有现成的教学范例，我就把2012年以前全国小学英语优质课赛课的视频全部下载，天天看、不断模仿，让自己的课初具雏形。

"机会属于有准备的人。"2013年，学校有了一次去香港学习考察的机会，因为是田家炳基金会扶助重庆市中小学英语教师培训者培训项目，学校把这个机会留给了我。我心怀感激，以一个学习者的态度参与项目的所有活动，主动承担同课异构任务，直到2016年4月最后一次影子培训结束，从未缺席（那时我已怀孕7月）。

每一阶段培训结束，我都会认真整理，把近阶段所学到的东西和自己的教学实际相结合，让孩子们感受最新的英语教学理念和学习方法。我也会在时间允许的情况下，适当改变之前的教学模式，不同的班级采用不同的教学风格。例如，不爱发言的班级就注重读和写的教授；孩子个性活跃的班级多开展游戏活动，注重语言表达和场景配音的尝试。低段班级注重兴趣和语音；

高段班级注重书写、阅读和讲演。正是自己平时不断地学习和思考，我在小学英语的教学工作中得到了充分的锻炼，教育教学水平得到了极大的提高。通过自己的多次尝试，我形成了自己的教学风格。每个班的孩子都很喜欢上英语课，见面都能微笑"say hello"！记得有个六年级孩子说："Miss周，我以前从来不喜欢英语，现在我好想上英语课……"我觉得这是对我这五年工作的最高评价。

2014年9月，我代表学校参加了双福学区的英语教师优质课比赛，获得一等奖。虽然没有取得更好的名次，但是从中学到了很多教学技巧和多媒体技术。我深刻反思，找出失败的根本原因，并在日常教学中得到改进。2017年6月，我录制了教师生涯中第一节优课。这一次，我提前制定好教学计划，提前做好教具，提前试讲，学会了音频视频剪辑，这个准备的过程本身就是一种进步，一种成功。所以，我自主，我无悔！

三、经受考验（课堂管理和考试）

无论孩子们表现得多么喜欢英语课，最后家长还是希望看到一个好的分数。对于我们四个专职教师要承包30个班的情况来说，每周1—2节课，要让孩子们都有一个不错的分数，任务十分艰巨。而且，多种教学激趣活动的开展也给课堂教学秩序管理带来隐患。对于每一个专职老师，提高自身专业水平和教学管理能力是唯一的途径。为此，我们利用各种网络平台（轻课，英语流利说、和教育、纳米盒、一起作业等）为老师和孩子们提供练习听说读写的资源。每一次的测试试卷我都仔细分析，完整保存，以备参考。同时，加强与家长、班主任的沟通，争取一切力量帮助我们的孩子，尽可能多地接触、浸泡在英语环境中，为每期一次的英语测试保驾护航。2017年6月的英语抽考，我们学校仍然不是学区成绩最好的，但和过去比，我们已经取得了很大的进步。所以，我无愧！

四、相互借鉴（教学心得和总结）

"三人行，必有我师。"在日常教学和生活中，我常常和周围的老师聊天，分享这节课的收获，反思下次可以改进的地方，欣赏某个孩子的可爱，宣泄对某个捣蛋鬼的愤慨。这样，五年来，我学着像玉玉老师一样淡定、优雅，学着像贺主任一样高效，像钱主任一样热情，像陈彬老师一样幽默，像肖红老师一样温暖，像廖流平老师等优秀教师一样追求完美；我学到了静静老师收作业本的科学方法，她也教会了我很多电子技术……我把每天的收获整理起来，写成了我们英语组的课题材料。可能在别人看来，这是多么的微不足道，但对于我，对于这五年，我感到无比的骄傲与自豪！

当然，这一切都来自学校领导、全体师生及家长对我的支持与帮助，在此，我想由衷地对大家说一句："谢谢！"在今后的工作中，我将继续秉承"快乐自信，自主规范"的育人理念，学做新"农民"，让一棵棵幼苗站稳扶牢，争取为社会培育更多有灵魂的优秀果实！

（2017年11月6日在教师会上交流）

小学语文教学心得点滴

杨道英

小学语文教学是一门学问，更是一门艺术。对小学低段的语文教学，我想谈谈我的几点心得。

一、抓好习惯的培养

常言道：行为决定习惯，习惯决定性格，性格决定命运。良好的习惯一旦形成，就会变成人生道路上前进的巨大力量，终身受益。小学语文教育，特别是小学低段的语文教育，更重要的是为培养学生终身学习奠定基础。在平时的教学中，我强调培养孩子读书、写字的姿势，课前文具的摆放，课桌书包的收拾，上课大胆发言，阅读勤于动笔，主动安排作息时间等好习惯的养成。重视孩子课前预习、课后复习、每日阅读和交流的习惯养成，让他们习惯成自然。

二、重基本功训练

为了让学生的基础知识和基本技能训练扎实，我特别注重对听、说、读、写的训练。读写是语文基本功中必不可少的，除了让学生朗读，我还主张孩子静下心来选择自己喜欢的方式读书，如默读、小声读、合作读等方式，并开展多种方式谈读书的收获，交流读书心得，让学生真正爱上读书，爱上学习。学会静下心来倾听对低年级的孩子来说是一件困难的事情。我从时间上把握，循序渐进，从半分钟、一分钟、两分钟……让孩子听完再发表意见，而且学会用合理的方式表达自己的看法、建议等，比如礼貌用语、说话语气等，不仅促进学生学习，更让孩子终身受益。

三、讲究课堂高效

课堂是学生获取知识和培养能力的主阵地。为上好每一节课，我会在课前认真备课标、备教材、备教法、备练习、备学生。课堂上结合教材特点和学生实际情况，采用生动活泼的教学方式如猜谜语、编故事、表演等激发学生学习的积极性，在课堂上努力贯彻新的教学理念，营造民主和谐的教学氛围，让同学们积极参与、各抒己见、主动探索、真正成为课堂的主人，让孩子们真正爱学、乐学、会学。

四、及时反馈，培优辅差

我常常告诉孩子们：今天的事情今天做。每天的作业放学前必须清理，每课的作业绝不留到下一课。每个单元结束，及时进行测试；通过反馈，及时发现问题。鼓励先进，鼓励他们大量阅读和勤于练笔。同时，决不放弃班级中任何一个差生。对待个别困难同学，采取老师辅导、学生帮扶、家校结合等方式，从兴趣入手，到方法的指导和过程的监督，让他们能细步紧跟。上学期，我班转来一个新生向魏东，从拼音字母、声调到汉字的笔画笔顺，我几乎从零起点跟他讲起，并培养他课堂听课的习惯，读书作业的习惯。渐渐地，孩子进步了，上课能基本跟上节奏了，作业书写有进步了，期末还考了70多分，让人倍感欣慰。

教学有法，教无定法。在以后的教学工作中，我将不断学习新的教学理念，探究新的教学方式，与时俱进，做一名新时代真正需要的语文教师。

（2017年10月16日在教师会上交流）

我这样教数学

白朝荣

因为学校的工作调整，我从语文改教数学。回顾我的数学教学工作，感触颇多。下面就谈谈我是如何教数学的。

一、做孩子喜欢的老师，播撒爱数学的种子

古人云："亲其师，信其道。"记得第一次给孩子们上数学课时，我给孩子们讲了我上小学时的故事。我告诉他们，我小学时特别喜欢数学，特别喜欢

我的数学老师，因为他的课堂让我感到轻松有趣，而且数学作业不多，很快就能完成。因为我喜欢数学，喜欢数学老师，喜欢做数学作业，所以我的数学成绩特别好。我还告诉他们，我也要像我的数学老师那样，做一个学生喜欢的数学老师，一个作业不多的数学老师，一个让孩子喜欢数学的数学老师。我相信你们一定能学得轻松愉快，你们的数学成绩一定能提高。我的郑重承诺让孩子们非常兴奋，从那一刻起，他们就认定了我是一个不一样的数学老师。

和学生沟通最好在教室，办公室的师生对话容易给孩子压力。因此每次下课后，我都不急于离开教室，因为总有一群孩子围着我，叽叽喳喳地说："老师，这节课太有趣了，我还没上够呢，怎么就下课了？""老师，昨天的家庭作业我只用了15分钟，而且全对哦！"

二、让孩子体验成功，唤起孩子的兴趣与自信

孩子的兴趣与自信是促进儿童进步的真正动力。因此，唤起兴趣是引导孩子学习数学的第一要务。如果一个人做某件事总是失败，没有感受到成功的快乐，久而久之，就会对这件事失去兴趣，这也是为什么有的孩子越来越差的原因。为了培养孩子们学数学的兴趣，我在课堂上总是给孩子们提供展示的机会。比如，教学例题时，我总是先让孩子们自己分析，说思路，讲方法，大家一起探讨，我只是适时点拨，让孩子们自己总结规律，形成结论。因为是孩子们自己总结的，孩子们很有成就感，觉得学数学也并不难。为了让所有的孩子都参与进来，都能感受成功，我在提问时，注意照顾各类层次的孩子，比较简单的问题就留给成绩比较差的，给他们制造展示的机会，答对了我就大加赞赏，让他们体验到成功的乐趣，唤起学习数学的兴趣，培养他们学习的自信心。答错了也没关系，我会鼓励他下次再来。老师们都应当记住，你给学生一个机会，学生就会给你一个惊喜。我尽力做到让不同的孩子得到不同的发展，人人得到最大的发展，创造最好的自我。

三、重视实践操作，让课堂活起来，让孩子动起来

有人说数学是门枯燥的学科，它既没有语文课的花样多，也没有优美的文字作为依托。我觉得，数学课堂也是可以变得活跃的。我在教学《图形的平移、旋转》这课时，提前让孩子们做好准备，用小字本剪出长方形、正方形、三角形、平行四边形等，为了便于操作，要求剪的时候图形不宜太大，尽力沿着格子线剪；教学时，我让孩子们自己在小字本上操作，通过亲自实践，感受图形的平移。而图形的旋转是孩子们第一次接触，因为比较抽象，所以孩子们学起来感到非常困难。在了解了什么是顺时针旋转和逆时针旋转后，我让孩子们拿出自己准备的图形，听老师的口令和老师一起进行操作，把三角形绕点 O 沿顺时针方向旋转 90 度，孩子们一边操作一边说：把三角形绕点 O 沿顺时针方向旋转 90 度。同时，我让孩子们把旋转前的图形和旋转后的图形描出来。孩子们通过亲自操作感受图形的旋转，画图观察图形旋转前后的变化，把抽象的物体运动形象化，孩子们印象深刻，易于接受。通过说、做、画、动等多种形式操练所学知识，很好地激活了课堂的氛围，在课堂上，学生动起来了，课堂也活起来了。

四、重视计算能力的培养，让计算训练形成常态

我们坚持每天做 6 道计算题，这 6 道计算题可是有讲究的，那是我根据教学进度，每天出 6 道计算题，让学生练习。每天只有 6 道，数量少，不会增加学生的负担，我批改起来也轻松，而且因为是老师自己出题，很有针对性，学什么就练什么，什么不会就练什么。这学期第一单元是小数乘法，那段时间天天都练小数乘法，第二单元是关于图形的，很少有计算，而第三单元是小数除法，因此在教学第二单元时，我让孩子们巩固了小数乘法的计算，然后复习整数除法的计算，为后面学习小数除法奠定基础。期末复习阶段，我会把前面所有的计算题进行综合，每天进行 10 分钟的计算竞赛，评选"计算小能手"。我相信，通过这样的练习，孩子们的计算能力一定能得到提高。

五、重视试卷评讲，及时查漏补缺

在我的数学教学工作中，每次检测试卷我都会亲自批改，并且保证在当天改完。试卷当天改完发给学生，学生先自行改错，分析错误原因，并和老师交流失分原因。因为只有自己亲自批改，才能了解学生知识的掌握情况、失分情况，便于评讲时重点关注，同时反思自己在教学中，哪些知识点被我疏忽了。改完试卷后，我会在自己那张试卷上做上批注，对整张卷子的评讲内容及重点做分析。例如，哪个题需要重点讲解，哪个题需要强化训练，这个题涉及哪些知识点，哪些题可以略讲，哪些题可以不讲，并做上记号。有些题非常简单，可有几个孩子错了，我会记下他们的名字，评讲时多关注他

们，并让他们到黑板上做，找到错误原因，对症下药。在评讲的过程中，最重要的就是对症下药，讲学生模糊的地方，评学生精彩之处。评讲判断题时，不只是判断对错，还要分析错误原因，让孩子牢固掌握知识。评讲选择题时，引导孩子说出怎么选出这个正确答案的，其他答案是在哪个方面不符合，让孩子们在交流中获得感悟。评讲计算题部分，筛选出最容易出错的算式，引导孩子说出算理，鼓励孩子用多种方法计算，选择自己最喜欢的算法。"解决问题"部分是重点评讲的内容，所用的时间也比较多。我在讲评时，我让孩子弄清题意，找出关键词，讲清思路，找出方法，说出解题思路和所用的数量关系式，鼓励他们用不同的方法解决问题。认真上好试卷评讲课，能帮助孩子将所学的知识进一步巩固深化，学习能力也能不断提高，成绩就会有所上升，老师的教学效果自然也会事半功倍。

吴正宪老师是我非常崇拜的一名小学数学名师，可最初她是作为一名小学语文教师登上讲台的，教了近20年的语文，做了25年的班主任，一个偶然的机会，校长让她给休假的数学老师暂时代一段时间的数学课，从此与数学结下了不解之缘。我教了20年的语文，现改行教数学，我将努力教好数学，让孩子们喜欢数学。

（2018年10月18日在教师会上交流）

小学数学教学经验交流

周莉清

一转眼，到双福实验小学已过了七年，两千多个日日夜夜，使我最为感动的莫过于整个学校的良好校风，每个教师对"让30年后的人们因我们今天的教育而自豪"这个目标的追求，及每名学生的"快乐自信、自主规范"。常言道：教无定法，成功也无定法。在学习陶行知教育思想时，有一段话特别震撼我的心灵："要想完成乡村教育的使命，什么计划什么方法都是次要的，那超过一切的条件是同志们肯不肯把整颗心献给孩子们。真教育是心心相印的活动，唯独那从心里发出来的，才能达到心的深处。"所以我用我的真心打动每个孩子的心灵，让他们信任我、相信我，让我和孩子们共同进步。要想做到这些，我总结出了以下几点教学经验。

一、建立学生的自信心

要想建立学生的自信心，首先必须解决让孩子们充分信任老师的问题。办法就是走进孩子们的内心世界，跟他们交朋友，了解孩子爱玩的天性，在刚开学，我就宣布期末考试进步大的同学就可以免做寒暑假作业。凡在学校开展的各项活动中得奖或取得好名次的同学也会得到本班老师的额外奖励。其次，强调课堂纪律，充分利用好课堂上的40分钟。一方面让学生之间相互监督，另一方面要活跃课堂气氛。让学生不仅要积极回答老师提出的问题，还要让学生来提问，让他们成为课堂分析问题的主体，老师则多做启发引导。做到尽量少布置家庭作业，能够在课堂上解决的问题，绝不留到课后，真正减轻作业负担，提高学习效率，保证学习质量。然后，充分开发孩子们的潜能。孔圣人经常强调要"因材施教"。现在的孩子思想非常活跃，他们已不再处于"两耳不闻窗外事，一心只读圣贤书"的那个年代，现在也不再是强调唯成绩论的时代。要善于发现孩子的闪光点，有的孩子喜欢唱歌，有的喜欢画画，有的喜欢书法，有的热爱体育运动……针对不同的情况加以引导鼓励，让他们在学习中找到快乐，充满自信。

二、做一个风趣幽默的老师

回想教过自己的几十位老师，感觉最喜欢的就是那几位说话幽默风趣的老师，可见教师授课语言的重要性。

语言是完成教学任务的主要手段，教师的语言对学生的"情感"与"认知"有着重要的影响，很大程度上决定着一节课的成败。教师的语言生动、形象、幽默、风趣、亲切、自然、充满情意，学生自然会在潜移默化中受到陶冶、激励和鼓舞。教师要善于将教学语言的科学性和教育性，用艺术化的优美形式和方法诉诸学生的感官，使之入耳、入脑、入心。

课堂上，一般存在两种不同的场面。有的课堂，教师满怀激情，语言生动幽默，学生情绪热烈，兴趣盎然。教与学双方都沉醉在一种轻松愉快的气氛中。有的课堂，教师表情严肃，教法呆板，讲解乏味枯燥，学生木然置之，毫无反应，整个课堂犹如一潭死水。两种教学效果可想而知。

多年来，为了达到前一种效果，最终我选择了这样一个方法：一上讲台，就把自己当作如同主持"大风车"节目的主持人，尽量用欢快幽默的语气"主持"整节课，哪怕是哪个同学违反了课堂纪律，我也尽可能地用"唐老鸭"似的语气去告知他，他就会很愉快地把精力投入到课堂中去，而不会因受到批评影响继续听课。课间，只要有空，我就会尽量地和学生待在一起，主动接近他们，了解他们的家庭情况、兴趣爱好等，时时处处以朋友的身份和学生交谈、游戏，用欣赏的目光笑看正在游戏的孩子们，此时的孩子会玩得格外起劲、格外开心，他们的心也会一下子与老师的心紧紧地贴在一起。

三、培养学生的良好学习习惯

细节决定成败，习惯成就人生。小学阶段是学生形成良好学习习惯的最佳时期。有了良好的学习习惯，才能提高学习效率，达到事半功倍的效果。我对学生提出的最基本的要求是：会学习、会听讲、会做作业。会学习包括能做好课前预习，能独立思考问题，能提出问题，能与他人合作学习等。课堂学习是学习的关键，而会听讲又是关键中的关键。所以我讲课时要求学生必须认真听讲，听懂了再去做题。会做作业指的是，在平时我要求学生做作业时先把题目最少读三遍，审清题目再做，尤其对于计算题，学生往往容易出错，很多家长说"他会做，就是粗心"或"他很聪明，就是计算容易出错"，等等，于是我每次只让学生做4道计算题，一天一次，要求书写规范、力争全对，这样量少学生做起来也不觉得困难，每次做完我都批改，表扬全对的学生，慢慢地学生逐步养成做题认真细心的良好习惯，计算出错率也基本没有。

总之，"人无完人，金无足赤"。我相信每个孩子在我们精心的呵护下，一定会茁壮成长。

（2017年10月20日在教师会上交流）

我的语文教学小体会

邹华忠

从教近30年，一直坚守在小学语文教学岗位上。多年的一线教学，虽说没有取得惊人的成就，但也积累了一些适合自己的教学方法，并且运用这些方法也取得了一些小成绩。下面就多年的小学语文教学谈谈自己的心得体会。

语文语文，先有语后有文，"语"就是说或读，"文"就是写，因此语文教学就应该抓住阅读和写作，对学生施以语言和文字的读写教学，教会学生如何读如何写就是语文最基本的目的。每当接手新一届学生，我都会系统地对孩子进行听、说、读、写的训练，以期达到孩子能认、会说、会写、会用的语文素养。要实现以上目标，我常常用以下的方法来做，一次又一次获得成功。

建立良好的班风、学风

俗话说"磨刀不费砍柴工"。要想孩子学习好，严明的纪律是战胜一切的法宝，良好的班风是学生学习的保证，因此，新学期开学每接到一个新班，我首先对学生进行思想教育，严明纪律，用一些最能打动学生内心的话来唤起他们学习的激情。平时在班上多表扬、鼓励学生，多寻找学生的闪光点，唤起学生的学习激情，为我今后的教学工作奠定了良好的基础，收到了很好的效果。同时在班级培养一些得力的小能人也是保证班级良好风气的有效手段。班风正了，学习氛围浓了，自然孩子的学习也就上去了。

关注学生个性差异，做好培优辅差

一个班级要想有好成绩，那就需要老师真心关注每一个孩子，一个都不能落下。从一年级开始，我就发现并找出本班学生存在的差异，进而促使每位学生都有所发展并得到最大的发展。我抓两头、扶中间，注重培养优生的特长，加强培优辅差工作，促进全体学生得以最大发展。对班内学习后进的学生进行有计划的辅导。我把这批同学分为三个组。第一组是有能力提高但平时懒动脑筋不学的同学，对这些同学，我采取集体辅导，给他们分配固定任务，不让他们有偷懒的机会，让他们发挥应有水平。第二组是肯学但自身学习能力不强的同学。对这部分同学要适当引导，慢慢提高他们的成绩，不能操之过急，且要多鼓励。只要他们肯努力，成绩提高一点点也是可喜的。第三组是纪律松散，学习不认真，基础又不好的同学。对这部分人要进行课余时间个别辅导。因为这部分同学需要一个安静而又不受干扰的环境，才会静下心来学习。同时，成立互助小组，利用结对子形式，以优生来带动差生，树立后进生的信心，促使每一位学生都有提高。

注重阅读兴趣培养，提高作文水平

从一年级开始培养孩子的阅读习惯，利用读书启魂活动，先和孩子一起读他们感兴趣的书，和孩子一起讲读过的故事，然后逐渐给孩子有意识地推荐一些各年龄阶段的书，增强阅读，渐渐养成读书习惯，再用几句话把自己的阅读收获说一说、写一写。这样一来学生的阅读水平明显有提高，理解课文的能力也大大加强。另外写作上，从一年级开始我就鼓励孩子们写日记，从一句话、一段话、一篇话循序渐进，每次孩子写了我必定篇篇批阅，并且还会找机会让每个孩子都在班上大声朗读自己的一句话、一段话、一篇话的日记，及时表扬鼓励，让每个孩子都不同程度地获得成功的快感，喜欢上写作，乐于表达自己的所思所感，同时我还注重孩子对同学作文的阅读，学生间进行有效的互批互改，欣赏别人的作文，明白自己的不足，共同提高发展，这样一来班级作文水平普遍较好。

"三勤"教育，行之有效

"三勤"，我自认为是一个我多年教学的好法宝，它帮助我行之有效地教育教学，并取得实效。第一，头脑勤。语文老师"钻"教材，"读"学生必须勤于思考、善于思考，努力地去发现教学中的问题，并有效地解决问题。第二，嘴勤。不管哪个班级都有令人头痛的后进生。对待他们我不会采取简单粗暴，"一棍子打死"的方法，而是先了解具体情况，因人而异、因事而异，进行说服教育，寻找有效的方法，晓之以理，动之以情，让孩子"不爱学"变"我要学"，"不会学"变"我能学"。第三，手勤。对于学生，你对他放松一寸，他会对自己松懈一尺。平时的作业，严格认真完成，尤其是学生日记，每一篇我都坚持全批全改，坚持对他们进行激励，这样久而久之不但引起了学生的写作兴趣，而且在坚持中还提高了学生的写作水平。在这"三勤"当中，"头脑勤"是基础，只有考虑成熟了，你才能去讲去做。当然，"嘴勤""手勤"也是非常必要的，只有三者密切结合，你才能成为一个优秀的语文老师，班级成绩才会不断提高。

当然，语文教学因人而异，不同的老师不同的孩子方法是大相径庭的，这只是我多年教学中感悟的一点点，也有很多不足之处，但我相信，只要在语文教学的海洋里不断探索，不断学习，一定还能找到更好更有效的方法，我和孩子们将会在语文天地里自由翱翔。

（2017年10月20日在教师会上交流）

我的教学心得

谢建华

这一学年，能被评为"教学能手"，我感到非常荣幸。上一学年，我任教的是我校六年级一班的语文学科，说实话，带毕业班，我已经带了5次了，每次都有不同的感受。要说是教学经验，那只能是"班门弄斧"，我只能谈谈我的一些不成熟的做法，结合我的教学说一说我的心得体会。

一、纪律是保证

铁的纪律是取得成功的法宝。作为一名教师，你必须能驾驭得住学生，在学生面前要有威信。上课时，要让学生关注你的眼神，倾听你的语言，服从你的安排，跟着你驰骋知识的海洋。总之，就是你能牵动学生的注意力，进行有效的师生互动，你提问，学生想，并大声答问。怎样才能让学生有好的纪律呢？第一，教师要和学生"约法三章"。制定相应的奖惩制度，并严格"执法"，谁违反纪律了，说要背一篇课文就要让他背一篇课文，绝不手软；第二，教师要有一双"火眼金睛"，善于观察学生在课堂上的表现，及时地表扬和批评，千万不能"睁一只眼闭一只眼"，这相当于在纵容学生第二次、第三次犯错误。第三，教师要精心备课。"磨刀不误砍柴工"，教师只有功夫用在课前，才能对于本节课要讲的内容成竹于胸，上课时才能有条不紊，有效地驾驭课堂教学，及时地处理孩子的表现。第四，课堂上孩子要有事儿可做。语文课上，孩子们时而读、时而想、时而圈、时而画、时而积累，老师要随时给孩子布置任务，让他们有事做，不能自己一个人讲得"唾沫飞扬"，而孩子却"心飞天外"。

二、严把作业关

作业就是让孩子把知识运用于实践，完成作业是孩子对知识进行巩固和练习。因此，要求孩子必须要完成作业，要交作业。当然，老师得有一套监督机制，对于孩子完成作业的情况做到心中有数。同时，对不同层次的孩子可以有不同的作业要求。我班的况勋杰，他的语文成绩较差，多数时候在50—60分左右。他只能做一般的基础题，阅读题完全不会，最不喜欢的就是写作文，考试时经常不写作文。所以，对于他的作业要求我就适当降低，必须抄写生字词语，做阅读题时只做简单的，写作文时我不管他写了多少，写了什么，只要写了我就给予肯定。而王其杰，他的语文成绩更差，平时只能考20几分，对于他的作业要求我就更低了，主要是基础题，记一记生字词语，每天会写几个词语就算过关。虽然每个孩子的作业要求不同，但他们每天都必须交作业。

三、细心批改，耐心辅导

学生的作业、试卷，要做到细致地批改，对于多数学生出错的地方，我就记录下来，哪些孩子哪个字错了，上课时我就把这个字提出来，让这些孩子站起来，教他们怎样来记这个字，以此加深印象。考试时，错得多的题，我也会单独提出来，分析试卷时着重评讲，我会告诉学生："一道题第一次错，是因为不懂；第二次错，是因为不认真；第三次错，就是一个傻瓜了。"孩子们都不愿意当傻瓜，以后做题时就更加小心了。对于实在不会的，我就会"开小灶"，进行个别辅导。

四、用每篇课文进行阅读训练

阅读能力是体现学生语文素养的关键，大多数孩子语文成绩不好，都是因为阅读感悟差。我主要是通过课文对孩子进行阅读训练。写景、写人、写事、写物等各类文章都有一定的阅读技巧。我会先告诉孩子们一般的阅读技巧，然后利用文本进行具体地训练。如教《草原》这课，我会告诉孩子们怎样抓住文章的特点，怎样抓中心句，怎样体会作者的感情。我经常给孩子们说的一句话就是："阅读题的答案都在文章里，只要你用心读书就一定能找到答案。"孩子们掌握了各类文章的阅读技巧，消除了对阅读的恐惧心理，就会用心读书，从而提高了阅读水平。

五、幽默有趣的教学语言

这种能力我现在做不到，但这是我今后努力的方向。老师幽默风趣的语言，不仅能活跃课堂气氛，还能让一个个枯燥的知识点变得生动起来，加深孩子们的印象。这样的老师，孩子们更喜欢；这样的课堂，孩子们更愿意上。

教学工作包含的内容太广泛了，以上几点只是我上一学年教学实践的一些感悟。总之，我相信一分耕耘，总会有一分收获，付出总会有回报。

（在2018年11月12日全体教师会上）

在反思中成长

熊英

"教学能手"这个称号，对于杨老师来说是当之无愧，而对于我来说却是愧不敢当。好在，我这人喜欢反思，袁校长说，反思是自我成长的一种内在思辨。我反思的内容有很多。如：教学过程中存在亮点、好的课堂结构，学生有创意的问答；上了一节失败的课或是对学生进行了不当评价；课堂上学生不主动参与、合作学习没有给学生足够的时间和空间，课堂上过分注重知识的传授，问题的提出、情景的创设没有很好地考虑到学生已有的知识和生活经验；备了教材，但忽视了学生；忠实地执行着既定的程序，却忽视了课堂中的动态因素；教学中，师生间有不愉快冲突；等等。

最近，在《文化十讲》这本书上看到"天行健，君子以自强不息"。

于丹说，一个人的自强不息，要像苍天一样，有一种自循环的力量，东升西落，因循流转，万古使然，没有外力的监督。我们现在的孩子，从开始读书就已经被家长老师监管到失去自强的能力。外在监管太严的时候，一个人是找不到自己的价值的，孩子会觉得自己一直被逼迫。到时间就练琴，到时间就背书，到时间就写字，到时间就背单词。作业完成不了还必须留下，他对这些事情完全没有乐趣的时候，他就会反抗。他会等考完试后再也不碰这些东西。如果我们的孩子对于知识永远有一种反抗的状态，知识又怎么和他结缘呢？所以，真正的自强是自我认同。孔子所谓"吾十有五而志于学"，就是一个孩子到15岁左右的时候，自己要找到学问的乐趣，他愿意扎在里面，而不是父母和老师一天到晚监督他。在监督的情况下，你要他学到十二分的知识，到最后他会丢掉十分（终于让我明白：为什么上期背诵的古诗，这学期就忘得一干二净）；在不监督的情况下，他学到八分，到最后他可能还留着六分，所以再好的教育，也比不上孩子的内力觉醒。当我能唤醒孩子的这种内驱力的时候，我就离"教学能手"近了，我在努力着，我也在反思着。

教学反思，贵在及时，贵在坚持。让我们在反思中成长，使自己真正成长为一名科研型、学者型的教师。

（在2018年10月22日全体教师会上）

抓住课堂

肖明宽

我们经常说，备好课是上好课的前提，可见备课的重要性，备课必须下功夫。通过备课，分析课标的要求、教材的意图，便于整体把握课堂教学目标；通过备课，分析班级学生学情，有益于把课堂目标和学情相结合，设计有效的教学方法和流程，编写切实可行的教学预案，以达成预期的课堂目标。但再好的教学预案毕竟是预设的剧本，是个单纯的文本；付诸课堂上，一帮小演员能不能演好每个角色，有没有什么意外情况，是否能达到预期效果，在实施前终究是个未知数。

我觉得，备课以及写教案的目的，在于老师整体把握课堂教学的需要，让老师课前做到胸有成竹；课堂上不要拘泥于教案，被教案或课件牵着鼻子，捆住师生的手脚，束缚学生的思想。在瞬息可变的课堂上，教学环节要应课堂的进展而生成，在课堂师生的互动上下功夫，否则就有灌知识的嫌疑，看起来环节严密，热热闹闹，实则有悖于新课程的理念。

基于这些肤浅的认识，我把自己的课堂当作试验田，自己践行，尽量给学生一个自由的学习天地。主要体现在以下方面。

我在教学中，经常不教书上的例题，而是在我们熟悉的生活中去找素材。因为我觉得书中的有些例题，离学生的已有认知有较大的距离，不接地气，他们学习起来有一定的障碍。把他们身边的、生活中的事件作为案例来学习，让他们觉得数学就在身边、学数学真的有用。并且，对于熟悉的事物他们更有兴趣和发言权，学起来更容易接受些。

我非常在乎课堂上每个学生参与学习的状态。上课时我不承包讲台，多数时间都在学生中间，与他们近距离互动，眼神、语言、微笑、小小的抚摸，不放过教室的任何一个角落或任何一个学生，学生基本上没有开小差能逃过我眼睛的，他们也习惯了眼睛跟着我转，我在哪边他们就转向哪边；常常把讲台留给学生，他们有什么需要展示的，随时可以上台来，他们也习惯了，根本不会讲客气，上来讲、写、画、演都可以。

课堂语言的组织，能提高课堂效率。我现在教的是高年级，虽然他们的自控能力相对较强，一节课能坚持坐过去，但数学课的学习相对较为枯燥死板，也不免容易疲倦。可以采用丰富多变、风趣幽默的语言，成语、谚语、俗语、歇后语、外语、流行语、逗乐某同学甚至开涮老师自己等方式，用到点子上，对于适时活跃一下课堂气氛，缓解学习疲劳，提高课堂学习效率还是很有用的。

不吝啬时间，充分调动学生的学习积极性，让学生真正做课堂的主人。重点问题，疑难问题，有争议的某个点，有不同见地的地方，我都肯花时间让他们充分发表自己的见解，相互辩论，正所谓理不辩不明，几个臭皮匠顶个诸葛亮。我班的数学课上，经常都有激烈的争论场景，我一般不过早给他们下结论，通常是笑着乐见他们争得面红耳赤，维持一下秩序，有时还故意激化矛盾，当然我是有目的地激化，实则是在点拨或引导他们的思维方向。这样做经常会有想不到的收获，学生学得的东西也格外深刻，经久不忘。我班的孩子们也知道在肖老师这里想得到现成的结果是不容易的。

适度练习。书中的练习，是基本要求，除个别特殊情况外，要求人人过关。新课教学时，补充一些典型的有代表性的题例，或做一些拓展，顺理成章地融入教学环节中是必要的，这样把学生在作业中可能遇到的困难提前排除，避免遇题教题的后补现象，学生完成起作业来也轻松多了，学习的畏难情绪会减少，学习兴趣也会提高。

总之，我在课堂上努力保持和谐的学习氛围，师生间、学生间平等地交流讨论，不同想法间相互碰撞，相互促进；关注所有孩子的学习状态，努力带领他们自始至终保持较高的学习热情，有效参与课堂学习；尽可能给课堂一个自由的空间，还学生学习主人的地位，老师老老实实扮好自己组织者、引导者、合作者的角色。这样或许真能有事半功倍的收获。

（在2018年10月18日全体教师会上）

一年级数学教学体会

何坤琼

对于只有一年小学数学教学经历的我，谈不上有太多经验。下面我将从备课、课堂教学常规、作业布置与反馈这几方面谈谈我浅薄的看法。

一、备课

备课是上好课的前提。备课时，要充分利用教材，了解教材编写特点，了解低年级孩子的认知特点。我会通过仔细阅读与教材配套的教师用书，弄清楚每个例题、每道练习题编者的意图。我想只有明白了这些，才算吃透教材，我们才能更精准地把握住教学重难点，能够更好地完成大纲规定的教学目标。

二、课堂教学常规

第一，要激发学生兴趣。小学一年级学生爱说爱动，注意力特别容易分散。一年级的学习内容部分学生在幼儿园或者日常生活中都有过学习。如何能够激发学生求知欲和学习热情，一直也是我比较头疼的事情。记得有一次，在讲例题的时候，我突发奇想地利用例题的情境编了一个故事，用故事做开头引入新课。那一次上课，学生与之前相比，学习兴趣高涨了许多，学起来也很带劲。经过那一次偶然教学，在之后的新课教学当中，我也都是采取同样编故事的方法引入新课，效果真的很不错。有时候我也适当运用游戏教学，这个方法也能防止学生在课堂教学中注意力不集中，调动起学生学习的积极性。比如我在教学两个数字比大小时，我带着学生做了猜数字的小游戏，不仅巩固了知识点，还增加了学生学习数学的兴趣。

第二，培养良好的学习习惯。刚上一年级的小朋友生性好动，在课堂上随意性很大，想说就说，想下座位就下座位。面对这些学生，我们不能太着急，要逐步培养学生良好的习惯。首先，要注重引导学生学会倾听，既要认真倾听老师的引导讲解，更要认真倾听同学的发言。如比比谁坐得好、谁听得认真，比比谁能复述刚才同学的答案，比比谁还有更好的回答，等等。其次，在教学中加强说的训练。培养会说的习惯，有利于学习信息的反馈，同时锻炼学生的口头表达能力，促进学生数学思维的发展。再次，重视课堂纪律。由于小学生自我约束能力不强，上课坐姿不端正，随意说话的人大有人在。开始我就是不停地反复强调坐端正，不要讲话，效果不大。后来我采取了对口令的形式："一二三四坐好姿势，五六七八闭上嘴巴。"我说上句，学生们对下句，同时坐端正不再说话。

第三，重视书写。认真书写不仅能提高作业的准确率，而且对端正学生的学习态度、养成认真负责的习惯有积极的意义。书写美观、工整是学生的基本功。做数学作业一般要求学生书写格式规范，阿拉伯数字和符号的书写也要规范。利用田字格本加强对书写的练习。对于作业的书写情况，我也是经常讲评，利用多媒体展示平台，以典型示范，以表扬为主。

三、作业布置与反馈

在作业布置上，我是以学校发的资料为主，同步练习，注重错题的订正。我会在批改后把错误率较高的题，集体讲解订正。对于个别错误，让学生带回家订正。

俗话说"教有法而无定法"，上面的表述只是我在从事一年级数学教学活动过程中的一点经验和点滴体会，很不成熟。

（在2018年10月5日全体教师会上）

开展组间竞争，促进组内合作

唐祖英　重庆市江津区四牌坊小学

《数学课程标准》明确提出，"有效的数学学习活动不能单纯地依赖模仿与记忆，动手实践、自主探索与合作交流是学生学习数学的重要方式"。小学数学教学活动中小组合作学习就是组内成员互相学习、互相帮助，有利于学生积极思考、大胆发言，学生的主体地位得到体现；有利于培养学生自主探究的能力；有利于培养学生适应未来社会生存发展的需要。在学生动手实践、自主探索的过程中，加强合作，善于交流，能充分地展示他们或正确或错误的思维过程，体验在解决问题的过程中与他人合作的重要性。如何促进小组合作学习呢？开展小组竞争效果极佳。

一、合理分组，座位相邻

根据实际情况，有意识地将不同层次、不同类别的学生按照组间同质、组内异质的原则进行分组，每组4人，前后相邻，确定组长，便于及时转向讨论合作，也便于小组形象树立。

二、起名立号，构建团队

每个组都有他们自己好听的名号。这些名号是在组长带领下，讨论斟酌确定下来的，一个名就是一个团队，一个整体。全班17组17个美名，都有它们的含义。分别是学习小组、彩虹小组、晨星小组、志远小组、星势力组、追梦小组、超越小组、杰出小组、阳光小组、翱翔小组、星辰小组、黎明小组、圣杰小组、智联小组、繁星小组、睿不可挡组、扬帆起航组。

三、开展组间竞争，促进组内合作

把"星"记在组上，开展组间成长竞赛，有利于促进组内独立思考、合作提高，有利于集中学生的注意力，主动参与到学习中来，也有利于使学生从中体验到成功的喜悦和相互关爱的真挚情感，使学生体会到合作创新的乐趣，学生学得积极、学得主动、学得快乐。更重要的是，通过评比，小组内学习有困难的学生就有了同学的帮助，学习更加主动，有时是被动学习后享受进步而向主动学习转变。在教学《平行四边形的面积》一课时，我给每个小组提供了平行四边形和剪刀等工具，一个小组的学生他们一起比画着、讨论着，大约过了几分钟，有的学生叫起来："我知道了，只要左边这块移到右边就可以得到一个长方形，长方形的面积是可以计算的。"其他同学中有的马上就明白了，坐在他身旁的学生却问："什么意思？"她还不太明白如何下手，这个同学解释道："要算平行四边形的面积，我们还不会，但我们会算长方形的面积，我们只要把左边的这一块移到右边，不就变成我们会算的长方形了吗？"多精彩的解释！一句话让不理解的同学豁然开朗，兴奋地说："哦！我知道了！"他也动手做了起来！我想许多老师都有过这样的经历：苦口婆心辅导一个后进生，他就是不开窍，可让另一学生点拨两句，他很快就懂了！学生之间的合作有时比教师的教学更有效。在组内动手、动口、动脑过程中，学生的思维呈开放状态，不同程度的思维相互碰撞，不同的见解、不同的思路广泛地交流，正确的、错误的、全面的、片面的、简单的、复杂的各种认识差异都展现在这个过程中。学生在各种认识矛盾的交锋中集中正确意见，选择最佳思路，总结一般规律，这个过程是学生认识不断深化的过程，也是思维不断发展的过程，在这个过程中学生不但获得知识，而且发展了思维，并培养了学生合作探究的精神。因此，组间竞争，有利于组内学生主动参与学习过程，有利于培养团体的合作精神和竞争意识。需要说明的是，对学生成长中的好奇心、想象力、求知欲、兴趣、爱好、习惯、活动、运动、劳动、互动等积极的正能量的都给予奖星，负能量的及时减星，促进每个孩子健康快乐成长。

课前表现：铃声响，马上进课堂坐好，安静静息等老师，得一颗星，反之扣星。

课前准备：每节课课前按课程表，摆放好学习用品；每天晚上准备学习用品，比如卷好铅笔，收拾好书包，检查好作业得一颗星，反之扣星。

课堂表现：课上认真听讲，积极发言，勇于表现自己，回答声音响亮奖励一颗星。

课堂守纪：堂上遵守课堂纪律，不影响他人学习，善于倾听他人的发言得一颗星。

作业：认真按时完成老师布置的作业，字迹端正、美观，奖励一颗星。

到校情况：按时上学，不迟到，有事生病要请假，上学迟到的、未请假的同学要扣星。

早读：早读时间认真跟读，得一颗星，反之扣星。

零食问题：吃零食统一在课余时间在教室吃，上课吃零食的同学一律没收并扣星。

佩戴：学校有规定周一全校穿校服，每天在校必须戴红领巾和校牌，没做好佩戴的同学要扣星。

出操：出操要做到快静齐，做操时要认真、规范，不能脱离队伍，不能与同学交头接耳。违规者要扣星，表现优秀者奖星。

进步：在学习、生活中有明显的进步获得一颗五角星。

参与：踊跃参加学校举行的各项活动，参与者得一颗星，获奖者再奖励星。

测试：每次测试获得满分的可获得两颗星。在平时的学习、工作中，各方面特别表现突出可获得一颗星。

……

尤其要多关注学困生，课堂上、作业上、纪律上、值日上只要有进步，就及时给奖励他"星星"，确立他的自信心，使他觉得自己和别人一样，只要努力就会进步，同样就能得到"星星"，当看到他得到"星星"后的那种无比喜悦的表情，同学都会为他高兴。

四、月月评比，唤醒学习自信

每月末，根据星数，评出优胜小组6个，颁发奖状。给优胜组颁奖还是给每个队员颁奖？经过讨论，孩子们要求给组颁奖，奖状贴在教室墙上。学生在竞争中合作，用心去体验合作的无穷魅力，用心去感悟集体的伟大力量，使他们体验到合作成功的快乐，体验到实现自我价值的自信，经过反复多次的内心积极体验，唤醒并树立学生的主体意识，使他们认识到："我真行！""我并不比别人差！"

（在2018年10月5日全体教师会上）

热心帮助学生总结错误，促进孩子成功

唐祖英　重庆市江津区四牌坊小学

有时候，学生比老师更明白自己的错误在哪。为此，我们采取了如下方法。

一、末考前的作业（三年级，2019年1月17日上午）

用心细致，迎接考试

唐祖英　重庆市江津区四牌坊小学校

姓名 陈德率

1、期末考试做完后你准备怎么认真细致地检查？

①、检查填空题时，把橡皮放在答案上，用手指着读题大大重新做。

②、检查判断题时，用草稿纸把答案全部遮住，用手指着重新读题后再判断。

③、检查选择题时先看是不是都是写得序号，再用橡皮插住答案在草稿纸上重新做出答案和原来答案比较。④、检查计算题时，嘴把答案遮住重新嘴，竖式题要在草稿上重新列竖式计算，还要检查等号后和横线下的数字是不是一样的。⑤、检查应用题时要先遮答案再仔细读题后，再在草稿纸

2、期末考试时你做到哪些才不会失分？上列算式，算出正确的答案。

①、拿到试卷后就要把心静下来，盯着试卷一题地认真做。

②、把每一道题都默读三遍后再动笔写答案。

③、一定要记得勾圈关键词和单位名称。

④、无论周围有任何动静，眼睛都不能离开自己的试卷。

⑤、把检查当作重新做一遍，不能装样子。

⑥、字要一笔一划写工整，不会被扣卷面分。

3、期末考试前你最想提醒自己应该做到哪几点？

①、考试时我一定要静心、细心、小心。

②、考试时我一定要认真读题圈关键词和单位名称。

③、考试时我一定要读三遍题，读懂题意，才动笔。

④、考试时一定要盯着自己的试卷仔细做，不抄错数字。

⑤、考试时我一定要认真检查。

⑥、我想过一个开心的寒假，我不想做《寒假生活》我一定要考100分。

二、末考前的提醒（三年级，2019年1月17日上午）

考前提醒开促考试成功

（根据末考前一周周末作业总结，于2019年1月17日面向全班郑重提醒）

唐祖英　重庆市江津区四牌坊小学校

同学们，明天就要期末考试了，考前我们应该做到哪几点呢？

1. 我一定要静下心来，不受别人的影响，盯着试卷专心考。

2. 我一定要慢慢做，指着读清要求、读懂题意，想好后才开始做。工整书写（包括草稿纸），先做会的题，再做不会的，保持清醒的头脑。

3. 做完了要认真检查，指着重新读、重新想、重新算……不放过任何一道题（包括口算题）。

4. 我要说到做到，管住自己不偷懒，不跟别人讲话，不东张西望，坚持认真到最后，考出好成绩。

请管好自己，努力做到自己总结的和老师要求的每一点！能说到做到吗？有决心做到的和老师拉钩！

三、毕业考试前的作业（2016年6月23日）

姓名　龙昱天 48号

用心反思一次，你会离成功近一步。

1. **本学期有哪些易混的数学知识？请一一列举出来。**

易混的题

1. 容易把缩小几倍之几和缩小到它的几分之几弄混。2. 有时会把一根绳子分成两段和在一根绳子上截去两段弄混，导致第一段和第二段的长度比较错误。3. 没有在列式计算时把除还是被除，哪个作为除数，哪个作为被除数弄混。4. 进率容易弄混，时平千米和公顷与公顷和平方米的进率不同，所以经常把它们算成相同的100，并且把体积单位的进率都算成1000。5. 有时会把周长算成面积，面积算成周长，圆看成半圆，半圆看成圆，半径算成直径，直径算成半径，还会算圆周长时忘除以2，加上直径等。

2. 近段时间考试主要在哪些方面失分？是什么原因造成的？

　　近段时时考试主要在审题方面和约分方面很大的失误，首先审题时我经常是只用眼睛扫一眼题然后就开做，这样虽然速度快，但是助题没有仔细看导致了审不准题，特别是对于半圆和圆，更是容易出错我已经有两三次败在了半圆和圆上面，直径、半径、周长、面积也都有少许出错，审题方面最重要的就是读懂题，读清楚题。然后是约分，关于约分，我经常在做计算题，特别是脱式计算时经常不约分，主要是因为在脱式计算时跨大步，没有在算式上约为最简，导致结果不是最简，并且有些同时是3、7、11、13这些数的倍数也不好找，所以回头检查也不一定检查得出来。

3. 数学期末考试时应做到哪些才会考出你最满意的成绩？

　　数学期末考试我要克服的用又准有以下几点，1.审准题，审题虽然在上文中已经作了说明，但是它仍是我最大的一个漏洞，对于审题，我想了以下几种方法来做到最好，首先是读题，对于审题，读题非常重要，首先要一字一字地读清楚，并且要该圈的圈，该画的画，不要一时偷懒而不去做，这是很关键的一点，然后是把题的意思理解透，不要读了一半就开做，结果答案对不上问题，单位和关键词也是致命的，不要忽略它们。2.计算不失误，计算题虽然是送分题，但如果不仔细，一样也会失分。计算题首先要左手指着右手抄，避免抄错数和运算符号，特别是在解方程时，一定要记住变号移项，简算也是致关重要的不简算不仅麻烦，而是还容易算错，不能怕它也要打草稿，不要怕麻烦，数就是要脚踏实地。然是重要的一点：约分，约分我也在上文中提到，对于它服这困难，要记住用数一一除，当然做完也别忘了回头看看它们是不是互质的。3.解决问题，虽然解决问题方面我失分较少，但仍然需要警惕。读懂题是关键，单位也需要注意，还要想清楚每一方算的是什么，怎么算，带不带单位，该带什么单位，做完要记得写清楚答语，在检查时要在草稿本上验算避免出错。4.填比时看清谁在前谁在后。5.周长和面积要分清，公式 $S=\pi r^2$，$C=2\pi r=\pi d$，算周长先要把圆拄描出来。6.找准单位"1"，特别是在做解决问题时弄清谁做单位"1"，单位"1"算出来是什么，有没有得到最后的答案。7.判断题要仔细读，想清有哪些没写到，哪些写到了，是不是对的，需举例的要举例来辅助判断。8.最后要做到集中精力，在考试时要一心想着卷子，想象自己在一个小黑屋里，不要被周围的人或事所影响，认真做卷子和检查，很多粗心所导致的错误就可以避免。9.注意是否有单位，有单位该怎算，没有单位该怎么算。10.在说一个数时，首先要看能否除掉0，如果这个数是0，又会不会有不一样的答案。11.选择题有可能有多选，一定要选完。

　　如果我做到以上这几点，那么我不会失误，获得优异的成绩。

姓名：<u>李佳玲</u>

用心反思一次，你会离成功近一步。

1. 本学期有哪些易混的数学知识？请一一列举出来。

1.把一个数缩小几分之几和一个数缩小到几分之几容易混淆。一个数缩小几分之几的意思是用单位"1"减几分之几所得的差就是那个数缩小到原来的几分之几。而一个数缩小到几分之几的意思是那个数缩到原来的几分之几，也就是那个数缩小几倍。今后，我一定要牢记这两种不同的意思，把它们分清楚。2.半圆与圆容易混淆。半圆的周长=πr+2r，圆的周长=2πr或πd，半圆的面积=πr²÷2。圆的面积=πr²。在做题时，我们一定要圈出"圆"或"半圆"，勤动手一定不会错。3.比和比例尺容易混淆。比是两个数相除的比，比可以前项和后项都不为1，而比例尺是图上距离与实际距离的比，比例尺的前项和后项必定有一项为1。今后，我一定分清它们的不同点，以免出错。4.把一个数先提高它的几分之几，再降低它的相同的几分之几和把一个数提高它的几分之几，再降低几分之几(光是相同分数)容易混淆。第一种情况的单位"1"一样，而是相同的分数，那结果肯定不变。第二种情况的单位"1"不一样，一个是原来，一个是现在，那

2. 近段时间考试主要在哪些方面失分？是什么原因造成的？就要养自算一算。今后，我一定要在这几次的考试中都因为以下几点，一并导致了失误。1.不审题。每次"分清两种情况，找准单位"1"。看到"每什么多少元"，分开写了就以为只是把写在一起的条件算出来也没有接二连三地、细细心心去看去审到底是不是这样的意思。2.没有理解题意。每次看到"隔几天，隔几秒"就以为是隔几天(秒)"的基础上加上1天(秒)。可是我并没有仔细的去真正理解题意，也没有认真仔细的读题。3.在遇到看图答题与找规律方面十分马虎。没有仔细研究(思考)问题，例如：看图题两个部分是否能拼接是否一样，找规律题用了"，"号隔开。却大掉以轻心，马虎大意。没有细致入微，想也不想，看也不仔细看就开始做题。就因为以上这几点坏习惯使我接连几次都失误，今后我一定要仔细审题，不理解题意时就多读几遍题，认真仔细的看图找规律，绝不能掉以轻心。在考试时改掉这些坏毛病，考出好成绩。

3. 数学期末考试时应做到哪些才会考出你最满意的成绩？

1.静下心来，认真负责对待考试。放慢速度，指着读题。

2.圈出关键词(如半圆、直径等)，圈单位名称，看清比的顺序，谁在前，谁在后……没图的画图)。

3.左手指着右手秒，书写规范工整。

4.做完认真检查，重新审题，把最后的答案带进去重新算。填空题判断题等要指着连起来读，该计算要重新计算，最后结果要约分。

5.分数问题的先找单位"1"，多几分之几就用单位"1"加几分之几，少几分之几就用单位"1"减几分之几。想清楚基本等量关系，求单位"1"的量用除法计算或列方程。

6.怎样简便就怎么做。想清楚每步算的是什么，该不该带单位，带什么单位。

7.算周长之前先把周长描出来。

8.填空题连起来读，是否连贯通顺了。

总结出好方法，并下决心努力做到，你就一定会成功！

四、毕业考试前（2016年6月24日）给学生的一封信

毕业考试前（2016 年 6 月 24 日）给学生的一封信

唐祖英　重庆市江津区四牌坊小学校

亲爱的孩子们：

下周一就要毕业考试了，准备好了吗？平时大家学数学都很认真、很努力，考试没问题的，相信大家能考出满意的成绩，对得起辛苦六年的自己，对得起一直关心你的家长和老师。考试时应注意以下几点：

1. 静下心来，集中精力。不受任何一点影响，能做到一直盯着试卷专心考试，很多失误都可避免。

2. 放慢速度，读懂题意。不管题是否简单、是否做过，都要审准题，圈出关键词和单位名称。

关键词：是"圆柱"还是"圆锥"的体积；是"圆"还是"半圆"的面积与周长；是"时针扫过的面积"还是"分针尖端经过的周长"；是"缩小到原来的几分之几"还是"缩小了几分之几"；是"改写"还是"省略"；是"比"还是"比值"；等等。

单位名称：看清每个单位，注意单位前后是否一致，该换算的换算，别忘了带单位。

3. 冷静分析，用心思考。读懂题后，没图的按比例画图、标数据分析，找准单位"1"，找准量对应的分率，写清楚算式，带准单位，并且明白每一步算的是什么。注意保持头脑清晰，先做会的题。

4. 左手指着右手抄，书写工整不出错（包含草稿本）。注意写清楚"小数点"和"比号"；写清楚"0"与"6"；写清楚"1"与"7"。

5. 做完认真检查，不让自己后悔。充分利用剩余时间细致检查，做到指着重新审题，重新计算（能口算的可口算，不能口算的必须老老实实打草稿算），每算完一题回头看一看能约分的是否约成最简……判断题容易失分，该举例的要举例来判断；填空题要连起来读；解决问题把答案代进去检验；等等。总之不要放过任何一题，哪怕是一道口算题。

6. 自我约束，成就高分。考试过程中如有不乖时，得想办法让自己认真

起来。如心里默念：坚持认真细致地考完，我就会成功；或者想着：努力考好，就可以不花钱或少花钱读好中学；或者想着：老师就站在你身边在提醒你⋯⋯

相信聪明的你一定能管住自己，克服以前的失误，做到会做的题绝不失分，考出理想成绩！

预祝孩子们成功！！！

期盼你们成功的唐老师

2016年6月24日星期五

（四）我是优秀班主任

班主任工作经验交流

—— 用心，从小事做起

白朝荣

从教20多年来，做了10几年班主任，我不断摸索，不断前进。在过去的一年里，我任一七班的班主任，在这一年中，我既沿用了原来的老办法，也有一些新的尝试。

以前，在开展"一歌一享"这个活动中，一个问题总是困扰着我，那就是虽然每次我都提前提醒孩子准备故事，可总有些孩子会忘记，以至轮到自己分享时无话可说，或者草草几句，敷衍了事，如此好的一个活动就这样浪费了吗？怎么办呢？去年我重新接手一年级时，第一次开家长会的时候，我一改往常我一讲到底的做法，在介绍完学校的基本情况后，我请出了一位特殊的客人，她是来自三年级二班的黄钰涵同学，我邀请她来给家长们讲故事。小黄同学精彩的演讲、丰富的表情、得体的体态语言，感染着在场的每一位家长，赢得了家长们一次又一次热烈的掌声。随后，我告诉家长们，这是我以前教的学生，现在刚上三年级，之所以她能有如此精彩的表现，这得益于我们学校每天开展的一项活动——"一歌一享一提醒一宣誓"。一享就是每天由一个小能人上台当着全班同学和老师的面进行故事演讲，这是培养孩子大胆和自信的好机会。全班孩子轮流进行，一期100来天，全班50多人，最多轮得到两次，机会难得，希望家长重视。现代社会就需要自信，善于推销自己，而培养人自信最有效的方法就是当众演讲。我在第一次家长会就安排了这样一个环节，目的有两个：一是展示我们学校的小能人特色，让家长亲身感受我们学校孩子的能干，让他们放心把孩子送到我们学校，提升学校在家长心目中的地位；二是给家长一个很好的示范，让他们知道该如何指导孩子演讲故事。良好的示范是最好的老师，榜样的力量是巨大的，这在后来孩子们的演讲中我深深感受到了。为了让家长和孩子做到心中有数，我根据校历，分周次安排，就像学校的工作计划一样，我提前将孩子按周次分好组，每组5个人，编上序号，星期一到星期五依次演讲，确定某周哪一天放假就不安排，故事演讲顺序表既发给家长，也张贴在教室，孩子们可以提前几周进行准备，我也会提前一周短信通知下周演讲的孩子和顺序，如遇放假，为了不打乱演讲的顺序，我会提前通知孩子和家长某一天由哪两个孩子依次演讲。分组排序时，我会兼顾男女搭配，讲得好的与稍差的搭配，我觉得只有做好了充分的准备，才能让孩子自信地站在讲台上开口，所以，我告诉家长，让家长和孩子一起提前选好故事，一年级的孩子，讲的故事不宜太长，2—3分钟左右就可以了，在家里多练习几遍，熟练是第一要求，有感情是第二要求，配上动作是第三要求。为了激励孩子们，我单独对讲故事这个环节进行奖励，只要能上台开口讲故事，奖一面红旗，讲得流利有感情的奖两面红旗，讲得流利有感情还配上适当的动作，奖三面红旗。这样的激励机制，孩子们兴趣很高，准备也很充分。我希望我的孩子们，把每一次故事分享都当作一次正式的演讲，所以让他们提前做好准备。准备的过程，也是他们自我提高的过程，而不是随意地讲讲，如果只是随意地讲讲，就达不到锻炼人的目的。

记得以前文校长总夸我们班的清洁做得特别好，走进教室，感觉特别干净，特别清爽。我很庆幸自己找到了一个很好的做清洁的大姐。当然，在她刚来到我们班的时候，我给她做了示范，比如桌子摆到什么位置，前后间距是多少，地面拖到什么程度，栏杆怎么擦拭，我都一一示范，告诉她，这是我的要求。我觉得，不管什么时候，良好的示范都是很重要的，说一百遍，不如一次示范。只有这样，才能有章可循，做起事情来才不盲目。为了培养孩子们的卫生习惯和劳动观念，也为了减轻做清洁的压力，每天放学后我会让孩子们收拾自己的抽屉，把自己的板凳搭在桌子上，就是这样小小的几个动作，短短的两分钟，却可以为做清洁的人节省很长一段时间。平时，我也会教育孩子们不乱扔垃圾，随时保持教室的清洁卫生，看见教室里有垃圾，我会轻轻地拾起。孩子们耳濡目染，看见垃圾也会主动拾起。其实，干净整洁的环境是靠大家共同努力的。

作为班主任，与家长沟通是必修课，良好的家校关系是我们工作的保证。在处理与家长的关系时，我不急不躁，与家长交谈，尽量用朋友般的语言，在说说笑笑中解决问题。与家长交流时先不谈正事，先聊家常，做生意的问问最近生意怎么样，打工的问问最近工作忙不忙，留守儿童的问问父母在外的情况，单亲家庭的孩子问问孩子的生活状况，看似闲聊，其实是缓和气氛，也能了解家长和孩子的一些情况。我待家长如朋友，家长也很支持我的工作，记得上次学校组织美丽校园清洁大行动，一下来了16个家长帮忙，我把他们分成四个组，我也加入其中，大家齐心协力，很快地完成了任务，当时袁校长还夸我们班的地板擦得特别干净。这要归功于我的家长朋友们，当然，我也不忘在群里给家长们拍照点赞。

班主任的工作虽然辛苦、琐碎、复杂，但只要我们用心去做好每一件小事，就能变复杂为简单，在辛苦中寻找快乐。

（2017年12月11日在教师会上交流）

班主任工作经验交流

陈晓兰

学校的办学宗旨和校风，是我班级管理的航标灯，引领着我用情、用心呵护每一个孩子，唤醒学生的潜能，激活学生的自信，升腾学生的灵魂，努力营造出一个温馨快乐、积极向上的优秀班集体。我把自己在班级管理中的具体做法归纳为以下四点。

第一，细微处见真情。

爱，是教师职业道德的核心，一个班主任要做好本职工作，首先要做到爱学生。"感人心者，莫先乎情。"工作中，我努力做到于细微处见真情，真诚地关心孩子，热心地帮助孩子。每接手一个新的班级，我都会第一时间对学生进行全面了解，掌握第一手资料，并填写好学生信息表，包括家庭成员情况、家庭住址、联系方式等。在班级管理中，我每天坚持晨检、午检，关心学生的身体健康，如有孩子身体不适，立即送去就医并通知家长；如有孩子生病请假，便进行电话追踪或家访，随时关注孩子的康复情况。每天坚持安全健康教育，如校园活动安全、交通安全、讲究个人卫生、预防传染病等。我还经常通过电话、校讯通、家访等多种渠道与家长联系沟通，以达成教育共识。在掌握学生思想和行为动态的基础上，因时因事因人而异，采取行之有效的教育方法和措施，促进孩子身心健康，把爱真正落到实处，让孩子和家长都能真切地感受老师真诚的爱。总之，为了让所有的孩子感受到老师的爱，我努力做到：走进教室，给学生一个微笑；碰到困难，给学生一点帮助；开展活动，给学生一次机会；获得成功，给学生一句鼓励……我深信，爱是一种传递，当教师真诚地付出爱时，收获的必定是孩子更多的爱！

第二，规范使人文明。

古人云：不以规矩，不能成方圆。每个孩子最重要的就是要养成良好的日常行为规范，形成良好的学习生活习惯。

首先，我利用班队活动课与学生一起学习《小学生日常行为规范》《小学生一日常规》，牢记我校制定的《校园文明行为十不准》，让"规范"深入人心。其次，在活动中强化训练。充分利用升旗仪式、课间行动、主题队会、书画比赛、体育竞赛、"一歌一享一宣誓"、午间练字、"读书启魂"等活动加强对他们行为习惯的训练，例如，行队礼的训练、集合整队的训练、读写姿势的训练，等等。第三，树立典型，带动整体。对班级中自觉守纪、热爱学习的同学大力进行表扬，一方面使他们更加严格要求自己，表现更出色。另一方面在学生中树立起学习的榜样，让这些学生去影响、带动其他学生共同进步。对于每个学生的点滴进步我都看在眼里，喜在心里，总会给予肯定、表扬。

特别是对于班上的流动儿童，我给予了更多的关注。近几年，伴随着纵横交错的园区工业大道的畅通，及重庆双福新区的成立，双福经济呈现出跨越式发展，外来务工人员不断增加，我校接收的外来务工子女也逐年增加。目前，我班流动儿童已接近50%，这些孩子因受生活环境和频繁转学等因素的影响，他们在心理品质、习惯养成上都有教育缺失，严重地制约着对他们健全人格的培养。因此，在学校的大力支持下，在周万平书记的直接带领下，我们年级组开展了《流动儿童良好行为习惯的养成研究》区级课题的研究，帮助他们对自身行为习惯进行纠正、改善和培养，为这些流动花朵的学习成长之路打下坚实的基础，促进他们健康成长，实现公平教育，促进教育均衡发展。

第三，自主使人创新。

俗话说"一个篱笆三个桩，一个好汉三个帮"，搞好班级管理得讲集体意识。如果说一个班是一艘船的话，那么班主任只能充当舵手的角色，不可能将船上的所有角色都一一代劳。因此，班主任的首要任务是群策群力，充分调动学生积极参与班级管理的意识，发挥学生的主观能动作用。只有"班兴我荣，班衰我耻"的观念深入到每个学生的心里，才会出现"我为班上献计策，我为班上添砖瓦"的动人景象。袁校长倡导"培育小能人特色"，"让不同的学生得到不同的发展，人人得到最大的发展"，于是，我针对学生的个性特长，采取"民主集中制"的原则，选出"领操小能人""指挥小能人""值日小能人""环保小能人""纪律小能人""就餐小能人""主持小能人"等，尽可能让更多的孩子参与到班级管理中来。管理中，我根据班级目标和学生实际，制定尽可能详尽具有可操作性的班纪班规。在进行班级工作分配时，我的分工很细，根据学校"一日常规检查和要求"，学校检查的每一个项目本班都有对应的专人负责检查、监督和补救。另外，充分发挥"小组 PK 擂台"和"小能人之花"的激励作用。按分工的不同和难易程度，我和学生们一起，每天或每周对小能人的表现给予公正的评价，让表现优秀的小能人亲手给自己贴上一枚星章，这既是对他们工作的肯定，又在同学们的心目中树立了威信，起到了榜样示范作用。争星过程中，小能人们也在实践与评价中不断总结、不断进步，自主能力、竞争意识、创新能力均得到了不同程度的发展。

第四，快乐使人成长，自信使人成功。

袁校长常说："多一项活动，就多一些人享受成功。""我干我能，激活潜能，不干不能。"丰富多彩的活动能给孩子的童年生活带来快乐，能让孩子变得更加自信。这其实也是建设良好班集体的重要组成部分和最重要的内容。因此，在学校各分管部门的组织下，我认真指导学生开展各种各样的"小能人"特色活动，有每天都进行的"一歌一享一提醒一宣誓"活动、午间练字活动、"读书启魂"活动、大课间行动；有每期必开展的"孝敬日""家庭会日""进步日"活动和手抄报比赛、书画比赛、朗诵比赛、棋类比赛等；还有一年一度的"春季田径运动会""六一文艺汇演""冬季跳绳比赛""卡拉 OK 比赛""教育家、科学家故事演讲比赛"等。以上活动的开展，丰富了学生的课余生活，培养了孩子的特长，改善了学生的精神面貌，让孩子们不仅享受了成功的喜悦，还增强了自信心。与此同时，增强了集体凝聚力，逐渐形成了健康积极的集体舆论和良好风气。

班主任的工作内容是复杂的，任务是繁重的。但是，只要我们真诚地热爱学生，热爱班主任工作，在实践中不断完善自己，形成系统科学的工作方法，是可以干得很出色的。

（2017年9月25日在教师会上交流）

班主任工作经验交流

黄小维

为贯彻我校的育人理念"培育小能人特色"，"让不同的学生得到不同的发展，人人得到最大的发展"，也为了加强班级学风、班风建设，落实班级教育管理目标，让每个孩子都能快乐学习，健康成长，我以促进学生全面发展和反映学生个体差异为出发点，特制定了"星级评比"方案，其中包括个人评比、小组内的评比，以及小组间的评比，希望最大限度地激发学生潜能。作为五年级的班主任，在班级管理中，我坚持做到以下几点。

一、要拥有一颗爱心

在教育过程中，我要求自己以一颗仁爱之心平等地对待每一位学生，能够站在他们的角度去体验他们的内心感受，走进他们的情感世界。爱心的表现形式往往是通过具体的小事反映出来的。例如每天早晨走进教室，我先看看学生是否到齐；遇到天冷或天热的时候，提醒同学们增减衣服；早上上学路上要注意安全。有学生衣服不够整齐，我会轻轻地帮他拉一拉；有人广播操动作不到位，我会在课间操后叫他们做好。学生感受到老师对他的关心和爱护，体会到老师很在意每一位学生，让他们有一个好心情投入到一天的学习中去。这些事看起来很平常，似乎只是作为一个班主任最基本的工作，但其实这正是一个班主任爱心的具体体现。

二、以身作则，说到做到

无论是平时的教学工作，还是班级的日常管理。我做到以身作则，言出必行，表里如一，说到做到。比如制定了班级管理条令，那么无论任何人，只要违反了规定，就要按规矩办事，不能对优生网开一面，而面对差生就严加惩罚。任何事情我都坚持一视同仁。

三、告诉学生自己做人做事的原则和底线

五年级的孩子已经慢慢有自我意识和分辨意识，对于老师的一言一行，会做出自己的一些判断和思考，知道什么是好的，什么是不好的。作为班主任，我时常将自己做人做事的一些原则直接告诉学生，特别是对班级管理的原则，让他们知道我的做人底线。当学生了解我的风格后，他们自然就会三思而后行，不会鲁莽行事，这样也为我管理班级减少了许多麻烦。

四、善于挖掘学生身上的闪光点

孩子们都喜欢被表扬。优等生需要表扬，学困生更需要表扬。其实学困生身上也存在着许多优点，需要我们去发现、去挖掘。作为班主任，我善于发现他们身上的闪光点，引导他们有意地去发扬优点，克服缺点，扬长避短，通过评比激励的方式让学生自主规范、快乐学习。

五、星级评比方案实施过程中的个案再现

小学高年级学生由于年龄的增长，思维更趋完善，其自尊意识较低年级阶段有了很大发展。每个人都希望得到他人的尊重和赞扬，尤其是老师和同学的夸奖更令他们感到鼓舞和满足，而问题学生的这种心态则表现得既强烈又隐蔽，这是由于他们的缺点、弱点比正常学生多，经常受到别人的冷落和嫌弃而产生的自卑心理造成的。我班有一男生，基础较差，上课注意力不集中，作业不及时交，即使交上也敷衍完成，成绩很差，对学习没有丝毫兴趣。"星级评比"后，他几乎一天也得不到几个"星星"。了解到这些情况，我没有放弃他，而是对他采取"多鼓励，少批评"的措施。首先是多关注他，课堂上、作业上、纪律上、值日上只要他有进步，就及时奖励他"星星"，树立他的自信心，使他觉得自己和别人一样，只要努力就会进步，同样就能得到"星星"，当看到他得到"星星"后的那种无比喜悦的表情，同学都为他高兴。其次，结合学校的小能人特色教育，通过星星鼓励。这样一来，他几乎每天都积极上交作业，

因为他几乎每次作业都有老师的"星星"鼓励。经过这一个月的努力，如今的他，对学习有兴趣了，作业能及时完成了，成绩也有了明显的提高。这就是星星评比的效果，班级文化建设催生的向上种子在生根发芽。

（2017年10月16日在教师会上交流）

班主任工作经验交流

李梅

第一，全员参与机制。充分发挥小能人的作用，充分给学生位置，正所谓"有位才能有为"。在管理中，我们除了设立常规的班干部，如班长、纪律委员、清洁委员等，我们还分小组学习，有学习大组长、学习小组长、PK组组长、生活组组长，也有宴席组的席长等小职位，每个职位职责明确，各就各位，各司其职，让更多的学生参与班级管理的方方面面，这样不仅提高了学习的热情，也增强了班级小主人的意识。

第二，竞争机制。在管理中，我们根据座位的设置，设立了9个PK组，叫"我为集体而战"。每个组有一个特别的名字；可以是组长名字的谐音，也可以是组员的奋斗目标，比如朱思昊组的组名就是"如日中天"，"日"和"天"组成朱思昊的"昊"字；夏馨洁组的组名就是"生如夏花"，希望他们的生命如夏花般灿烂。组间竞争实行"一荣俱荣、一损俱损"的原则，这个原则用于学习上的竞争，也用于日常的行为规范，这样可以使同学相互促进，也可以相互提醒改正不良的习惯，在一定程度培养了学生的集体主义思想。

第三，奖惩机制。设立奖惩的级别和内容，根据不同表现给予不同的奖惩。在管理中，除了口头表扬或红花表扬外，我们还有电话报喜、发送喜报、班级庆功等奖励，增强孩子的自信；同时我们也控制奖励比例，让没获奖的孩子心生羡慕，从而更加努力，促使孩子自己修正自己的行为，达到上进的目的。

第四，多接触多了解，让孩子爱上你。平时多在学生中转转，了解孩子在课下的心声，培养与孩子的亲切感情，让孩子爱老师、爱学习。

第五，发挥老师的示范作用。在两操集会时，老师与同学一起做做操，不摆"龙门阵"；"读书启魂"时也和孩子一起看看书，都会有一定成效。

（2016年11月1日在教师会上交流）

班主任工作经验交流

谢建华

一、让孩子当家做主人

"快乐、自信、自主、规范",袁校长把他先进的育人理念分享给我们,也给我的班级管理带来了一些启迪。俗话说"强扭的瓜不甜",学生只有自己愿意好好表现,才能规范他们的言行。于是,我在班上设立了一个平台"我爱我家",我告诉学生,四一班就是我们56个孩子的家,我们每一个人都是家庭的成员。只有56个人同心协力,才能让我们的家更加美好。在这个平台上,有我们的口号:班级是我家,共同呵护她。并且,我时常教育孩子"班荣我荣,班耻我耻"。在这个平台上,有我们的"荣誉簿",上面登记着我们班本学期在各方面的成绩,如杨欣宜在江津区演讲比赛获奖,胡璇逸的征文获奖,王紫寒获得了"全国才艺奖杯"等。当然,也有我们的"耻辱册",上面记载了班上同学违反纪律被扣分的情况,或教室公地的打扫被扣分的情况等。这样,当孩子们真正成了班级的主人,他们就会特别细心呵护这个"家",这样通过"内因"来促"外行",真正实现由"自主"到"规范"。

二、善于培养"小能人"

"福小人行行行,我们要做能干人。"让我们的孩子快乐、自信、能干,是我们的育人目标。作为福小的一员,老师要能干,孩子更要能干。我们学校给了孩子们许多展示自己的舞台。每天的"一歌一享一提醒",全班轮流上台演讲。一二年级时,由于孩子小,我充分地利用了"校讯通",及时取得家长的帮助,由家长辅导孩子做好发言的准备,使孩子们个个都能自信地走上讲台,大胆地演讲。为把班级管理得更好,班上还民主选举了"自能早读"小能人、领操小能人、食堂卫生小能人、分发书报小能人等,他们现在基本能"独当一面",在各自的岗位上各司其职,出色地完成好班上的各项工作。

三、用"班级文化"管理"班级"

我班的班级文化布置是紧紧围绕学校"小能人"特色而布置的,这也是为了更好地管理班级,更有效地激起孩子们的上进心。在管理方式上,我主要讲究"实用"和"坚持",同时体现着"竞争"的热烈氛围。

我班的文化布置主要有"你追我赶""能人之星闪闪亮""我是最亮星"，这些是个人表现的舞台；还有"团结就是力量"，这是小组 PK 的赛场。

　　"你追我赶"是一张手写的夺星表，我贴得比较矮，主要是为了方便孩子自己画星，自己管理。就连上面大的标题都是孩子们自己手涂的颜色。"能人之星闪闪亮"就是学校定做的展板。我们的星分为"奖励星"和"惩罚星"，奖励星有三种星：红星、绿星、苹果。当学生有了好的表现，可以得到一颗红星，当他积累到五颗红星后，可以升级为一颗绿星（这些都由学生亲自来评定，亲自画上去）。当学生得到一颗绿星后，同时还可以得到老师奖励的一个苹果，并享受自己亲自贴上去的快乐（苹果是贴在"能人之星闪闪亮"制作的展板上的）。如果孩子继续努力，当他积累到三个苹果时，老师会在全班同学面前发一张奖状给他，并颁发老师亲自准备的精美奖品，还会告知家长，让家长给予奖励。我们的惩罚星就是黑星。孩子得了一颗黑星，就会减去一颗红星。

　　我们的奖星办法是根据孩子在校的表现全面进行考核的，主要是从"德、能、勤、绩"各方面来进行。德方面：助人为乐、拾金不昧、尊敬师长等；能方面：上课积极回答问题、自能早读好、劳动积极等；勤方面：集合做操守纪，做到快、静、齐等；绩方面：比赛获奖（如演讲比赛、书法、手抄报）、学科考试优异或进步大等都可以得到一定数量的奖励星。而对于有学生上课不听讲，被老师点名了，不守纪，"自能早读"不读书，玩、打架、骂人、被扣分、违反《学校文明公约》等现象时，这些同学都会得到黑星。平时，采用老师引导学生管理的办法，每学月，由值周班长进行一次统计，看看夺星排名情况，并把表现最好的学生的照片贴到"我是最亮星"上，以满足学生的成就感。

　　"团结就是力量"进行的是小组比拼，每周末，小组长将对本组组员的得星情况进行统计，汇报给"值周班长"；如果小组在打扫清洁时被扣了分，值周班长会一次性减去两颗星。最后，值周班长将排名前四的小组名张贴在"光荣榜"上，以示奖励。

（2017 年 9 月 12 日在教师会上交流）

做"亦勤亦懒"的班主任真幸福

钱永琴

大多数班主任说起做班主任的经验，都会讲几个"心"，几个"爱"，几个"勤"。我却说，做一个优秀的班主任，既要勤，也要学会"懒"。勤是为了日后的"懒"，为什么要"懒"呢？因为有句话说得好，"懒娘支使勤孩子"，我们只有学会"懒"，才会有学生们能力发展的最大化，才会有学生们自我管理的空间。而且，如果一个班主任做到事无巨细，事必躬亲，事事干涉，那岂不是要把自己的个人时间全部消耗掉？我不想做一个不称职的母亲，也不想做一个庸才的班主任，所以我要"偷懒"。当然，我这个"懒"字是有讲究的。要在该"懒"处"懒"，该勤时就勤。必要的指导，必要的约束，必要的规范，一样也不能少，但一定要给予学生自我施展的空间和机会，给学生自我管理、自我约束的锻炼。

一、低年级时，班主任一定要勤

因为低年级的孩子刚入学不久，各方面的好习惯都有待养成，而且低年级的孩子自制力和自理能力各方面都比较差，需要老师监督、指导、引领。这时，班主任一定要"勤"，要想方设法调动孩子的积极性，帮助孩子尽快养成好的习惯。

为了不加重自己和搭班老师的负担，我采取奖惩结合的办法，也就是"笑脸加哭脸"的形式，对孩子们各方面的表现进行评比。

1. 评比方法简单

总的来说就是表现好的，可以一次获得1—5个小笑脸。比如作业书写漂亮、听写得100分、课堂积极发言、餐桌收拾干净、拾金不昧、帮助同学等，一次可以获一个小笑脸；表现有进步、考试得100分、参加学校其他竞赛获奖，可按获奖等级高低，一次获得2—5个小笑脸。小笑脸贴在孩子们的语文、数学书的扉页上。当孩子们凑齐十个小笑脸，就可以到老师这里兑一个大笑脸。大笑脸由孩子们自己动手，贴在班级小能人评比栏里。孩子们一眼就能看到自己的小笑脸和大笑脸的数量，到了该兑换的时候，不用老师提醒，他们自己就会主动来找老师兑现，既可以避免孩子弄虚作假，更主要的是让老师更省心省力。但是，如果孩子有违纪被扣分，比如被学校文明监督岗发现并在广播里提出批评的，一次处罚一个哭脸，哭脸直接由孩子自己贴在班级小能人评比栏中。一个哭脸抵扣一个大笑脸。当孩子们凑齐10个大笑脸，就能得到一份大奖。

2. 神秘大奖的来源简单，发放形式隆重

当孩子们凑齐10个大笑脸来时，就可以得到一份神秘大奖。老师联系家长，让他们把孩子想要的大奖买来，送到老师这，然后老师当着全班同学的面发放奖品并拍照，再把照片传到微信群里。这样一来，没得到大奖的孩子和家长就会很在乎，也会更努力。这样一来，老师也可以省掉一笔不小的开支，同时又让家长特别关心、重视孩子们各方面的表现，还让家长感受到老师的巧思妙想和良苦用心，所以也能让班主任的工作更得心应手。

二、中高年级时，班主任要学会"偷懒"

在管理班级时要"头懒"。每学期初始时，我都放手让学生自行制订班级管理的方案和规则，当学生征询我的意见时，我的答案总是："你们认为呢？""你觉得怎样更合适就怎样做吧！"班里的事情凡是能够发动学生做的我都绝不"越俎代庖"，而是鼓励他们去做，诸如班会、运动会、艺术节等大型活动的安排和实施我都"袖手旁观"。对学生的充分信任，不仅带来了班级管理层次的大提升，还使学生自主管理、自我发展的意识和水平得到了锻炼和提高。

在发现学生的缺点时要"眼懒"。我们要勤于和乐于发现学生的优点和长处，而不是缺点和短处。这并不是主张我们可以漠视学生的"缺点"，而是要对他们的"缺点"持宽容的态度，当学生没有发现自己的"错误"时我们要积极地暗示他们去发现，当他们已经意识到了自己的"问题"时，我们再装作原本就没有"看到"过他的这些"错误"。这样可以多给学生一些"面子"，有利于他们摆脱尴尬，树立自信，其教育效果会更明显。

在批评学生时要"嘴懒"。我们不要一见到学生的缺点就劈头盖脸、喋喋不休地批评个没完没了，而是要"缓刑"，给学生一个自省的"缓冲地带"。比如，两个学生发生纠纷打起架来，其他同学首先要做的事情是劝架，把两个同学拉开。接下来双方在办公室站立安静地进行反思自己错在哪里。等想清楚了就告诉老师，今天这种错误行为可能会导致的后果，刚才应该怎样处理就可以避免这样的局面。以上环节完成后，老师只需要问："想拥有一个朋友还是一个敌人？"那两个学生毫无疑问地赶紧向对方道歉，握手言和。

在劳作时要"手懒"。我们时常会见到有班主任"主动"带着学生或者守着学生打扫卫生的现象，校方也大力表扬提倡。其实这种做法久而久之，定会养成学生强烈的依赖、懒惰习惯，并导致责任意识的逐渐缺失。作为母亲，我不会因为担心孩子洗不干净或者打烂一个碗就包办代替。一些暂时的不尽如人意，恰恰是孩子自我责任意识的树立和良好行为习惯的养成所必须经历的。

不过班主任的"懒"也要分层次和阶段的。不能一下子撒手不管了，而是要循序渐进地"懒"，不知不觉地"懒"。由偶尔的"偷懒"，到习惯性的"小懒"，到端一杯香茗，掩一卷闲书，坐看厅前花开花落，仰观天上云卷云舒的有意境的"大懒"。有句俗话说"大懒指使小懒，小懒没有指使，只有自己干"。班主任要亦勤亦懒，要从替学生干，到只干自己的，再到吩咐学生去学着干。遵循这样一个懒的过程的话，班主任工作就会做得轻松自如。这时，你就会情不自禁地说："做一个亦勤亦懒的班主任，真幸福！"

（2018年12月10日在教师会上交流）

（五）我是优秀辅导员

让"爱"之花开在孩子的心里

白朝荣

我国教育家陶行知先生曾说过："没有爱，就没有教育。"陶老先生用毕生的精力，从事艰苦的"教育拓荒"，兴办那个时代的"希望工程"，实践了"捧着一颗心来，不带半根草去"的人生誓言，并达到了"爱满天下"的崇高境界。我们作为教育工作者，要以陶老先生为榜样，做一个有"爱"的老师，让"爱"之花开在孩子的心里。

一、关心学生，成为学生的爱心"妈妈"

我们班的小雪同学，是一个在单亲家庭长大的孩子。每当想到她的遭遇，我都会心疼。当年父母离婚后，她妈妈因为家庭琐事，一时想不开，曾服毒自杀，幸亏抢救及时才保住了性命。但是昂贵的医药费使这个本不富裕的家庭雪上加霜，后来她妈妈养好身体，为了还债，背井离乡跟随几个朋友一起到菲律宾打工，孩子留给年迈的外公外婆照顾。一天上午，孩子的外婆来到学校，一脸焦虑地和我说起孩子的妈妈打工去了，孩子的家庭作业没人辅导，也没有钱去培训机构辅导。我告诉她不要担心，老师会多留意她，以后孩子的家庭作业在学校用课余时间做完后回家，不懂的我给她讲，听了我的话，老人家眼含泪水，拉着我的手不停地说谢谢。后来学校党支部组织党员教师牵手留守儿童、学困生，并举行了隆重的启动仪式，我牵着孩子的手，一起走到主席台上合影留念，我告诉她，虽然妈妈去远方打工了，但是老师会像妈妈一样关心你，学习上有什么困难老师会帮你的，有什么心事可以和老师说，老师和你一起分享，如果想妈妈了，就给妈妈发微信。第二天上课时，我发现她坐得特别端正，我给了她一个赞赏的眼神，她竟然对我轻轻地点了一下头。经过这次交流，她变得更懂事，学习更努力了。冰心说过："情在左，爱在右，走在生命的两旁，随时撒种，随时开花。"每个人都需要爱，孩子更需要爱，爱心是成功教育的原动力，也是获取为师之乐的最大保证。

二、用心、用情、用智，让每棵小苗茁壮成长

还记得袁校长曾告诉我们，每一位老师都要睁大你那双独特的慧眼，从心底预测、期待每一个学生的未来，不让"钱学森""袁隆平""丘成桐""梅兰芳""齐白石""李嘉诚""刘翔""马云""韩寒""雷军"之苗在你手下枯萎。

我们班就有一棵这样的"小苗"，他就是林林。说起林林这个孩子，好多任课老师都头疼。他堪称"奇才"，他喜欢阅读，知识面非常广泛；画画特别好，每次学校组织绘画比赛，他都是一等奖；作业书写也很整洁漂亮。但是他喜欢上课捣乱，旁若无人地大喊大叫，老师说上句，他就接下句，为了维持课堂秩序，老师总要停下来招呼他。家长请了无数次，苦口婆心的谈话数不清，但是收效甚微。这是以前的林林，现在他可是大变样了，现在的他课上坐姿端正，发言举手，思维还是那么活跃，经常帮老师准备教具、分发作业等。他的变化为什么这样大呢？事情还得从上学期开学说起。上学期开学时，他没来报名，原来是开学前一天，他在小区车库摔了一跤，这一跤摔得不轻，脾脏出血，住进了重庆儿科医院的重症监护室，五天以后转入普通病房。那几天，我每天都给家长打电话，询问林林的病情，他爸爸告诉我，孩子在病床上念叨："开学了，我好想去上学，我想读书。同学们都学了那么多了，我回去怎么跟得上啊？"第一周的周末，我专程到儿科医院去看他。我的出现，使林林非常惊讶，他没想到我会去医院看他，受伤的他身体还比较

虚弱，但和我说得最多的还是，他想上学，他怕跟不上大家的进度，他想老师和同学了。我坐在他的病床边，轻声地告诉他："别担心，先好好养病，出院以后老师会把落下的课都给你补上。到学校以后，先把同学们做了的习题自己先做，不会的我给你讲。你那么聪明，一定会跟上的，老师相信你！"虽然他半个多月没来上课，但是在单元检测时却考出了96分的好成绩。出院以后他会定期到医院复查，落下的课程我都用课余时间给他补上，我们还约定，他哪天去复查，提前一天告诉我，我把第二天要完成的作业给他，他先自己做，返校后我批改了再针对性地给他讲解。在这个过程中，我们都没有提及上课捣乱的事，所谓"精诚所至，金石为开"，我相信他能感受到老师对他的爱与期望。事实的确如此，从那以后，他再也没有在课堂上大喊大叫了，我上课时也感到轻松了。暑假时，他再次到儿科医院做手术，开学后好几天都没能来上学，中途也去复查了几次，我们的约定继续，爱学习的他在第一单元考试时，考了100分。看到现在的他，我由衷地高兴。

"生命因拼搏而灿烂，教育因爱而美丽"，作为一名人民教师，我要用真诚的爱去培育每一株幼苗，让他们的生命更加辉煌，更加灿烂。

（2018年11月26日在教师会上交流）

齐心协力打造优良中队

周林

今天，能在这里进行辅导员工作交流，有一大半功劳是班主任贺老师的，一丁点儿算我的成绩，这不是客套话。因为贺老师在少先队活动中的大力支持与协助，我们共同打造了优良的四四中队。下面，跟大家分享一些我在辅导员工作中的经验。

一、激发学生的兴趣，让学生积极自觉地参与活动

记得有一次，学校突然宣布要举行学生年级篮球比赛，由于我班的学生都不会打篮球，他们听到比赛消息有些泄气。我便鼓励他们说，打篮球很简单的，一会传球、接球，二会运球，三会投篮就行。我示范做了个传球、接球的动作，同学们就欢呼着在教室里玩起来。看到孩子们热情高涨，我想到教室里不适合玩球，于是就带他们到外操场训练。我和贺老师教他们传球、接球

的手势，运球的手势和动作，投篮的手势和姿势。王彬、苏洋个头和力气大些，我就教他们单手肩上投篮，其余同学就双手胸前投篮。孩子们积极热情地练起来，还主动邀请我课余或下午放学时和他们一起打篮球。在训练中，男女生都发生过几次碰撞而哭的事件，我都劝说他们要坚强，勇敢地面对活动中的冲撞。孩子们很努力，比赛前舒洋左手受伤，但用右手单手坚持打完全程比赛；在比赛中，黄玉梅多个指甲打出血仍不下场；赵羽萱手掌擦伤哭泣，休息一会，又主动要求上场……男子篮球队拉开大比分，女子队也没有一场落败。

二、放手让学生做，在活动中培养学生的能力

四年级，大队部要求学生自己办黑板报。开始，我预备定三名办黑板报的小能人。有学生图新奇好玩，也主动申请参与。办黑板报的人多达五六个。人多手杂，质量难以保证。但为了让学生们过足瘾，更为了训练学生自主办黑板报的能力，我一边提意见，一边鼓励他们认真办。新鲜感一过，有人就不想干了。我让两名办黑板报的骨干分子自己找1—2名搭档，让他们自己设计刊头和边花，自己围绕主题找内容……鼓励学生想方设法提升黑板报的品位和质量。孩子们主动偷偷地到别班学习版式和花样，商讨出让黑板报图案着色艳丽的方法。上学期，有一期黑板报荣获学校行政组和学生组双双打分第一名。

三、在活动中鼓励学生铆足干劲，努力拼搏

少先队活动，不仅要锻炼和提高学生的能力，更要培养学生们热爱班集体的团队精神。在跳绳比赛中，我鼓励孩子们加油跳，每人力争多跳一两个。比赛中，一个孩子鞋带跳开，一个孩子裤子掉落。这种意外，在平时训练中没有出现过。赛后，我没有批评这两个孩子，反而表扬了他们这种努力拼搏的劲儿。提醒他们吸取教训，在下次跳绳活动中注意别再发生此类事故。正是由于每个孩子的奋力拼搏，虽然两个跳绳比较优秀的孩子出现不小的失误，我班跳绳仍获学校一等奖。

在贺老师悉心指导下，我班还在第三套广播体操和八八行动比赛、书画作品大赛、手抄报比赛中荣获学校一等奖。在四年级两学期的爱心捐款中，我班都荣获爱心班级。我相信，和贺老师一起，五年级四班的班队活动定能红红火火地开展下去。

（2018年12月3日在教师会上交流）

为了每棵"小树苗"都能茁壮成长

刘明富

工作 20 多年，一直担任班主任工作。在四年级的时候，就由班主任转变成了班上的辅导员，这还是"大姑娘上轿头一回"。老实说，这个角色的转变开始很不适应：家长们、孩子们很不习惯，我也有些无所适从。要说班主任工作，我感觉得心应手；而辅导员工作该怎么干，我就是一个新手，不禁有些惶恐。我们福小箴言里有这样一句话："办法总比困难多！"思及此，我便暗下决心：不会就多学习，多请教。反正一句话："干什么都得干好！"

一、尽快转变角色，当好班主任的助手，唱好配角

张君老师担任我们班的班主任，她年轻有为，富有朝气，是一个热爱教育、有爱心的好老师。但是新来我们班，和家长们得有一个熟悉的过程，于是我就经常利用班级的 QQ 群、微信、校讯通向家长们介绍张老师，在课堂上向孩子们夸奖张老师，同时在班级里协助张老师做好学校安排的班务工作，协调家长和老师之间意见建议。张君老师很快就得心应手，班级工作井然有序，家长们也很快适应了新的班主任，遇到事情也主动和班主任联系交流了。把班主任推到家长和孩子们的前面，树立她的威信。我便"淡出"到幕后，担当"配角"重任了。

二、精心打造，为孩子创建自主成长的班集体

在少先队工作中，结合学校的班级文化建设，我们组织召开班级会议，和同学们商量讨论后，决定为我们班级起名叫"小树苗中队"，蕴含着我和班主任对孩子们的殷切希望："今天的小树苗，明天的参天树。创造美好的自我，开辟美好的未来。"我们期盼着每个孩子都像小树苗那样，在阳光雨露的滋润下，茁壮成长，成为祖国的栋梁之材。为了充分发挥少先队干部的潜能，我们采用民主和集中的方式，组建好中队的中队委。让孩子们成为我们班开展少队工作的智慧团，在每期的一系列少先队工作中，我遵循"示范——扶——放"的模式，引领孩子做到自主管理，事事管理到位。比如升旗风采，少儿之声广播，板报的创办都要求学生自主报名，统一调配，竞争上岗。"多一项活动就多一次成功"，我始终秉承这样的理念，让孩子们在活动中得到锻炼，得到成长。少先队干部工作也开展得有模有样。

三、爱心起航，呵护每一个孩子，让他们茁壮成长

我是一位母亲，工作中我也要像母亲一样爱我的学生，用情感去打开他们的心灵之门。我们班有个孩子叫李宇豪，是外地子女。父母老实，每天忙于生计，早出晚归，很少和孩子交流，养成了孩子自卑和暴烈的性格，在班上寡言少语，不和同学交流。如果有同学惹着他，他要么大打出手，要么寻死觅活，离家出走。班上的同学都对他敬而远之。老师与他交流时，他也是徐庶进曹营——一言不发，而实际上他的表达能力也不行。一天早上，8点半了，他还没有来上学，我就和张老师打电话联系家长，电话响了却没有人接，后来甚至关机了。我和张老师又奇怪又着急，这个家长怎么回事，老师这样联系也不接电话。后来我们分别通过微信和QQ群，发动我们班的家长一起联系，直到中午我们才联系上了家长，询问了孩子的情况，原来是家长不让孩子玩手机，孩子就以不来上学要挟家长。家长们没有当回事，结果家长把娃娃送出门后就忙着上班了，孩子偷偷把家长的手机拿到手，回家忘乎所以玩手机去了。看见老师打来电话不敢接，就关机了。真是急死人！下午把孩子和家长叫到学校，我们分别了解情况：孩子认为家长一回到家里就玩手机，对他不管不顾，觉得很孤独，想回老家；妈妈认为爸爸对孩子不管不顾，她一个人要忙工作要管孩子，忙不过来，认为孩子只要一早把他送出门去上学，晚上能按时回家做作业就OK，至于了解孩子内心想法、与他谈心那些几乎没有做过，也没有在周末陪孩子玩过。看着孩子和母亲无助的目光，我的内心也很触动，幸好孩子今天没有出事，不然我们就追悔莫及了。后来我和他的妈妈进行了详谈，告诉她孩子是自己的，一定要多陪陪他，打开孩子的心结，让孩子感受到父母的爱。在班上，我又专门找了一个姓李的男生和他玩，让他感到班集体的同学是在乎他的。后来，黄老师选合唱团成员，他的音色很好，我就建议他进了学校合唱队，平时我经常鼓励他："李宇豪，你歌都唱得好，其他方面也一定做得好。"最让我感动的是，在我们每天的"一歌一享一提醒"活动中，他居然能大方自信地到讲台上去讲故事，并且讲得很流畅，获得了同学们热烈的掌声。现在的他，虽然成绩不尽如人意，但是大方了，自信了，也能和同学们友好相处了，再也不提离家出走之类的话。上次碰见李宇豪妈妈，她告诉我现在她经常陪儿子一起玩，孩子的变化她也感受到了。那天就是他们

母子俩去自己的菜园摘菜，我还获得了一把菜的"谢礼"。在上学年的班队活动中，他还主动参加了几个节目呢！每个孩子都有自己的个性，我想只要真诚对待每一位学生，当孩子有困难时总是认真倾听，尽力帮助，就能得到孩子的信任，得到家长的认可。

四、创新活动，让孩子们在活动中快乐地展翅高飞

丰富多彩的少先队活动，是学生茁壮成长的沃土。只要给学生机会，他就会创造奇迹！几年来，我们组织过升旗风采、少儿之声广播、朗读、演讲、队会、办手抄报、绘画比赛、六一节目会演等各种形式的活动。记得我们五年级的中队活动，应该说是时间最紧的一次，从编排到活动展示只有两个星期零三天。真的是时间紧、任务重。但是我认为只要做，就要做好！于是确定主题，选定节目，组织串词，选定人员，排练节目，每天从早到晚，上完当天的课程，干完其他事情，利用课间休息的时间，见缝插针地进行训练，放学后组织排练。孩子们也给力，大伙出谋划策，中队委成员分工协作，各司其职，协助我排练。最让我感动的是他们自己创编了一个溜冰舞，男女合作，像模像样。我们的中队活动做到了人人参与，极大增强了班级凝聚力。活动的编排和创意也受到了周书记的高度评价。

多一项活动，就会多一次成功，还能增强一个班级的凝聚力，促进班风、学风更加优秀。学校开展的足球联赛、跳绳比赛、篮球比赛等集体项目，老师身体力行、积极进取、融入其中，孩子们就会以老师为榜样，心往一处想，劲往一处使，积极为班级争光。每年庆"六一"活动，我在组织指导排练节目时，力争让更多的孩子参与，不让一个孩子掉队。五月的天气炎热，顶着烈日，我手把手地教给孩子们动作，一遍一遍地喊口令，人晒黑了，嗓子喊哑了，但我没有怨言，为的是让他们都在自己的节日里载歌载舞，都能在自己的童年时光留下美好的回忆。当家长们看到自己的孩子走上舞台，高兴地说："真好，我家宝贝化起妆还真漂亮！"我听到后心里感到很欣慰。

五、不断学习，做好孩子们健康成长的引路人

拥有服务意识是做好辅导员工作的基础，和学校许多优秀辅导员一样，我期待所有的孩子都能发挥最大潜能，渴望每个孩子都能成才。正是由于这份期待与渴望，鞭策着我不断地加强学习。我经常利用网络、书刊学习，并虚心与其他辅导员交流、探讨少先队活动中的做法与成功的经验。

诗人屈原曾用"路漫漫其修远兮，吾将上下而求索"来抒发自己的志向，我也将这句话作为座右铭，在教学、少先队工作中慢慢求索，用自己满腔的热情去关爱、温暖、感动着每一名学生。

（2018年12月24日在教师会上交流）

六、教书之师→灵魂之师→神圣之师→伟大之师

（一）岗前培训

（2017年8月19日拍摄于清溪会议室）

校长给新进教师的18条建议

1. 阳光心态

多改变自己，少埋怨环境。

我们无法改变环境，但我们却可以改变自己。

太在乎自己，别人不在乎你。

人比人气死人，输掉自己，赢了别人。

比上不足，比下有余。

想开了是天堂，想不开就是地狱。

我们左右不了别人，但可以让自己的人生更加理智、更有价值、更有意义。

每个人的大脑都是一个宏大世界，靠自己驾驭。

好心态，好心情，好命运，自己把握。

开心过好每一天，你的一生都没虚度。

快乐自己给，苦恼自己找。

最大的敌人是自己不相信自己。

只有自己才能解放自己，只有自己才能拯救自己。

少说空话，多办实事。

千有理万有理，干好工作硬道理。

耍白了头发是悲哀，干白了头发是享受。

机遇青睐有准备的人。

只生活在今天，不要为昨天而懊悔，也不要为明天而忧虑。

树立高尚的处事观，人与人的关系好比山之间的回声，实现互相尊重。

笑比哭好，笑能生和。

微笑时的你自己喜欢，别人更喜欢。

赞扬别人就是赞扬自己。

教师间要互相赞扬，和睦相处，决不诋毁。做一个快乐的人、会生活的人、会工作的人、成功的人。

2. 快乐、自信

斯宾塞快乐教育：快乐使人成长，厌倦使人停步。

一个人活着快乐不快乐、喜悦不喜悦，关键在于你的心，而不是你的身体。

老人们常说，房屋不必太宽，心要宽；心是一块田，靠自己去播种。

相由心生。这是一句佛语，每个人的心是一块田，种善因，故得善果；种恶因，故得恶果。

如果你心里是快乐的种子，那么长出来的一定是笑容！

如果你心里是痛苦的种子，那么长出来的一定是忧伤！

如果你心里是恨的种子，那么长出来的一定是怨！

如果你心里充满爱，那么长出来的一定是宽容！

如果你心里有邪恶，那么长出来的一定是堕落！

我们的心其实就是一块田，你不在那里种玫瑰，它就会长荆棘。

我们不能改变天气，但我们可以改变心情。

你不必为天总是下雨烦恼，因为下雨我们可以不去防晒；你也不必为火辣辣的太阳焦虑，因为灿烂的阳光不会让你脚踏泥泞……

如果你有一颗宽容的心，有一颗善良的心，有一颗充满生机的心，你就是播下了快乐的种子，就会收获一颗快乐的心。

"自信是成功的第一秘诀。"美国思想家爱默生说。只有自信，才能使一个人的潜能、才华发挥到极致。培养人就是培养他的自信，摧毁人就是摧毁他的自信。

自信使人自强，适当的"骄傲"使人成功。只有自信，才能使一个人的潜能、才华发挥到极致，也只有自信才能使人得到"高峰体验"。——朱永新《我的教育理想》

3. 天天微笑：别人喜欢微笑的你

微笑，不花费人们多少力气，却创造了许多办事的奇迹。

微笑产生于一刹那间，却给人留下永久的记忆。

微笑创造了快乐，建立了人与人之间的好感。

微笑是疲倦者的休息室、沮丧者的兴奋剂、悲哀者的阳光。

微笑能拉近与陌生人的距离。

微笑时的你自己喜欢，别人更喜欢。

所有的人都希望别人用微笑来迎接自己。

让人感受到电话中的你微笑着，你一定是成功者。

发自内心的真诚微笑是世界上最美的语言。微笑就像阳光和桥梁一样，把温馨和热情传递给全世界的每个人，让世界充满和谐。微笑可以创造幸福，给人们带来快乐和安详。

俗话说："你笑，全世界都跟着你笑；你哭，全世界只有你一个人哭。"

《笑一笑》：一笑烦恼跑，二笑怒气消，三笑憾事了，四笑病魔逃，五笑永不老，六笑乐逍遥，时常开口笑，寿比南山高。

4. 不断学习：不学习就重复着昨天的故事

大马拉小车轻松快乐。

微信阅读、朋友圈读。

读专著，尤其是教育专著。

不和几位中外教育家对话，你很难成为育人之师，灵魂之师，神圣之师！

聆听专家报告。

品读教育名篇。

天天网上学习。

向同事学，参加教研活动，门外"偷"学，课间闲谈，相互感染，共同提高。

向学生学，每期开展8次校长电子征文，了解学生心灵成长轨迹，完善育人策略。

5. 反思优化：反思产生灵气

杜威曾说过："没有理论的反思是一种狭隘经验的重复，这种重复会让教师变得更狭隘。"

没有反思，就会在同一块石头面前摔两跤、三跤甚至无数跤，不断重复着昨天的故事。

思想从何而来？关键是要学会思考和反思。思广则能活，思活则能深，思深则能透，思透则能明。反思教学成败，清理工作思路，多思、爱思才能善思、深思。时间一长，你就会在无意中惊异地发现，一向熟视无睹的事物中隐藏着真知，一向平淡无奇的现象中包含着深意。反思，使人的思想不甘于平庸；反思，使人的大脑富有智慧；反思，使可遇不可求的灵感倏忽而至。学会反思，增加生命的厚度！

好多老师都有不少的经验，可遗憾的是没有反思，大多也只好带入坟墓。

6. 赞美别人，也是赞美自己

真心的赞美是收获极大而不花分文的"投资"。

真心的赞美没有人拒绝，更没有人抱怨。

诚恳的赞美，总能赢得对方的欢欣。

适当的赞美能束缚对方的缺点，引其向善。

人与人之间的关系好比照镜子，镜子中的形象令你不悦，怪的是谁呢？

学会赞美别人，会为你的人际交往增添许多成功的机会。

背后赞美，比当面吹捧更有效。

赞美别人，也是赞美自己。

毁灭人只要一句话，培植一个人却要千句话，请你多口下留情。

不要在同事面前说别的同事，因为你们都是一根绳上的蚂蚱；不要在上司面前诋毁同事，因为上司远远比你聪明；不要在同事面前表达对上司的不满，因为这是他最好表达忠诚的机会；不要在更高的上司面前投诉直接上司，因为他们合作的利益远远大过同你的利益。

7. 远离垃圾人

和什么样的人在一起，就会有什么样的人生。和勤奋的人在一起，你不会懒惰；和积极的人在一起，你不会消沉。与智者同行，你会不同凡响；与高人为伍，你能登上巅峰。

《狮子和狗的故事》

狮子看见一条疯狗，赶紧躲开了。小狮子说："爸爸，你敢和老虎拼斗，与猎豹争雄，却躲避一条疯狗，多丢人啊！"狮子问："孩子，打败一条疯狗光荣吗？"小狮子摇摇头。"让疯狗咬一口倒霉不？"小狮子点点头。"既然如此，咱们干吗要去招惹一条疯狗呢？"

——不是什么人都配做你的对手，不要与那些没有素质的人争辩，微微一笑远离他，不要让他咬到你。这个必须看明白，因为许多人正在和疯狗斗！

8. 合作共赢

小合作要放下态度，彼此尊重；大合作要放下利益，彼此平衡；一辈子的合作要放下性格，彼此

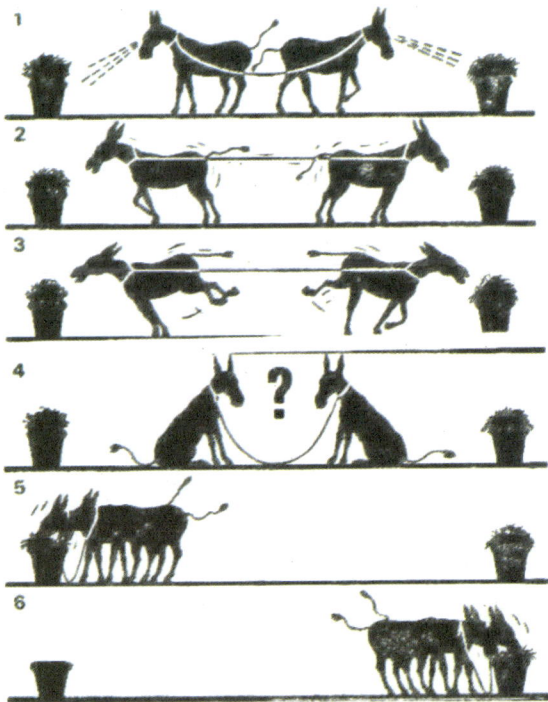

合作共赢

成就。

一味索取，不懂付出；或一味任性，不知让步，到最后必然输得精光。共同成长，才是生存之道。

9. 会坐，会走，会读，会讲（新教师培训例子）

10. 会激励（"小红旗""奖"），会惩戒

11. 会带领劳动、活动、运动、互动

动物离不开动，高级动物更需要动。健康第一，每天喘喘气，出出汗。

12. 积极暗示

科学家研究认为："人是唯一能接受暗示的动物。"积极的暗示，会对人的情绪和生理状态产生良好影响，激发人的内在潜能，发挥人的超常水平，使人进取，催人奋进。远离消极的人吧！否则，他们会在不知不觉中偷走你的梦想，使你渐渐颓废，变得平庸。

积极的人像太阳，照到哪里哪里亮；消极的人像月亮，初一十五不一样。态度决定一切。有什么样的态度，就有什么样的未来；性格决定命运，有怎样的性格，就有怎样的人生。

13. 差异发展、扬长发展、个性发展、最大发展

成功在于长处，不在短处，越是扬长越容易成功。

14岁前智力开发可以达到95%，但这是一把双刃剑；如果这个年龄之前学到他喜欢的东西，他的智力将会得到巨大的开发，但如果逼着孩子去学他不愿意学的东西、干他不愿意干的事情，对孩子的智力则会是一种摧残和扼杀。

14. 要关注调皮儿童，发明家常常是很调皮的

15. 要给孩子自由玩耍的闲暇空间

玩耍是孩子的权利，发呆会产生灵性。

袁振国说："没有孩子自由的空间，就没有孩子智慧的启迪，灵魂的升腾。"

如何对待路上逗留，嬉戏玩耍，反对粗暴干涉，提倡冷静处理。

16. 呵护心灵：好奇心、想象力、求知欲、创造力、梦想

不伤害心灵。

著名教育专家、全国优秀教师王金战说："这个世界上除了心理上的失败，没有真正意义上的失败。"

教育是心灵与心灵的沟通、灵魂与灵魂的交融、人格与人格的对话。

研究发现，好奇心和创造性想象是孩子创造力形成和发展的两个最重要表现；小学生创造力的发展以独特的创造性想象为特征，而中学生的创造力更多地由现实中遇到的问题和困难情境所激发，超越了虚幻的色彩，更有主动性和有意性。到了17岁，青少年的科学创造能力趋于定型。而现在我国教育界存在着一种偏颇或者错误的观点，认为中小学阶段的主要任务是学习知识，打好基础，创造力培养是大学本科、研究生阶段的任务。大量实证研究表明，基础教育阶段是青少年创造力发展的关键时期，要加大这一阶段对学生创造力的培养。

17. 善于沟通

不赌气，要输气。

会开家长会。

18. 不要生气

爱生气的人很难健康，更难长寿。

美国生理学家爱尔马的研究发现，人生气10分钟耗费掉的精力不亚于参加一次3000米赛跑。生气时的生理反应十分剧烈，分泌物比在任何情绪时都复杂，且具毒性，因此爱生气的人很难健康，更难长寿。

《莫生气》

头顶天，脚踏地，人生全在一口气；

切记气上有三忌：怄气赌气发脾气；

怄气只能气自己，赌气彼此更对立；

拍桌打凳发脾气，有理反倒变没理；

人生世上不容易，作践自己多可惜；

生气生上一分钟，六十秒钟没福气；

生气生上一小时，六十分钟冒傻气；

生气生上一星期，伤了肝来害了脾；

人生要想少生气，几件事项须牢记：

小是小非莫计较，一眼睁来一眼闭；

有人出语伤情面，未必全是有恶意；

有人处事拂我意，想必有其难唱曲；

有人仗势把人欺，多行不义必自毙；

有人误解我蒙屈，岂有迷雾笼四季；

有人背信把我弃，流水落花随他去；

有人优势超过我，十指哪能一般齐；

尺有所短寸有长，不去事事都攀比；

人间美景未看全，哪有工夫生闲气；

心态顺畅身体好，省下药钱旅游去。

（袁仁超在新教师岗前培训会上的讲座部分要点）

珍惜缘分，快乐生活

——2016 年 8 月双福实验小学新进教师岗前培训有感

蔡平

怀着既兴奋又忐忑的心情走进了我一直向往的双福实验小学，刚下车，看到了福小同事的灿烂的笑容，听到了他们热情洋溢的招呼，我感觉就像回到家一样，一下就没有了紧张。来到会议室，初见袁校长，他风趣、幽默的话语，让我一下就喜欢上了这个新学校。

在近30年的教书生涯中，我十分庆幸聆听了袁仁超校长的讲座《珍惜缘分，快乐生活》，我的感慨是：听君一席话，胜读十年书！能成为双福实验小学的一分子，我好幸福啊！袁校长真是一位既智慧又仁厚、既旷达又幽默、既儒雅又豪放、既富于正义又富于情感的教育人，其开阔的思想、丰富的心灵、惊人的才华展现出无穷的魅力，如江边一轮皎皎的明月，照亮我的心灵。我只想从中掬一捧月光，构建属于自己的那抹心灵亮色。

新教师岗前培训让我明白了许多道理，在福小该如何改变自己？该从哪方面提升自己？该拥有什么样的教学、教育理念？该怎样"尊重儿童、尊重个性、尊重差异、尊重发展"，让孩子成为小能人？该有什么阳光心态？该用什么语言赞美同事、赞美学生？该怎样让自己快乐、也让孩子快乐，每天都做一个快乐的人？该怎样完成每日、每周、每月、每期的任务，让孩子养成良好的行为习惯，成为一个既能学习又能干的孩子？这些，我都在培训中找到了答案。

在今后的教育教学中不忘初心，科学育人。保持纯正的爱心，维护教育的公平，无论是面对学生成绩的优与劣、学习习惯的好与差、家庭条件的富与贫，都要以一颗公平、公正的心，用心教育好每一个孩子，用科学的方法教育指导学生。

珍惜缘分，快乐生活。珍惜和各位同事的缘分，和同事一起快乐生活，不仅我要快乐生活，我还要让我的孩子们也快乐生活！

快乐育人，育快乐人

——2016年双福实验小学新教师培训心得体会

王小林

2016年8月23日，满怀着激动与期待，我参加了双福实验小学新教师培训会。两天的培训时间虽然短暂，但聆听了袁校长"育人灵魂，快乐生活"的讲座，以及各位校长、主任对学校"小能人"活动教育、教学常规工作以及班主任工作的介绍和开展，带给我无尽的思考，让我受益匪浅。

"快乐"一词贯穿于袁校长讲座的始终。袁校长激励我们要做快乐的人，要有阳光快乐的心态。想想真是这样，阳光的心态能化压力为动力，化痛苦为愉悦。教师每天都在跟孩子打交道，教师有着阳光快乐的心态才能传递给孩子快乐，才能帮孩子们树立起信心；传递给他们积极向上的正能量，孩子才能积极努力地应对克服生活和学习中的困难。当我们为一再犯错的孩子而暴跳如雷、言辞激烈时，我们就跨进了地狱的门槛；可如果我们和颜悦色，用阳光照亮孩子的心灵，我们就踏进了天堂。快乐是生活的真谛，是幸福的源泉，教师作为学生朝夕相伴的长者，怎能不担起传递快乐、照亮孩子成长之路的责任呢？

"育人灵魂"是袁校长传递给我们的教育理念，也是福小的育人理念。刚一听见，着实觉得这样的口号空大深，但细细一听袁校长的介绍，才深刻体会到他那回归人性本真的教育思想。教育的本质就是育人，是促使每个学生有最适合的发展之路，从而成为有个性的个体，成为社会需要的人。而学校的小能人教育就是挖掘孩子的特长，针对孩子的兴趣爱好进行扬长教育，使每个孩子都能得到不同方向的个性发展，这就是最尊重孩子灵魂个性的教育吧！

"教师是太阳底下最光辉的职业，是人类灵魂的工程师"，通过这次培训我真正地领悟了这句话的真谛。在今后的工作中，我将坚定"育人灵魂"这一教育理念，尊重孩子的个性，发展他们的特长，用阳光快乐的心态引导他们感受幸福的小学生活。

武陵之巅　心之旷野

——2016年暑假学习培训有感

何琼

为了适应现代教育的要求，我有幸参加了这次培训学习。短短的几天培训，令我的心情久久不能平静，可以说这是我10年教学生涯中最难忘的一次学习交流。之前，我也曾多次参加培训，但这次培训不同于以往，我主动去学习、去领悟，心灵经历了忐忑、喜悦和对未来的昂扬斗志。在学习过程中，我认真听取了各位领导的精彩演讲，充分理解了每一个案例，做好笔记，并与其他老师一起互相交流，取长补短，共同学习。领导们先进的教育理念、独到的教学思想、鲜活的实例和丰富的知识内涵及精湛的理论阐述，都让我受益匪浅。

首先，我们听了袁校长以"珍惜缘分，快乐生活"为主题的讲座，他生动有趣的讲座深深吸引着我、感动着我，让我心潮澎湃深受震撼。他的语言句句贴近我们的实际生活，百听不厌百学不厌，也让我从全新的视角去审视"我"。他以自己"教师"这个职业的亲身经历，以及一路走来敢想、敢做、敢创新的教育管理实践为例，让我佩服得五体投地。以前我处于懵懂状态时的许多问题也迎刃而解，眼前豁然开朗，我的思想认识得到了明显提高，灵魂也得到了净化，让我能以更宽阔的视野去认识和解决身边遇到的形形色色的问题。

随后，文校长给我们介绍了学校丰富多彩的校园活动，每天的"一歌一享一提醒"、孩子们的演讲、足球等是学校办学特色的体现，既丰富了孩子们的生活，增强了他们的能力，又活跃了孩子们的身心，锻炼了他们的身体，使孩子们能够在健康、快乐、活泼的氛围中学习和成长。

杨校长给我们详细介绍和讲解了学校的教学规章制度、常规和教学方法及注意事项。其中谈到每周的钢笔和毛笔字练习使我感触良多，以教促学，这无疑对我自身的书法有很大的促进作用，的确利师利生。杨校长多年的亲身经历可以说是教育教学的典型案例，使我深受启发。

贺主任教我们如何当好班主任和辅导员，如何与家长沟通，通过举例来教我们如何和不同性格的家长进行沟通。对于天真可爱的孩子，应多夸奖，即使是批评，也要讲究方法和策略，把握好度；对于偶发事件，一定要把握好控制的艺术、调查的艺术和感化的艺术，把难以处理的事情尽量处理好，达到理想的效果。

钱主任主要探讨的是如何上好语文课，她从自己的经历中总结并介绍了自己的经验，并举出实例说明怎样备好课、上好课并达到理想效果。

总之，这次培训，使我对学校有了更进一步的了解和认识，让我看到了一支积极向上、团结协作、健康快乐的师资队伍。我很荣幸能加入双福实验小学这个和谐的大家庭。特别感谢领导们对这次培训的精心安排，让我们这批新成员倍感温暖。

我是幸运的

——2016年8月新进教师岗前培训有感

蒲娅琳

我经常说："我是幸运的。"这并不是一句随口的话，而是我真切的感受。读书的时候遇到好老师、好同学，工作后去过的三个单位的领导都关心下属，同事之间气氛融洽，让我感觉很幸福。这次能顺利地加入双福实验小学这个大家庭我也是很幸运的，虽然到今天为止我只来过咱们学校3次，但是我已经感受到了这个家的热情和温暖，可以说是来一次感动一次。第一次是选学校之前我和我的姑父一起来看学校，向保安师傅询问情况的时候，他不厌其烦地向我们介绍，这让我很感动；第二次是办调动手续的时候，电话中袁校长和蔼可亲的语气，到校后何建新团长热情的接待，让我又很感动；第三次是这次，袁校长及各位领导百忙之中还抽出时间为我们新进教师办了这么一个培训会，让我再一次很感动。

这次为期三天的培训会，让我们新进教师之间、领导与新进教师之间相互都有了一个认识和了解，同时也让我看到领导之间的气氛融洽，感受到双福实验小学这个团队的气氛融洽。当我选择双福实验小学后，所咨询的人都介绍说袁仁超校长是全国百佳名校长，他的教育理念先进、管理方法实用等真是百闻不如一见。特别是聆听了袁校长的讲座后，让我心里受到很多触动，他对教育的理解、他的教育理念、对工作和生活的态度、对教师的要求、对学校的管理方法等真是让我耳目一新，同时让我感受到身为双福实验小学的一员幸福指数肯定很高，顿时打消了之前的许多担忧和顾虑，心中充满了期待和向往。之后几个领导分别就学校的常规活动、特色、教师的成长、班主任和辅导员工作、怎样处理与家长的关系等方面为我们新进教师做了详细的介绍，听了介绍后虽然感到肩上的担子明显增重了，工作更复杂了，但是通过他们耐心细致的介绍，我觉得我们肯定会更快地熟悉和适应这个新环境，也会让我们以更好的状态投入到工作中。

三天的培训结束了，我收获满满，对未来的工作充满了无限的期待，虽然不知道未来的道路是否平坦顺畅，不过我相信领导们和其他老师会帮助我的，再通过我自己不懈的努力一定会很快地适应新环境，因为我是努力的、幸运的！

新进教师培训有感

李平

2017年江津区城调考试，我有幸考入了双福实验小学。当收到8月18—20日要进行新教师培训的通知时，我意识到我真的要离开原单位，到一个不曾与我有过任何交集的地方工作了。

当接到培训地点并不在学校，而是要前往清溪沟的通知时，我不知如何是好。因为我有个四个多月的宝贝，正在吃母乳，不能离开我，必须得带一个人前往帮忙照顾孩子才行，这在培训中该多麻烦呀！当时穆校长让我给袁校长打电话说明情况。袁校长告诉了我培训的重要性，并告诉我可以带一个人帮忙带孩子，学校会解决吃住行。我顿感校长的理解及学校的温馨，心中充满了感激。

18日下午两点半校门口集合，我们先去了中山古镇。出发前，袁校长告诉我们，今天的培训任务是"认人"。我第一反应是觉得有点搞笑，"认人"还算任务？随后，袁校长解释：人都不认识，工作起来多费劲！我顿觉"言之有理"。一路前行，我认识了同车的周书记、贺主任；在中山古镇时，又认识了王利霞、何坤琼等新进老师，觉得挺开心的。

18日的晚宴是在清溪沟的一个餐厅，席间大家喝点小酒，欢声笑语，"温馨和谐"是我对新学校最大的感受。

19日上午7点起床，7点半吃早餐，8点培训正式开始。主持人钱主任一开口的普通话就让我耳目一新，听着真舒服。反观自己的普通话，还需学习才行。

接下来第一堂培训正式开始了，袁校长介绍了双福实验小学的办学理念及教育的本质。我收获最大的就是"快乐"这种理念。教师工作应是快乐的，学生在校也是快乐学习的。不应为了高分而压迫孩子的天性，谁知道哪个孩子就是下一个"乔布斯"。

第二堂是周书记对"小能人"的特色介绍及班级文化建设，我感触颇深。"没有规矩不成方圆"，一个班级需有它自己的班级文化，因为它会潜移默化地教育着每个孩子。而对于"小能人"特色，其实在每个班级老师或多或少都在培养着"小能人"，只不过没有这么细致化和具有目的性。

19日下午14点开始了下午的培训。

第三堂是贺主任讲的"我做福小班主任、辅导员的体会"。我从中学习到了班主任应是具有童心、爱心，有目标，与时俱进，主动学习，培养适合未来的孩子的任务，也学习到了班主任、辅导员该做些什么。这堂课让我明白成为一个合格的班主任和辅导员是有艺术和技巧的。我需要学习和进步的空间还很大，在以后的工作中我会认真向前辈们请教。

第四堂，进行了写字的学习，包括钢笔字和毛笔字。看着穆校长写出的字像印刷体一样，顿感"高手在人间"。我的字一直都是弱项，前几年，因为教的都是大孩子，在黑板上书写比较随意，对字没怎么重视。现在突然明白，作为一个教师，字都不应被忽略的，一手漂亮的字是非常有必要的，特别是对于小孩子而言，示范很重要。

第五堂是"队列与精神"。我没想到的是，这堂课真的把我们这些新进教师拉到了空地上进行实地训练，没有照本宣科。体育教师黄老师示范了一遍，本来觉得整队是很简单的事儿，但真的轮到我们指挥时，就万般不像样了。这也让我明白，在实际教学中，并不能一直照本宣科，要灵活教学。

之后，穆校长还讲了福小常规管理及教师专业成长，告诉我们福小的每天都是充实而有意义的，还告诉我们要想评职称是要靠自己努力争取的，是靠自己平时业绩积分而成，不是临时找关系、拉票。从穆校长的言谈中，感受到福小是个公平公正的集体，是个奋发向上的集体。

吃完晚饭后，刘明富主任介绍了福小班主任的考核办法，让我们新进教师明白了福小的制度是严谨的，工作须认真对待。

最后，我们新老成员一起进行了朗读接龙。不仅体会到了朗读的魅力，更感受到了新老成员通过这两天相处，气氛愈加和谐。

20日上午，6点起床，6点半吃早餐，7点游览清溪沟湖，部分老师爬木皮槽山。吃完午饭，收拾完行李，带着学校发的农家西瓜高高兴兴地结束了这次培训。

通过这次培训，我基本认识了同去的新进教师和领导，明白了福小的教育理念、管理体制和考核方案，也认识到我的三笔字、普通话这些教师基本素质有待提高。我认为福小是个快乐、温馨的集体，我为加入这样的一个集体而高兴。

（2017年8月20日）

（2017 年 8 月 19 日拍摄）

福小新天地，塑人新舞台

——2017 年 8 月新进教师岗前培训有感

夏利娟

带着忐忑，带着期许，我选择了福小作为我教学生涯的新阵地。从事十几年初中教学的我，想到面对学生的转变、教学目标和方法的不同，不禁心里打鼓：小学到底要怎样教？开学了是不是会茫然不知所措？很幸运，福小领导给我们提供了这样一次岗前培训的机会。这次培训时间虽然短暂，但内容丰富精彩，让我受益匪浅，对未来的工作也有了一定的方向，意识到自己应该转变教学思路和观念，更快地融入新的团队，展开全新的教育教学工作。

在选择福小以后，我就通过福小微信公众号和网络平台，对福小进行了多方面的了解。在培训时，周书记热情洋溢的欢迎词，更让我们了解到福小悠久的历史，也看到了福小发展前景的美好，更明确了走进福小这一方新的天地，就是到了一个提升自我价值的新平台，让我们深切地感受到作为一名福小人的幸运。

"珍惜缘分，快乐生活，干出我的教育精彩"——这是鼎鼎大名的袁校长给我们带来的第一场精彩的演讲。还记得初识袁校长，是在网络上看到的关于他的一篇专访。其中印象深刻的是报道里有人称他为"奇葩校长"，这让我对这位连任二十几年小学校长的他很是好奇。我在想，这一定是个很特别的校长吧。百闻不如一见。终于，在那天的演讲里，我深深地为袁校长的个人魅力所惊艳。在袁校长演讲的过程中，我们每一个新人都被他吸引住了，全神贯注地跟随着他的脚步，走进了他所描述的那些镜头，被他独到的教育理念牵引，也被他的风趣幽默感染，讲座中不时传出大家开怀的笑声。这颠覆了我们对传统讲座的体验，更对我们在这样一位博学又幽默的校长带领下工作有了新的期待。于我个人，听完讲座后，特别需要反思的便是"要分不唯分，要分更要人"。在我过去十几年的教育教学中，可能更多地强化了"分"的重要性，为了追求"分"，或许伤害了孩子的心灵，束缚了孩子的潜力，泯灭了孩子的创造力和个性，让他们成了考试的机器。然而，教育终该尊重人性，特别是在小学阶段，鼓励、引导、激发学生对自我的认知、对梦想的追求，那才是我们应该去追逐的神圣的事业目标。我坚信，在袁校长新思维新理念的带领下，我能更快地转变观念，适应新环境的新工作。

在接下来的培训里，周书记、穆校长以及福小的精英教师们，都热情地向新人们介绍了学校的常规管理，让我们对新学校的工作有一个初步的了解。在周书记的福小"小能人"特色介绍和班主任文化建设板块，我看到了福小重在对孩子们能力的培养。老师们放手让学生去干，让学生在实干中增长才干，培育出了一批又一批的小能人，为孩子们的人生发展奠定了坚实的基础。而个性的班级文化建设，也展示着一个班级的风貌，浸润和熏陶着孩子们，让孩子们紧紧围绕在一起，快乐成长。在穆校长谈福小常规管理及教师成长环节，我感觉到作为福小人，应该是可以快乐而幸福的。学校管理规范有度，重视对老师的培养，当然，这也给我们新进老师提出了更高的要求和期待。在贺主任谈班主任和辅导员体会的时候，我感觉到福小班主任和辅导员工作的繁重，也说明一个班集体的成长、一群孩子的进步，离不开老师的引导和管理。在刘主任跟我们强调班主任考核办法的时候，我们也明确了在未来工作中要紧跟学校的节奏，及时并保质保量地完成学校布置的工作。在钱姐分享怎样教语文的环节，作为一直从事语文教学的我，看到了自己与优秀老师的差距，也收获到小学语文教学的一些妙招，希望开学之后能够学以致用。写字练习时，好多年没有写过楷体字和毛笔字的我，都有些害怕下笔，但欣赏着穆校长的漂亮书法，我还是尝试着去学习。当然，练字不是一朝一夕的事情，要想写好字，要想给孩子们做好示范，还需长期努力。

队列训练活动展示了一个人"精、气、神"的重要性，一个老师的精神面貌，也会影响到学生，所以，我们要时刻保持一种积极阳光的姿态出现在孩子们面前。培训在激情的朗读接龙中接近尾声。这个环节我是很喜欢的，不管是听别人的动情朗读，还是自己融入情景去感受文字和画面的美好，我都觉得是那么美妙。我个人是更喜欢激情高亢的革命诗歌的，那种烈士的悲壮，被穆校长和袁校长演绎得那么真切、那么完美，听者表示陶醉其中，似乎进入了那个硝烟弥漫的岁月。

培训已经结束，但学习才刚刚开始。在这次培训过程中，我了解到福小的教育理念的独特，感受到福小老师们的优秀。而我自己，从中学到小学的转变，一定要带着"空杯"的心态，向前辈们虚心学习，以求更快地成长起来。"创造最好的自我，开辟美好的未来。"我将用福小的校训鞭策自己，同时也以此去影响我的孩子们，希望能和他们快乐成长，在这一个新的人生舞台，干出自己的教育精彩！

（二）名师引领

校内名师执教，高端引领，提升水平。（2017 年 11 月 15 日拍摄）

附：[四年级活动作文训练]

精彩瞬间（片段）——一次射门

贺建红

【教学目标】

学习用慢镜头描写的方法，抓住动作，把活动过程写清楚。

学习用拉长时间的方法，抓住心理，把活动过程写具体。

培养在习作中运用积累的有新意的词句的习惯。

【教学准备】

1.课前录制班级足球比赛射门的镜头。

2.教学用PPT。

【教学过程】

课前游戏：猜"聪"字。

一、明确习作要求，聚焦足球比赛

读单元习作要求，勾画要求的关键词句，明确习作内容和要求。板书：活动写清楚。

师：同学们都参加过哪些有意思的活动？请用上有趣的、精彩的、难忘的等词。

聚焦足球比赛。

师：在一场又一场的足球比赛中，我们的队员奋力拼搏，为我们班赢得了荣誉，请把热烈的掌声送给他们。接下来，请在场上担任这些位置的同学站起来自豪地大声说出自己的名字。

出示足球比赛中各位置名称，让相应的学生起来说出自己的名字（老师示范一个）。

师：在和3班的比赛中，老师用摄像机记录下了一次射门的精彩瞬间。

第一次播放视频。

师：看到大家都回味无穷，很想留住这精彩的瞬间。除了摄影，写作也是留住精彩活动的一种好办法。今天，我们就一起来学写《一次射门》，请大家跟老师一起把题目写在练习本上。

二、指导一：慢镜头　写清楚

师：在刚才的视频中，你看到了什么？说一句话就可以。一句话还不能把这次射门的过程写清楚，接下来老师教大家几招把活动过程写清楚，让一句话变成一段话。

1. 第一招：丰富积累——词语加油站

第一遍：自由读词语加油站中描写活动的词语，边读边想，哪些词语你用得上。

第二遍：齐读词语，记住你用得上的词语。

第三遍：在牢记你用得上的词的基础上记更多的词。

2. 第二招：留心观察

福楼拜教莫泊桑写作的例子告诉我们，留心观察是写好文章的关键。老师要第二遍播放视频，请你留心场上的双方队员各自的动作。

第二遍播放视频。

师：你最留意的是谁？

师：检验一下留心观察没有，在小组内把刚才观察到的王彬的动作说清楚，从组长右手边开始。

（1）小组内说说，再推荐一人说。

（2）老师出示写王彬的句子，让学生比较，看学生们喜欢老师用的哪些词句。

老师范文：别看王彬虎背熊腰，动作可灵活了！你瞧，他向左虚晃一招，接着躲过后卫的封堵，带着球一路飞奔，近了，近了！王彬举脚一记怒射，"呼——"球带着风声飞向球门。

（3）小结：写作文就是好，原本王彬一眨眼就过了的动作、表情，我们可以在作文中用慢镜头的方式详细记录下来（板书：慢镜头）。

师：刚才的射门是一个过程，除了王彬那一脚，还有前面的其他同学一系列的动作。只要按活动的先后顺序写好关键的动作，整个过程就清楚了。

3. 第三招：抓住动作，有序描写

第三遍播放视频（放慢速度）。

师：同学们边看，边小声地说，尽量把这次射门过程看到的每一个动作，说清楚。然后抓住动作，有序描写。

小结：抓住动作，按顺序描写，能把过程写清楚。

三、指导二：时间暂停　写具体

师：我们不但可以让作文里的时间变慢，抓住动作把活动过程写清楚，我们还可以让作文里的时间暂停，把活动写得更具体。我们先来看一段描写流川枫灌篮的文字。

1. 范文出示，指名朗读

师：从内容看，流川枫灌篮的过程，时间在什么时候停止了？主要写了哪些人？

解释场面描写。

师：像这样，对同一时间、地点内的许多人物活动的总体情况描写叫场面描写（板书：场面描写）。范文中是从什么角度写的？（板书：心理描写）找出心理描写的句子。对别人的心理想法，我们只能通过表情等猜测，文中表示猜测的词有哪些？你还知道哪些？补充表示猜测的词。

2. 说话练习：停在球进前

第四遍播放视频。

师：我们再来看一遍射门的过程，也让时间在某一瞬间停止。

停在射门前一刻。

师：王彬离球门越来越近。停止，采访王彬、球员，如果你是对方守门员呢？观众呢？

用学生的习作进行修改，让习作的主人发言，老师当场写上。

3. 写作练习

师：时间还可以停止在球进了的那一刹那。你听到了几种声音？看到哪些不同的表情，如果你还留意了个别同学的表现就更好了（出示啦啦队员的照片），时间还可以停在你写的每一个句子后面，选两三处对场面进行描写。

4. 习作评改

师：先按要求自评，再全班评。谁特别希望得到大家的帮助？

让一学生展示，自评，说理由。再让学生评价，说理由。根据评价量表给出评价。指名评。

5. 改进并让学生自读

四、小结

今天的习作课，你有什么收获？看板书总结再出示总结儿歌。

活动描写有妙招，抓住动作写清楚，神态心理写具体，恰当词语出精彩。

板书：

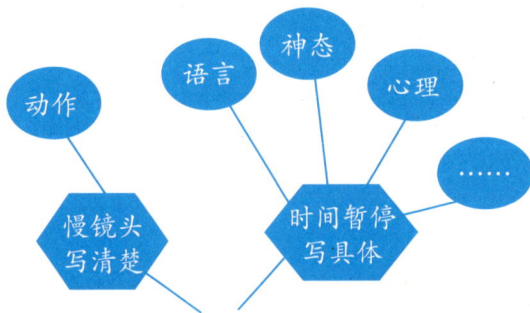

（2017年11月15日重庆市骨干教师示范课）

三位数的加法

夏清英

执教班级：二年级五班

授课时间：2018 年 3 月 18 日

授课形式：公开课

【教学内容】三位数的加法

【教学目标】

1. 学生进一步理解加法计算法则，会笔算三位数的不进位和一次进位加法。

2. 经历三位数加三位数（不进位，一次进位）的计算方法的形成过程，体验归纳概括的方法与策略。

3. 给学生创设自主探究的学习活动，培养学生自主探究的能力，使学生树立信心。

【教学重点】

能正确运用两位数加两位数的计算方法，掌握三位数加三位数的笔算加法。

【教学难点】

训练学生迁移类推的能力，提高学生的计算能力。

【教学过程】

一、复习引课（两位数的加法）

1. 课件显示：钢笔 24 支，铅笔 26 支。

2. 学生说说看到的数学信息（抽学生回答）。

3. 老师：要求是一共有多少支笔，能列算式吗？

4. 列算式（24+26= ）。

5. 用竖式计算，让学生在草稿纸上完成。

6. 汇报时用展台展出学生作业。

7. 列竖式计算时应该注意什么？抽学生回答相同数位对齐，各位相加的结果对准个位写，十位相加的结果对准十位写，个位相加满十向十位进 1。

老师：孩子们以前学得真不错，我们将利用这些旧知识来学习新知识，有信心吗？

学生：有。

二、课堂探究

（一）教学例一

1. 老师：这些笔有什么变化？说说数学信息（课件展示：钢笔220支，铅笔260支）。

2. 老师：现在要求是一共有多少支笔，能列算式吗？

抽学生回答220+260=？。

老师：观察他们都是几位数？

学生：三位数。

3. 讲解列竖式。

（1）回忆两位数的加法列竖式应该注意些什么。

老师：要计算结果，我们可以用刚才计算两位数加法的方法来计算吗？

学生：能。

老师：大家猜测一下，三位数的加法列竖式时我们要注意些什么呢？

学生：相同数位对齐。

（2）列式。

老师：我把这个重要的猜测记录下来，既然是猜测就不确定，老师在这里做个记号，数学界的一代宗师欧几里得就是这样有了大胆的猜测后经过无数次的实践，最后才得到真理，今天我们也来学学大师的方法试一试，谁愿意在黑板上来写写？

学生写完后，说说对齐的方式，提到个位时，就在黑板上写上个，提到十位时，就写上十，提到百位时，就写上百。

（3）计算

抽学生说说该怎样计算（先算个位0+0=0，对准个位写在下面；再算十位2+6=8对准十位写在下面；最后算百位2+2=4，对准百位写在下面）。

老师：孩子们，刚才大家都说这是猜测，到底对不对，一种方法不能说明问题呀，你们还有别的方法吗？

4. 介绍别的方法。

预设有这些方法：①用计数器拨，遇到这种情况时，强调在孩子的带领下，大家都拿计数器拨一拨，并读出这个数；②220里面有22个10，260里面有26个10，22个10加26个10等于48个10，48个10就是480；③看图数数的方法，先整百整百地数，再往后10个10个地接着数；④200+200=400，20+60=80，400+80=180。这种方法要注意板书。

5. 竖式和口算的联系。

老师：这些方法的得数都相同，大致可以判断猜测是正确的啦！但是夏老师心中还有点疑惑，左边是20+60=80，右边怎么是2+6=8呢？

学生：因为右边十位上的2表示2个10，十位上的6表示6个10，2个10加6个10等于8个10，就是80，适时点拨也就是十位上的2+6=8表示的是20+60=80。

老师：真是爱动脑筋、善思考的孩子！那左边的200+200=400，右边又怎么理解呢？

学生：与十位数同理。

6. 小结：三位数的加法，相同数位对齐。

老师：举一反三是学习的好方法，同学们真棒！原来是这么回事，在你们的帮助下，我终于弄明白啦！这下我们完全可以解除对这个猜测的怀疑了，夏老师把这个记号擦掉了。大家齐读一遍：三位数的加法，相同数位对齐，放心地写上答语哟！

7. 训练：数学书39页课堂活动第一题。

老师：我们可以带着这个法宝尝试练习一下吗？翻开第39页，课堂活动第一题。

第一题：左边有320个小正方体，右边有250个小正方体，问一共有多少个正方体？

学生独立完成，抽学生说说方法。

第二题：

425+302= ？

学生观察先写425，再添上302，列竖式，在数学书上完成，集体说先写425，然后302的百位上的3对准425百位上的4。

老师：这样才体现了相同数位对齐。

（二）教学例二

老师：同学们请继续观察大屏幕。

1. 说说数学信息。

老师：表格中，你读懂了哪些数学信息？

2. 老师：要求是丰收小学一共有多少人，该怎么写算呢？（学生说，老师板书）

3. 学生列竖式计算。

4. 强调个位相加满十向十位进1。

老师：孩子们在计算时发现和前面的题有什么不同了吗？

学生：个位相加满十啦！

老师：谁来说说个位相加满十啦，你是怎么办的？

学生：个位相加满十向十位进1。

学生指导老师写竖式。

老师：老师要把这个重要决定记录下来（板书：个位相加满十向十位进1），老师也想写写这个算式，谁来帮我念一念。

（如果遇到表达不清楚的孩子，老师可以故意把418的1对着个位上的3写，让学生加深印象。）

5. 强调个位相加满十该怎么写。

老师：先算哪位？

学生：个位3+8=11。

老师：满十向十位进1该怎么具体地写出这个11？

学生：十位上的1就写在横线上，对准十位写小一点，我们曾经给他取过名叫分家住楼房，个位上的1就对准个位，写在横线下面。

老师：真棒！时刻不忘老师教的诀窍，接下来，十位该怎么计算？

学生：3+1+1=5，千万别忘了加上进上来的这个1。

老师：最后算百位4+4=8，对准百位写在横线下面，那么433+418=851（人），答丰收小学一共有851人。

6. 小结。

老师：孩子们今天这节课我们学习的是什么知识？

学生：三位数的加法。

老师：在计算三位数的加法时我们应该注意些什么呢？

学生回答。

老师：大家齐声把老师板书中红色的字连起来读一读。（学生齐读，表扬读得好的！）

老师：孩子们，现在我们带上这两个法宝一起练习练习。

三、巩固训练（数学书39页课堂活动第三题）

1. 3名同学板演，其余在书上完成。板演者注意表达，数位对齐，个位相加满十向十位进1。

2. 强调在计算三位数的加法时我们应该注意些什么？

老师：孩子们，我们学习数学往往都是把新问题转化成旧知识来进行的，今天的新知识，对于后面的知识来说又变成了旧知识，所以我们必须把今天的知识学好学扎实。

四、学以致用（课件显示）

老师：孩子们，这是夏老师步行上班的线路图，两座建筑物之间的数字代表距离，仔细观察，老师上班有几条线路？

学生找线路，分小组计算出两条线路的路程并汇报。

老师：老师也在电脑上做了一份答案，看看我们的一样吗？

学生进行比较。

老师：如果老师上班快要迟到啦，你建议我走哪条路呢？说说理由。

学生互相讨论。

老师：孩子们，这就是生活中的数学。学好数学，可以帮我们解决生活中的很多问题，希望大家在生活中处处留心，做个有心人。今天我们就学到这儿，谢谢大家的积极参与！

《三位数的加法》设计思路

夏清英

有这节课中，我主要设计了三个环节：复习——新课——学以致用，其中新课有2个例题，分别体现了这节课的2个重点：相同数位对齐和个位相加满10向十位进1。

　　我的想法是想让学生用已有的知识经验来解决新问题，所以从复习到例一，设计的两个例题，除了数的大小发生变化以外，其他都不做改变，为了突出例一"相同数位对齐"这个重点，我设计了一个从猜测到实践再到结论的环节。在用多种方法求证的这一教学环节，我也曾想过让孩子们通过小组讨论完成，但我又怕时间来不及，又担心没人讨论，所以还是没能更好地发挥孩子的主动性，有一种没有照顾到大多数学生，只走了个形式的感觉。

　　再说例二，在储备了第一个经验后，孩子们对这项新知识不再那么陌生，所以我放手让他们自己计算，从中发现与例一的不同之处——"个位相加满十向十位进1"，教师故设有新发现也想尝试写一写，就是为了再次强调这一重点。

　　最后，设计了一个贴近生活的数学题，主要是想给孩子渗透数学与生活是紧密联系的，让孩子知道学数学是可以为生活服务的。

（2018年3月18日）

（三）结对互学

教师结对互学，共同研讨，共同提高。（2017年9月6日拍摄）

（四）每周一学

每周一学（2018年12月17日拍摄）

（五）校长荐文

　　教师例会，每周一学，轮流上台，短小精炼（3—5分钟），既相互感染，又完善自我。

（六）课题研究

问题就是课题，必须善教善研。教而不研则浅，研而不教则空。

（2018 年 5 月 23 日拍摄）

（七）育魂天地

微信公众号"福小育魂天地"：人生感悟、修身养性、大师论教、神圣之师、家长必读、健康养身，熏陶感染着教师和家长。

（八）向大师学

走出去，学回来：积极参加高端培训，学习先进教育理念，感悟教育人生。

浙江台州：第 26 届全国数学教学观摩研讨会现场（2018 年 5 月 12 日拍摄）

第二十六届"现代与经典"全国小学数学教学观摩研讨感想

兰云伟

今天非常有幸聆听了四位专家以及闫勤老师的点评。四位专家教师的授课令我印象深刻。他们突破了传统的教学模式，还课堂于学生，教师作为组织者、引导者、合作者，在今天的四节观摩课中体现得淋漓尽致。每一个问题的提出都紧密围绕教学中心内容开展，所引发的学生问题也是丰富多彩，让我觉得这样的课堂非常生动有趣，全面调动了学生的积极性，也非常符合孩子的天性。在和刘松老师交流的时候，我说："刘老师，您的课给我的感觉不是在上课，而是站在孩子的角度去陪着他们玩，你幽默风趣的语言让我也忍俊不禁，可想而知那些孩子有多么开心了……"他回答道："被你看穿了，其实，孩子就是喜欢玩，喜欢一些非常夸张的表情和有趣的语言，我尽量让整堂课不闷、不沉，让孩子能快乐学习！"后来我们便愉快地合影留念了。对于今天的观课，我想谈谈自己的体会和感受。

一、启发提问，挑战不同

在我看来，今天这四位老师上课的模式看似不一样，实则非常相似。他们都在全力转换自己的角色，全力把学生推向讲台，全力引发学生积极思考，全力引导学生提出问题。"你有什么问题吗？""你能想到哪些关于进制的问题？""在生活中你又遇到了什么类似的问题？"这四堂课所有的教育教学活动都是紧紧围绕问题开展的，学生提出什么样的问题，老师就根据问题来讲授今天的新课。这是非常具有挑战性的。因为，没有谁愿意挑战自己不熟悉或者不确定的事件，而今天四位老师恰恰相反，专挑这样的教学方式进行讲授。正如闫勤老师说的："这需要的不仅仅是扎实的专业知识，更需要勇气站在学生的角度思考问题、解决问题。"仔细想想真的非常正确，我们上课前都会备课，将所有的教学设计全部考虑进去，然后，希望孩子们能够按照自己教学思路进行学习……这样虽然比较正统，也不会出什么差错，但是，对于孩子来说，就显得不尽如人意了。孩子的思维是千奇百怪的，什么问题都有可能从他们的脑袋里面冒出来，冒出来后，教师又该怎么去利用这些问题为己所用？这些问题如果自己也解决不了又该如何圆场？自己是否能够经得住这些问题的考验？今天的课就让我从另外的角度审视了课堂教学。到底是"天衣无缝"好，还是"留有瑕疵"好？我觉得只要学生能够学懂、能够明白这节课的重点内容，以及学会学习的方法、学会解决问题的思路就行了，没有必要尽善尽美，正如良友林老师说的："班级不同，学什么不同；学生不同，学什么不同；一句话，让每位学生在原有的基础上得到尽可能大的发展。"每堂课，知识点几乎都一样，但是，执教教师不同，他的思维方式不同，就可能形成不一样的教学过程，再加上学生的不同，听课人的知识结构水平和理解能力水平不同，最终的效果也不尽相同……有句话说得好："离开课堂，还能剩下的知识就是真正的知识。"我们要教的更多的是一种数学的思维方式、一种数学的学习习惯、一种数学的能力意识。

二、氛围轻松，享受过程

这四堂课没有游戏，但是气氛异常地轻松活跃。每位专家都有自己独特的方式吸引学生的注意力。每位教师在开场的时候都从孩子身边的事情聊起，都从他们所熟知的事物聊起，让自己能够快速拉近与学生的距离，得到孩子们的认可，进而在教学过程中能够配合老师完成教学任务。每一位专家都在课前不停地强调或者暗示："你们才是课堂的主角，我们老师是课堂的配角。"你们是小老师，没有你们的协助我是无法一个人完成教学的……""请你上台来说一说你的方法……""请你上台来给全体同学展示一下你的做法……"这样的教学方式一下子就把学生推到了前台，而老师则在幕后引导、启发、协调，整个课堂能不活跃吗？想不活跃都难！特别是刘松老师和罗鸣亮两位老师，感觉他们哪里是在上课，完全是在享受！享受和孩子们一起学习的过程，享受这个探索过程带来的乐趣。让我们看的人也不禁沉浸其中。幽默的对话层出不穷，启迪的语言构思巧妙，整堂课完全不觉乏味，孩子们听得津津有味，我们观课者也乐在其中。

为什么他们能达到这样的水平？我不禁反思起来。我认为，首先是他们应该都具备了扎实的理论基础，没有理论作为基础，就无法自由发挥。邱学华老师曾经说过："教无定法是尊重教学规律的前提下才能真正达到的。"是的，教学也必须要有理论作为你发挥的平台，才能真正意义上自由发挥，如果没有这个理论平台作为支撑，"教无定法"就成了乱教一通！想怎么上就怎么上是不行的。其次是拥有了丰富的教学经验。只有拥有了丰富的教学经验才能够在出现突发情况的时候还能游刃有余，还能借题发挥，还能顺势借力，引导学生继续探究新知。这点我想我还差很远很远。

三、联系实际，数形结合

数学源于生活，又回归生活、服务于生活，生活中的实际例子对于数学教学拥有无比重要的助推作用。数学教学的核心理念中提到"数学素养"和"数学化"，这两点都不能离开实际生活，没有生活的例子，孩子们很难过渡到数学知识上来。比如，《认识几分之一》教学中就引入了很多生活中的例子——分月饼、分蛋糕。引入单位"1"的时候，就用了一个蛋糕，分的时候，孩子们脑子里面就能够想象出分蛋糕的情景。紧接着，刘老师就把蛋糕换成了圆圈，让孩子们从实物过渡到图形，在不知不觉中完成了数学化的过程。

贲友林老师上《鸡兔同笼》这一课时，为了让孩子们通过多种方式解决问题，请了一位同学上去画鸡和兔。可以想象这个学生能够画好吗？显然不能。那么怎样去画呢？贲老师提出了方法："一定要把握数学的特征、数学的本质，画出最重要的部分就可以了。"孩子想了一下，画了一个圈，代表一个动物的头，画了两条线，表示鸡的腿。课堂上的其他同学看到这奇怪的画，都忍不住笑了，贲老师继续补充道："我们画图是为了让我们更快速地找到关键点，至于好不好看，漂不漂亮，合不合理都和我们这道题无关……"于是一个个圈圈和一条条线共同组成了鸡和兔。孩子们脑袋里面一定也在不停地进行转化，不停地把实物的鸡和兔抽象成现在圈和线。罗鸣亮老师在《真分数和假分数》一课中也用到了数形结合的教学方式来描述到底什么是假分数，以及假分数该怎么用图形来表达。他用了圆圈，平均分成四份，每占一份就涂黑一部分，直到全部涂完。后来又运用了数轴来让学生感受假分数的位置，进而找出了假分数的规律：大于、等于1的分数为假分数。在讨论"假分数到底假在哪里"这个问题时也同样运用了数形结合的方式进行教学，直观、明了，孩子们一看就懂，效果非常好。

（2018年5月11日）

第二十六届"现代与经典"全国小学数学教学观摩研讨感想

夏清英

这次台州之行，我聆听了走在教育前沿的十几位专家的课。首先，我的总体感受是，要实现学生是课堂真正的主人，要采用的一种教学手段是：放手让学生大胆提问，然后让别的孩子来解决问题，老师关键时候起到穿针引线的作用。这种模式，对老师的本身的素质要求相当高，反观自己，这正是我的短板，时常担心放出去了，收不回来，造诣不深，不敢轻易尝试，所以再次认定要活到老，学到老。

其次，说说短时间内用得上的几点经验。第一，培养学生的三个习惯：善于观察，善于思考，善于倾听。第二，巧妙地在学生精力不济时来点"时髦语"，专家刘松老师在引出概念时，让孩子总结觉得他说得好，他就说"你再说一遍"，一遍说后，"孩子，你再说一遍"，然后总结："孩子们记住了，重要的事情说三遍。"再如上课发言最积极的，老师给了个名字"形象代言人"。"因为有你的存在，我们都知道啦！"诸如此类激励孩子的话，深切让我感受到，课堂气氛是否活跃完全在于老师，当然，润物细无声型的专家和风细雨般地就把40分钟的事儿给办了，比如，徐斌老师的"平均数"一课讲得不温不火，但效果也特好。

再次，数学还得研究教材以外的知识。年轻有为的王建军老师，给我们带来的《神奇的莫比乌斯带》一课让我开了眼界，一条长方形丝带可以将一端旋转180°，再将两端连接在一起，这样就将长方形的两个面变成了一个面，四条边变成了一条边；来自北京的72岁的老专家刘德武讲的《我们来到钟表盘上》，由浅入深地展示了钟面上精彩纷呈的几何图形，给我耳目一新的感觉。这些让我有了这样一个思考：数学老师看书学习时，都要带着一双数学的眼睛，从数学方面提炼问题，这样才能真正做到数学应用于生活，以前我在上课时都有点将知识强加给学生。

最后，我想说点我的困惑：听了数学王子张齐华老师的《数说淘宝》后，知道了肯德基为什么要用优惠券而永远不选择打折，因为影响决策的因素很多，所以数学不一定就是1+1=2才是对的，在他的理论中，我始终没有得到一个最终的答案，现在的数学是否感觉不一定要得出正确答案。或许，就是这个大数据时代，单纯让学生做题、算题，已经不能满足这个时代的需要，我们更应该注重培养学生数据分析的能力以及合情推理的能力。但我深信，在十年或者二十年后，江苏一带会出现更多、更精明的商人。

（2018年5月11日）

第二十六届"现代与经典"全国小学语文教学观摩研讨会学习体会

穆贞宁

5月18日至20日，我们一行四人飞赴浙江省台州市，参加了第26届"现代与经典"全国小学语文教学观摩研讨会，聆听了来自广东、浙江、福建、上海、江苏、台湾的专家和学者现场授课、讲座和经验分享，犹如享受了一场教学领域的饕餮盛宴，感觉不虚此行，受益匪浅，有不吐不快之感。

我想以本次活动的第一堂课为重点谈自己的学习感悟。

为我们展示第一堂课的是赵志祥老师（深圳教科院教研室副主任、特级教师），他上课的内容是部编教材二年级下册的《传统节日》。

赵老师年纪比较大，估计已经六十有余，但他风趣幽默，出口成章，谈起教学，更是滔滔不绝，妙语连珠。这堂课共上了80分钟，期间，学生和听课的老师一直保持着高度的注意力，感觉时间过得轻松愉快，不知不觉就下课了，因此给我留下了很深的印象。简单总结，觉得有如下一些值得学习的地方。

亮点一：重朗读能力的训练。

多种形式的朗读、朗诵，反复的朗读，一直贯穿着课堂。个人读、小组读、集体读、随便读、拍手读、跺脚读、拍手跺脚读、唱着读……整堂课学生朗读数十次，由浅入深、由易到难，让学生在读中对童谣的理解和感知逐渐深入。整堂课，我们听到得最多的就是孩子们跟着节奏的拍手跺脚声和朗朗的读书声。

亮点二：1+X 的教学理念（课程整合）。

赵老师说，不要低估童谣、儿歌的价值，不要只局限于一篇课文。部编语文教材的方向是"更儿童、更阅读、更文化、更中国"。赵老师在教学本课时，除了本课的童谣外，还讲到了更多春节的童谣，如《贴窗花》《年谣》，讲到了《诗经·小雅·天保》，讲到了南山的来历，讲到了"三星"（不是三星手机的三星），讲到了拜年要磕头，讲到了十二生肖及"年"的传说，讲到了最古老的童谣《弹歌》，讲到了音乐、节奏、传统文化、地方戏曲……简直是一场知识的盛宴！这堂课不仅让孩子认识了童谣，感受到童谣的乐趣，更进行了中华传统文化的渗透，且达到了润物细无声的效果。

亮点三：对孩子的热情鼓励和充分尊重。

赵老师的鼓励无处不在："你敢挑战吗？""提升难度后，还有信心吗？""我又提高要求了……""大家达到我的要求，才有资格学最古老的童谣。""水平真高——更高难度——最高难度！""最好听的声音之一！""太好听了，有点接近老师了！""拿得真快，做得真好，字写得真漂亮！""我只教最优秀的学生，你们就是！""哇，太厉害了！""读得不错，如果读得更整齐就更好了。""读的水平真高！""时间不多了，是接着来，还是先休息？""你能回答吗，答对了，是你们了不起，答错了，是老师的责任。"……在教学《窗花》时，有孩子背诵了十二生肖，这本来没有在赵老师的预计之内，但他不着痕迹、顺势又让孩子们背诵了一遍十二生肖，并大大表扬了孩子们一番……台下部分教师讲话，赵老师认为这对孩子们不尊重，对讲话教师直接严肃批评；课堂结束时，赵老师认为孩子们很辛苦，老师们的掌声不及时，也被赵老师批评。如此种种，体现了他对孩子的尊重、关心和爱护。

亮点四：践行新课标"语用"思想。

"语文课程是一门学习语言文字运用的综合性、实践性课程。"强调课程的目标和内容须聚焦于"语言文字运用"，突出"实践性""综合性"特点。语文课程的内容十分丰富，语文教学可以因教师风格的差异而异彩纷呈，但是教学目标和内容都必须围绕一个核心，教学的种种举措和行为也都应该指向这个核心，这就是"语用"。在本课中，赵老师开课之初，在与学生的谈话互动中，就埋下了伏笔："一个深圳老头子，一群台州小孩子""脑瓜子、脚丫子"。在课程中，赵老师趁着孩子们学习兴趣高涨，而且对童谣有了深入认识，就开始了童谣的创编。从孩子们的表现来看，轻轻松松，一首童谣就出来了："一个深圳老头子，一群台州小孩子。老头晃着脑瓜子，小孩跺着脚丫子。老头子，小孩子，唱童谣，找乐子。"课堂最后，赵老师还希望孩子们用学习到的"宾"的读音考自己的父母，把童谣、诗歌、传统文化传递给孩子的父母，并寻找台州有哪些好玩的童谣，把学习由课堂延伸到了校外。

亮点五：可爱的"老顽童"。

赵老师年纪比较大，但是在台上，我们却几乎忽略了他和孩子们的年岁差异。开课时，他自称是"深圳老头子"，还拿自己和孩子们的父母、老师比较，但孩子们始终有趣地说他更年轻、更帅，把孩子们和听课的老师都逗得哈哈大笑。在上课时，赵老师给我的感觉就是一个"老顽童"，语言非常亲切，善于"表演"（师为"导演"，生为"演员"），和孩子们始终处于一种平等的对话状态，不知不觉间激发孩子的学习兴趣。

"教学有法而无定法"，其余如张学伟、何必钻、吴永军、戴建荣、许嫣娜、孙双金、薛法根、周益民、林莘、张祖庆等老师，教学风格各异，讲座也很精彩，值得学习的地方也很多，与赵志祥老师的课堂比较，有异曲同工之妙。下面选择部分经典片段与大家共享。

张学伟的《走进三国》，设计上选取三国里几个最著名的人物的最经典的几个故事（关羽义绝、曹操奸绝、孔明智绝），突出最明显的性格特征，看似散，实则高度集中，加上张老师高超的教学技巧和出色的个人素质，整堂课如行云流水，让人有意犹未尽之感。

课后分享中，他提出了"好课好人"的观点，并用《孔乙己》的课例讲了好课标准：一个点（手），一条线（写手的次数），层层推进；讲了思想教育的"临终嘱托"现象；用《鹬蚌相争》的课例给我们讲了"语用"（不只是翻译文言文，结尾时不是只进行思想教育，而是续写鹬蚌在渔夫竹篓里继续吵架的情景——避开临终嘱托，重视语用）；用全国模范教师死后没有人关心的事例告诉我们教师要有一颗柔软的心；讲了日本的小说《遥远的声音》，告诉我们不要加重孩子学习负担，要多关心孩子心理健康；最后还给我们留了三句浅显而又意味深长的话："陪孩子一起长大，等孩子慢慢长大，让孩子自己长大"，给我们以深深的思考。

何必钻老师的《一件运动衫》在结构上打破了线性教学，体现了板块教学（借鉴数学教学的"课堂活动"一二三），对于我们来说又是一个新的观点。同时，他也特别注重"语用"。

吴永军教师的讲座提出基于语用的"三位一体的教学结构"，即"内容理解""表达理解""言语实践"三大板块以及其在课堂中的时间占比（"424"或"523"）；关于"真语文"和"假语文"的讨论，提出不要把语文上成了思品、音乐、美术、自然课。

许嫣娜老师《大象的耳朵》：角色表演、情景拓展（由耳朵联想到尾巴、长鼻子、粗腿等），让学生说、写（语用）。

孙双金老师《天净沙·秋思》：通过朗诵加深理解，模仿写一首词，重语用。

薛法根老师《黄河的主人》：板书有特色，由少到多，步步丰富，又随着对文章的理解而逐渐擦掉，最后归于无，并顺势开展关于"做主人"的"思想教育"，避开"临终嘱托"现象，润物无声。

林莘老师的课例设计比较独特，作文课《听见梦想》，只以一首杂乱无章的乐曲，就让学生展开想象写作文，还别说，效果极好。她谈到了"高年级发言少"的现象，关于小组合作人员搭配的观点觉得很有意思。强弱搭配可以互相帮助，但有强势弱势话语权之分，容易导致弱者发言越来越少，反倒是强强搭配、弱弱搭配更好，要么都争着说，要么都可以乱说，不会有人笑话，反而孩子发言还会更加大胆些。

张祖庆老师的作文课《爸爸妈妈，请听我说》选材切入点好，是真实案例；善于创设矛盾，激发学生写作欲望；善于为学生打开思路；结尾时播放

"母亲为远在美国的儿子示范番茄炒蛋"视频，情感转弯，由给父母提意见变为也可以对父母表达感恩之情，自然、深刻、感人，非"临终嘱托"。

疑惑之处：

本次邀请了台湾的李玉贵（女，50余岁）老师上了《大自然的隐藏画》，浓浓的台湾普通话味道，很是温柔。她给我们展示了一种不同风格的课堂，整堂课很安静，她不断地在提示学生不能做什么，应该做什么。我觉得这样做的好处是注意养成学生的良好学习习惯，缺点就是太以个人为中心，让学生有点无所适从（毕竟第一次上她的课，谁也不知她的规矩），胆怯，怕受批评，课堂积极性不高，课堂显得很沉闷。而且，我觉得她把这堂课上成了自然课，语文味道不浓。这也许是台湾语文课堂与大陆的区别吧。

戴建荣老师的《江雪》，很注重朗读，却非要学生以"入声字"的腔调来读。现在不是提倡说普通话么？有必要复古吗？觉得虽有个性，但不具普遍性，意义不大，毕竟不是每个人都会读入声字，孩子学会了这一首，也只会读这一首。

总之，本次学习让我拓宽了眼界，增长了见识，丰富了阅历，收获满满，不虚此行。

（2018年5月21日）

第二十六届"现代与经典"全国小学语文教学观摩研讨会学习体会

刘明富

2018年5月18日到5月20日三天，我们一行三人到浙江台州，参加了第二十六届"现代与经典"全国小学语文教学的观摩学习，有幸聆听了12位大家的精彩课堂，感触颇深，收获满满。

第一节课是赵志祥老师的《童谣童趣》。在这节课的教学中，赵志祥老师把绘本与中国传统相结合，利用当下流行的绘本深入浅出地带领学生感受了《童谣童趣》中传统佳节的魅力，真正让孩子在生动有趣的学习中，了解了我们的传统佳节和习俗。赵志祥老师面对的是二年级的小孩子，但是他就像一位讲故事的老爷爷，不急不躁，用磁性幽默的语言调动学生，手脚并用，打节奏、唱童谣；循序渐进，拓宽学生的想象力，师生协力编童谣。学生表现十分精彩，坐在台下的老师为他们的表现连连鼓掌。展示四千多年前的《弹歌》，给学生渗透了中华传统文化，让学生受到了文化的熏陶，这不仅对学生学习课本有用，也对学生的终身学习有指导。

孙双金老师的课《天净沙·秋思》也很有特色。虽然本节课教材是初中的文本，由六年级学生来学习有很大的难度。一开始学生的活跃度没有那么高，显得拘谨。大家都为孙老师捏了一把汗。但孙老师成竹在胸，循循善诱，妙趣横生、大气磅礴的课堂氛围就一下子抓住了学生的注意力，他语言诙谐，特别会引导孩子，也深深吸引孩子。我想这就是经过多年的探索及经验磨炼出的大师风范吧。孙老师从读、思、写三方面入手，最后完成念、读、诵；非常完整，训练全面。学生渐渐地越学越起劲，争相展示自己，就连我也不自觉地融入课堂，去体会创作的乐趣。

对于诗词的教学，戴春荣老师也给我们耳目一新的印象。郦波说："诗词不仅仅作为教材供大家学习背诵，更重要的是诗词面对人生面对心灵，对我们每个人的人生塑造有着重要意义。"戴老师教授的是《江雪》（千山鸟飞绝，万径人踪灭，孤舟蓑笠翁，独钓寒江雪）这首诗，他教给孩子们吟诵的方法，进行入声字的教学。又引导学生对诗中意境进行思考："千山鸟飞绝，万径人踪灭"的环境怎么会有一个钓鱼翁呢？他是怎么找到那个地方的？平时，我们只是把诗意当作课本教给学生，却没有深思细想更有趣的东西。其中的朗读教学，我觉得很有借鉴，记得我曾经听过另外一位大师的教学古诗，他说我们对于古诗的朗读不一定说普通话，还可以说方言朗读，今天我又知道了还可以用古人的发音方法吟读。这个方法也可以教给学生，同时也培养他们对中国诗词的兴趣。

印象很深的还有张祖庆老师的作文教学《爸爸妈妈，我有话说》，首先这个课题就很吸引人。利用真实的故事《童童的书友会》来展开本节课，利用图表来梳理要解决的问题，利用情景剧来打开学生思路，选取一个点来具体写出自己的理由。选取朗读好的学生读出自己的金点子，同时指导学生明白写信的要求。当发现孩子都在控诉父母的缺点和自己的委屈时，张老师展示一个视频：一个海外学子在电话里求助做番茄炒蛋，妈妈半夜发视频教儿子做菜的事，让孩子明白要懂得感恩父母的教育。"润物细无声"，可以说是本节课的亮点之一。所以说，想要课堂新颖，就要设计新颖；想要学生有创意，老师要先有创新。这样一来，学生便不再抵触写作，会逐渐喜欢写作、爱上写作。

许嫣娜老师所授课是二年级的《大象的耳朵》。许老师活力清新，年轻可爱。童话般的语言，甜美的声音，所以她是"糖果老师"。她的课堂符合二年级孩子特点，充满了童真童趣。尤其她的评价语声音、手势、肢体丰富到位（读书时不断地竖大拇指和扇手鼓励学生，分角色读时的声音和面部表情丰富）。整个课该读的读，该写的写，合作学习，动作表演，用"完美"形容一点儿也不为过。

在燥热昏沉的午后，台湾的李玉贵老师给我们带来一股清凉。她身材弱小，内心强大，娓娓道来的台湾腔吸人眼球。坐在李玉贵老师的课堂《大自然的隐藏画》，是一种安静的享受。她用半节课来和学生聊天，建立规则。对于学生是一种磨炼，也是能力的提高；对于教师则更多的是思考。李老师特别强调学生的学习共同体，充分引导学生去聆听绘本的故事、小组同学的分享、自己的内心的声音，在发现、分享、碰撞、联系中生成课堂教学的内容，实现教学目标，的确别具一格，令人耳目一新。李玉贵老师的课看似温柔清新，其实她要求很高。不要举手，注意倾听，一定要孩子发言，一定要孩子遵守纪律，一定要孩子有自己的想法……真是柔中带刚！真正做到以孩子的发展为主导，全程关注孩子！这才是真教育！

林莘老师是李玉贵老师的徒弟，他们的课堂模式大体一致，甚至他们学校都是采用这种方式并取得了一定的成效。孩子的每个小组都安排了一名参会老师或专家作为观课员。林莘老师的课领着我们走进了"共同体"的大门，她用课堂的形式直接诠释了共同体这一理念：教室里的课桌成四人小组型排列，教师在教室中间授课，孩子们互为伙伴更便于讨论，不同于以教师为中心，而是以孩子为主体。老师的话极少，让孩子更加自主学习。需要说明的是，共同体的课堂没有标准答案，只要你勇于表达，你的观点就会被认可，这就对教师的评价提出了更高的要求。正是在这种温馨、放松、具有安全感的课堂环境下，打消了孩子的顾虑，每一个孩子都参与其中，孩子们的每一次讨论都会有十多种不同的新鲜发现。"静悄悄"的课堂、认真倾听的学生、倾力合作的伙伴让老师感叹：原来课堂也可以这样。

我在想，这两位老师的课都没有让孩子读书，也都是学习绘本，这种模式是否能运用到或者如何运用到我们的文本和课堂。

薛法根老师的课《黄河的主人》我今年听过两次，仍如沐春风，朴实的课堂看似随意，却处处有预设，无痕的点拨丝丝入扣，呈现出一堂非凡的课。让我看到，一名好老师带给学生的不仅是知识层面的受益，更是思想上的享受。只有自己的底蕴深厚，才能给学生语文上的享受。还有张学伟老师的文本阅读课《走进三国》、周益民老师的《蚂蚁旁》，让我们明白了课外阅读可以这样指导；何必钻老师的课朴实易操作，对于一线的老师很有启发。

此次的台州之行，荡涤了我的灵魂，让我有了一次精神上质的飞跃。至今大师的话语仍在为耳边萦绕：教育就是生活到位，成为一种习惯和行为。作为老师，我们要上好每一节课，更重要的是做好一个人。

（2018年5月21日）

重庆璧山：魏书生报告会现场（2018年10月28日拍摄）

听魏书生报告会有感

穆贞宁

2018年10月28日，我们双福实验小学一行26人参加了在璧山区璧山中学举行的"魏书生教育思想报告会"，近距离聆听了这位教育界传奇人物的经验报告，感受了魏老师的魅力和风采，感觉受益匪浅。魏老师的报告历时一天。报告中，魏老师不拿草稿，全程站立，面带笑容，亲切自然，将自己的人生经历和教育故事娓娓道来。他不时与台下听众进行互动，调动大家的情绪。一天的报告，我们时时都处于兴奋和专注当中，把魏老师的每个字、每句话、每件事都深深地铭刻在了脑海中。

一、热爱教育当如魏老师

魏老师并不是一直教书的。他曾经被提拔重用到其他岗位，甚至领导岗位（比如工厂的副厂长），一段时间还因为反对"文化大革命"受到批判。但是，他的心中一直有一个梦想，那就是回到学校教书。"只有教书考公务员的，未见有公务员来考老师的"，这是目前的一个社会现实。然而，在40年前，魏老师为了当教师，屡次向领导申请，并最终得偿所愿。虽然魏老师讲得云淡风轻，但是，我却从中看到了他对教育事业的坚守与执着，而这，不正是现在的教育者应该学习的吗？面对物欲横流的社会，我们还能不能坚守本心，甘于平淡，做好教书育人的伟大事业？以魏书生老师为鉴，我们当深刻反思。

二、钻研教育当如魏老师

魏老师是从一线的教师成长为教育家的，这是一个艰辛的探索过程，也是一个顺理成章的事情。从普通的语文教师、班主任，到教导主任、特级教师、校长、教育局局长、全国优秀班主任、全国知名教育家，魏老师的成长足迹，是他不断努力钻研教育、实践创新的结果。他的教育经验，不仅帮他带好了自己的班级、自己的学校，还辐射到了盘锦市、辽宁省和整个中国，甚至享誉海外，连马来西亚和新加坡的许多名校名师也来取经。他的"六部教学法"和班主任管理经验，被中国的许多教育者奉为圭臬。在中国的教育界，无人不知魏书生大名。在一天的报告中，魏老师深入浅出地给大家讲述了他的一些教育观点："要'扬长'不要'补短'，研究自己做得来的""要激发孩子的自信与自尊""坚持写日记""教育不能瞎折腾。我不是创新，我只是不折腾自己""看明白、想明白、说明白、写明白""盘锦教育局七个一：劳动、写日记、唱歌、队列、阅读、说、注意力训练"。这些观点，魏老师每每都辅以鲜活的事例，妙趣横生，生动幽默，给我们留下了深刻的印象，也带给大家深深的思考。

三、为人处事当如魏老师

"大学之道，在明明德，在亲民，在止于至善……"报告中，魏老师给我们讲起了他读《大学》的感悟，讲起了佛经中关于人生修炼的故事和名言，讲起了他人生的自我修炼故事和历程。"做一个平常的人，有一颗平常的心"，不去比较职位的高低、金钱的多少、房子的大小，得之我幸，失之我命。对事对物，淡然处之。达则兼济天下，穷则独善其身。特别是他关于"松、静、匀、乐"四字的总结与解读，更是直指我们脆弱的心灵。教书时间久了，或多或少有些职业倦怠，有些牢骚怨气，有些烦躁苦闷，"松、静、匀、乐"却让大家找到了"医治"自己的良方妙药。的确，人生在世，不如意事常八九，再加上教育工作千头万绪，不"松、静、匀、乐"，怕真是要抑郁失眠了。教育就是一个清贫的事业，不要指望着靠教书发财致富，不要去和其他行业比拼高低。这既是对自己的心灵慰藉，也算是自己人生修炼的重要内容。

（2018年10月28日整理）

听魏书生教育讲座感悟

兰云伟

2018年10月28日，我终于有幸能听魏老的讲座，心情有点激动，继而又平静开来。激动的是我有机会近距离地接触这位全国闻名的教育改革家，平静的是接触的他的那一瞬间，也觉得他是一个平常人。在这之前，也仅仅是听说，或者看了他一些少量的著作，没有近距离地接触魏老。因此，我准备得很充分，带上了相机，带上了录音笔，选择了第二排的中间位置，以便更好地聆听魏老的讲座。

9点零5分，主持人在简短的介绍完毕后，我看见魏老从右边的门厅处一路小跑上台，让我觉得非常感慨，临近70岁的老人了，依然精神奕奕，健步如飞，让我一下子被他的风采吸引了过去。

整堂讲座给我的第一印象是风趣幽默，似乎一句简单的话语，一个简单的道理，从他那里说出来，就变得更加丰富，更加令人信服。魏老一直在强调："我们都是平凡人，我们都在平凡的岗位上，干着平凡的事情……所以，没有必要和任何人攀比，我们一定要时刻牢记'不攀不比，超越自己'！"围绕着这个主题，魏老开始了他的讲座，从一开始走上教师岗位，到成为全国优秀班主任；从上任担当校长一职，到成为盘锦市教育局局长，每一步都走得铿锵有力，掷地有声。让我印象比较深刻的一句话是："有毅力的人，能变不可能为可能；没有毅力的人，能变可能为不可能。杰出的人物之所以杰出，是因为他们做出了别人认为不可能办的事情……"这也让我深有感悟。他从工作开始，每天坚持写日记，到现在已经坚持了近40年，写了69本日记……我听了简直不敢相信。不过，也更加证明了他是一个非常有毅力的人，值得敬佩！

　　在谈到他担任盘锦市教育局局长的时候，他所举的例子，让我印象非常深刻。他说："我不知道怎么当这个局长，所以，我想了很久，觉得还是应该用当年当校长的风格来尝试一下……"于是，他在第一次召开全局大会的时候，确定了22条工作细则，并且，这22条细则是教育局各科室共同讨论研究后，觉得这22条是必须要做的，是必须要坚持做的，是必须要坚持做好的，其他的工作全都可以围绕这22条工作来开展。这样一个教育局干事情就有了清晰的、明确的目标了，今后的工作也不会盲目地开展。确定这22条还不是最让我吃惊的，最让我感到不可思议的是，这项规定一坚持就是13年！魏老谈道："在我任期时间内，这22条工作方向坚决不变，每年都是这22条，每年都是固定时间召开固定会议，全县上下不搞所谓的'教育创新'，教育不需要折腾，需要的是平凡的坚守……"在场响起了热烈的掌声……我觉得，魏老真地说到点子上了，现在社会发展太快了，充满了浮躁的情绪，什么都图快。而教育恰恰不能只图快，教育是个漫长的过程，正如袁校长所说的：教育是农业，不是工业；教育是长跑，不是短跑。与之都有异曲同工之处，都在强调教育需要耐心的等待，更需要爱的陪伴。

　　目前，我们福小也正在践行他的很多教育观点。我完全相信，只要按照学校目前的教育方向坚持下去，一定会实现福小教育梦。

（2018年10月29日整理）

育人漫漫其修远兮，吾将上下而求索

——"全国中小学骨干班主任培训"有感

蒋永霞

为期两天的"全国中小学骨干班主任培训"在一波又一波的掌声雷动中结束了。魏书生踏着矫健的步伐，瘦削却健硕的身影消失在我们的视野……

我还沉浸在他的袅袅余音中，静默地思索：魏老师的成功教学案例，我是先实行哪一步呢？孩子们在我的引导下，如何转变、如何发展……我正憧憬着自己未来的班主任之路呢！

听了几位教育家的育人经验，我重新审视了自己：虽然我教了22年的书，之前还自以为是地觉得有些教育经验，现在才清醒地认识到，我完全属于"半壶水响叮当"啊！

不管从教学方法，还是育人方式，不管是建树孩子性格，还是培养孩子习惯，几位教育家的成功经验，都给了我莫大的启迪，特别是魏书生老先生的成功经验，更是让我醍醐灌顶并终生受用！

以下就魏书生前辈的育人经验，谈谈我感受最深的几点。

一、做人不攀不比，平平淡淡才是真

其实不平常都是吹嘘出来的。有自己吹嘘的，也有别人吹嘘的，靠吹嘘就能变平常为不平常！我们应该把平平淡淡的事情做得如诗如云、如歌如舞、如仙如乐……瞧，我们崇拜的杂交水稻之父——袁隆平爷爷，这位鼎鼎大名的科学家，每天不也做着平常得不能再平常的事吗？与老农一样，每天不是挽起裤腿儿，走在实验田间查看稻谷，就是在实验室里研究稻谷的特性。医生——吴孟超，九十几岁高龄了，还坚持救死扶伤，2016年，为了挽救人民的生命，他老人家做了两百多台手术！这些不就是平凡的人做着平常的事儿吗？像他们一样的人不胜枚举！

对整个国家、整个世界、整个宇宙而言，我们很渺小、很平常，但我们要像他们一样过得充实，过得快乐！

二、鼓励胜于指责

桃乐斯言："一个孩子在充满指责挑剔的环境下成长，他学会了吹毛求疵谴责他人；一个孩子在充满鼓励的环境下成长，他学会了自信……"所以鼓励自卑的孩子对其成长尤为重要。

要想整个班级处于积极乐观的状态，这就为班主任提出了挑战，班上的孩子由于性别、年龄、个性、家庭等不同，成了老师引导孩子乐观、自信的"拦路虎"。但在魏书生看来，这些都不是问题，他有一套引导的方法，真是百试不爽：孩子，自卑有用吗？——没用；纠结有用吗？——没用；没用那还自卑？怕困难有用吗？——没用；没用还怕困难？那你会做什么？——什么都不会；那你会唱歌几首歌呢？——五六首吧！这不是会了吗？你会认识多少字？——嗯……数数吧，大概好几百个呢！嘻嘻！看这孩子不是被找出些能干的事儿了吗？

引导孩子做小事儿，行小善，讲小理，让孩子做最容易做的事儿，自信不就慢慢儿树立起来了吗？真是积小胜至大胜。这不就是所谓的"千里之行，积于跬步；九层之塔，起于累土"吗？

回到校园，我也让孩子们写出自己的20条优点，话音刚落，全班惊愕！然后在我的解释下，孩子们缓缓地拿出笔来一条一条地写……突然平时最懒惰的那个小女孩一脸茫然地看着我，怯怯地说："老师，我没有优点啊……"听到这句话，我的心震颤了，这正应了魏老师的案例啊——一个极度自卑的孩子！想到这里我用上了魏老师的方法：红瑶，你会唱歌吗？——会，会唱几首。对了，这就是优点了嘛！红瑶，你会认一些字吧？——会！数一数，你会认多少个？——六百多个！哇，了不起，孩子，这就是你的优点哪！我摸着她的头亲切地说："孩子，自信点儿，老师相信你能行的！"孩子高兴地点点头，蹦蹦跳跳地坐回位置写了起来！嘿，鼓励的力量真是强大啊！可以让自卑、胆小的孩子自强、自信起来！

看到这一幕，我坚定了自己的信念——教育之路漫漫修远，吾将上下而求索！

三、大学之道在明明德，在亲民，在止于至善

真正的大学问就是成人之道、做人之道。做人之道的第一步就是要弘扬光明本性的心性。人生的每一个选择的考验之中，我们都要坚守人性善的本性，让道德的力量来主持来统治我们的心灵，就是行善心、走善路。第二步

就是每天反思自己，让自己每天像初升的太阳一样，是新的，每天沐浴自己的心灵，不让他染上尘埃。因为人只有反思，才会自新，做到——苟日新，日日新，又日新。这也应了孔子的"温故而知新"的至理名言。第三步是要达到一种善的最高境界，就是对人类、对社会、对国家具有极高的公德和心怀天下！也就是我们常说的真善美境界！

（2018年10月30日整理）

璧山听课感悟

聂青竹

上周，在学校的安排下，我们20多位班主任来到璧山，认真聆听了郭志明老师、陶红梅老师和魏书生老师的讲座，真是"听君一席话，胜读十年书"！下面，我就来谈一谈我的感受。

首先聆听的是郭志明老师的讲座。他将对待儿童成长的态度进行了归类，认为对儿童的成长要有信心、耐心、决心、匠心。很多时候，我们在担任班主任的时候，对于孩子的成长显得有些急于求成，特别是对待特殊的孩子，更多的是缺乏信心、耐心、决心、匠心。听了郭老师的课，我明白老师其实就是一个设计者，而这条道路却是一条漫长而艰辛的旅途，我们要有一种陪着蜗牛散步的心态，去塑造他、改变他，静待花开的声音。

接着聆听的是陶红梅老师的讲座。陶老师是北京市最受欢迎的班主任之一。他对班主任这个职位有一种新的解读，那就是服务者。怎样才能更好地为学生家长服务，他强调了最重要的一点，那就是沟通。沟是行为，通是目的。他利用班级微信群，每月、每期为家长写一封信，引导家长换个角度想问题，给予家长专业的帮助；引导家长购买书籍，帮助孩子成长。共建和谐共进的班级。陶老师的经验告诉我们，在班级建设这条道路上，我们一定要加强与家长、学生之间的沟通，多说自己的话，不做"标题党"。

最后聆听的是魏书生老师的讲座。现已68岁的魏老师，在众目睽睽下，小跑着上台了。那清澈的眼神、温暖的笑容、风趣诙谐的话语，深深感染了在场的每一位老师。魏老师首先从任何人都是在平凡的工作岗位上做着平平常常的小事谈起，深入浅出，让我们明白了人生真正的意义在于拥有一颗平常心。然后，魏老师谈到了教育事业，教师在教书育人的过程中也是一样。踏踏实实，不折腾，不搞花样，认认真真搞好教育。"不攀不比，超越自己。""大学之道，在于明明德，在亲民，在止于至善。"他让我明白，我们真正的教育，是教会学生的学习方法，培养学生的自学能力，培养学生良好的品行。除了教好书，我们还要培养孩子的一些能力，比如锻炼身体的能力、坚持阅读的能力。同时，他还给了我们修身养性的指导，比如，利用工作时间加强锻炼，保持愉快的心情，他还送了我们一句顺口溜"松静匀乐"，当我们遇到不开心的事情时，多念一念这句话，心情就会变得舒畅。魏老师的讲座虽然只有一天，但是他的思想精髓却在不知不觉中影响着我，教会我如何看待教育，如何看待人生。

时间总是过得很快，两天的讲座很快就结束了，但是对我的影响却是深远的。正所谓"十年树木，百年树人"，老师肩负着塑造人类灵魂的伟大工程，在这条路上，我们不能懈怠，也不能盲目，我们要做一位灵魂的设计师，让学生的思想、行为、技能更加丰富，更加积极向上！

（2018年10月30日整理）

听魏书生讲座感悟

——欲·恒·乐

梁泽湘

璧山中学，秋意正浓，偌大的会场人山人海，竟然鸦雀无声。主席台上，瘦瘦的魏书生神采奕奕，正侃侃而谈……

我顿觉："书生"浩然之气，时而淡雅，时而浓烈，时而超脱，渐渐聚集升腾，笼罩四野。

我顿悟：大学之道，在明明德，在亲民，在止于至善。小事、小善、小为，日积月累，厚积薄发，一点点超越自己。

听着，听着……

想着，想着……

时空顿停，我与主席台上的"书生"，距离还是那么远，却显得那么近。有节奏的铿锵有力的"松、静、匀、乐"萦绕在耳旁。

大厅里，另一种声音似乎在这忽远忽近的距离间悄然奏起：

无欲则刚，有欲成魔

我是压在塔下的一个魔

我是藏在胆里的一个鬼

我是住在森林里的一只兽

我愿变成一面镜子

照清人们美丽善良的内心

我愿变成一个平静的湖

倒映天使的影子和红枫林

我愿变成一朵云

为人们遮挡炙热的阳光

我愿变成一条船

载人们渡过小溪

一个摆渡人

一个古老的摆渡人

不要问我湖有多深

不要问我湖有多宽

这平静的湖面有一只小小的蚂蚁

驾着线一般的竹筏

自由穿梭

身后映着天使和红枫林

日光从我的指间穿过

照亮每一个沉睡的深邃的幽谷

点亮黑暗中迷茫的灵魂

夕阳西下

溪边孤舟

半百老翁

映在水中

又见当年线型竹筏

摇曳穿行

小小的舟

小小的筏

小小的我

小小的你

小小的风

轻轻地吹

我乘风儿唱着歌

（2018年10月28日整理）

听魏书生讲座报告心得感悟

陈晓兰

2018年10月28日，在学校的组织下，我有幸来到璧山中学近距离地聆听了著名教育家魏书生的讲座，感慨不已！

这次讲座，首先让我感觉到的是魏教授知足和感恩的心态，这种心态让他能够坚持自己的信念，实现他所希望实现的人生价值。魏老师的境界深深打动了我。的确，不管做任何平凡的工作，只要钻进去就会享受其中，快乐忘我；只要钻进去才能静下心来，达到"松、静、匀、乐"的境界。世俗之人总会有这样那样的欲望，因为有了这么多的欲望，心态也就很难平和，心情也就会受到影响。而魏老师却能平和而感恩地活着，就像他说的，只是想当一个老师而已。而当他把老师这个事情做好的时候，其他的所谓名与利的到来也就顺理成章了，因此，魏老师成了一个名家，一个理所当然的名家。

听着报告，让我感受到的是魏老师的一种坚持。讲座中，魏老师始终强调一个观点："不动摇、不懈怠、不折腾"。什么叫"不动摇"？就是"守住一个观念，守住一个职业，守住一个阵地"不动摇。这句话说起来很容易，可是做起来却很难。就像魏老师说的："我没什么新观点，也没什么新方法。

我所说的和做的都是老祖宗流传下来的几千年的东西。只不过，我天天坚持着在做，始终如一地在做。"魏老师的话让我明白了：什么是名人？一个把简单的事情千百遍地做好，一个把大家都认为非常容易的事情非常认真地去做好……这就是名人！魏老师的成名之法竟是如此简单。

听完魏老师的讲座后，我心情很激动。这次讲座，让我体验到了一代名家的精神境界，感受到了一次心灵的洗礼，懂得了真正的好老师拥有怎样一种心态。从魏老师的讲座中，我学到了很多当老师、当班主任应有的思想与方法，同样也是做人的思想与方法。以后，我也会像魏老师那样持之以恒地用一颗平平常常的心，快快乐乐、实实在在地做好自己的本职工作——教书育人。

我很高兴能够有这样的机会去提升自己，希望下次还能有这样的机会去感受、去进步。

（2018年10月30日整理）

第四章　能干干能　开启灵魂

什么是特色？什么是学生？

北京大学：思想自由，兼容并包。

清华大学：自强不息，厚德载物。

南开大学：允公允能，日新月异。

重庆市人民小学：培养合格的世界小公民。

重庆市九龙坡区谢家湾小学：六年影响一生（红梅花儿开，朵朵放光彩）。

这就是办学特色？是教育思想文化的特色，必须清醒。

不少学校争创"特色"——你弄"书法教育"，我就搞"剪纸教育"，你做"人人都会拉二胡"，我就来个"学阿拉伯语从娃娃抓起"……仅仅增加一门选修课，就叫学校教育的"特色"吗？

这种执念于一个项目、一科课程的状况，表象是头上插花，吸引眼球，实则是剑走偏锋，迷失方向。要将特色寓于文化建设中，寓于课程体系构建和学生全面发展中，亦即寓于学校整个系统中。"一校一品"，应该是"全品"中的"一品"，否则就会使"特色"偏窄化，无法满足学生多样化、选择性需求。偏窄化的"一校一品"，要么为少数学生服务，带来学校内部学生发展机会和权利的不平等；要么要求大多数甚或全体学生参加，附加"一品"压迫功能，从而与特色办学的初衷背道而驰。

因此，特色项目可以有，但不能推广一校一个项目，不能把小学办成专科学校。

袁振国认为，特色学校不能只为少数人搞的活动。比如百人合唱团，唱出了大奖，算学校特色吗？这只是少数人的特色项目，而特色应该成为精神的。

袁振国讲，特色学校建设给学生更多的主动性，给学生更多的时间与空间。活动中，有喜怒哀乐，有矛盾斗争，不能搞成学科教学的延伸。是学生自发的活动，而不是老师规定的活动。

100个学生101个社团。人人都去主持一个活动，主持中明白活动的意义，不参与永远不明白"合作"的重要。

学生是"活生生的人"，而不是圈养的动物，更不是石头或机器。学生是"处于身心发展过程中的未成年人"，而不是身心发展已经定型的成人。学生是在禀赋、个性及文化特性等方面有着自身特点的人，而不是千人一面的整体。因此。差异发展，扬长发展，个性发展，最大发展，不同的学生得到不同的发展，是学生学习成长的规律，好奇心、自信心、想象力和动手实践是创新的源泉。

一、时时"小能人"自治

快乐、自信、自主、规范，充满梦想！（2018年10月23日拍摄）

值周小能人、领操小能人、节电小能人、安全小能人、收发报刊小能人、文明礼仪巡逻……凡是学生能做的事，尽量让学生做，有效提升了学生能力，增强了学生自信。你能我能，人人都能。

二、天天"小能人"出场

（一）自能早读

（2018 年 6 月 14 日拍摄）

（二）一歌一享一提醒一宣誓

坚持每天上午第一节课前5分钟"一歌一享一提醒一宣誓"活动。铃响，全班同学进教室端正安静坐好，小指挥手上台高呼"起立"，起音并指挥，高唱一支喜悦、雄壮的歌，鼓舞士气，振奋精神。接着是1分钟演讲共享活动，每天一人，轮流上台，内容丰富，趣味横生，有笑话、名言、故事、表扬、批评、高兴、苦恼等。然后，一名学生上台安全小提醒，每天一人，学生轮流，一句话提醒身边的安全小事。最后，全体学生起立宣誓，宣誓内容为各班自创，风格各异、特点鲜明。8年坚持，人人参与，人人受益。

一歌（2018 年 6 月 14 日拍摄）

一享（2018 年 6 月 14 日拍摄）

安全幸福我提醒：上学路上不乘坐无营业执照的三轮车、摩托车，放学时不留堂，不在路上逗留，不翻越路中间的隔离栏杆，珍爱生命。（六一班陈未染）

一提醒（2018 年 11 月 30 日拍摄）

一宣誓（2018 年 11 月 30 日拍摄）

　　六一班宣誓：心态决定命运，自信走向成功，态度决定一切，习惯成就未来！六一班是我家，我争荣誉大家夸！

（三）福小朗读者

天天登台，声声传情，启迪智慧，感染灵魂！（2018 年 10 月 13 日拍摄）

（四）午间练字

每天20分钟写好一个字，6年写出一手好字，创建书法家成长基地。

午间练字（2018 年 11 月 28 日拍摄）

（五）读书启魂

建好班级书香流动站，鼓励学生把自己最心爱最爱读的好书（伟人传记、科学家故事、名家成长经历、童话、科幻等）拿到教室交换阅读，培养读书兴趣，震撼儿童灵魂。

读书启魂（2018 年 6 月 13 日拍摄）

（六）课间行动

课间行动（2018 年 3 月 29 日拍摄）

做到安静、迅速、整齐、有序、喊口令、踏节奏、小跑步、呼口号入场；班级环形跑跑步、喘喘气、出出汗；队列大踏步、大摆臂，挺胸抬头，气势雄壮。"强健体能八八行动"更是"野蛮其体魄，文明其精神"！

课间跑操（2018 年 3 月 29 日拍摄）

三、周周"小能人"登台

（一）升旗风采

升旗队一周一轮，3 分钟名人趣事演讲，启迪灵魂；8 位旗手自我介绍，自信洒脱，是学生才华的训练场和展示场。

附：2018 年下期第 13 周旗手风采

班级：六（三）班　辅导员：刘安贵　班主任：涂家荣

主持人：颜俊峰

旗手简介：

陈肇钦：

大家好，我叫陈肇钦，我是一个活泼开朗的女孩。我的兴趣爱好广泛，如书法、绘画、羽毛球等。在日常学习中，英语是我最擅长的科目了。每次英语课上老师布置的作业，我总是最先完成；老师叫我回答问题，我每次都能流利地回答，同学们都向我投来羡慕和赞许的目光。我的人生格言是：天才是1%的灵感与99%的汗水。谢谢大家！

八旗手升旗仪式（2018年11月26日拍摄）

刘宏伟：

大家好！我叫刘宏伟，是一个阳光活泼的小男孩，今天能光荣地站在这升旗台上是老师和同学对我的鼓励和支持。我兴趣爱好广泛，如踢足球、打篮球，打乒乓球等。其中我最喜欢踢足球了，每天你都可以看到我在绿茵场上奔跑的身影。虽然我踢得不是很好，但我会继续努力练习。我相信世上无难事，只要肯登攀。谢谢大家！

肖寒玉：

老师们，同学们大家好！我叫肖寒玉，我是一个性格活泼、爱读书的女孩，不管是在学校还是在家里，每当我一有空就拿起一本书津津有味地读起来。很荣幸这一次能被评为光荣的升旗手，也许是因为进入六年级以来我对学习特别用功的缘故吧！也感谢老师同学对我的帮助，我会更加努力的。我的人生格言是：读书破万卷，下笔如有神。谢谢大家！

陈玲玉：

大家好，我叫陈玲玉。我是一个活泼开朗的女孩儿，弹钢琴、吹笛子、打篮球，对我来说都是小菜一碟。可是，我最喜欢的就是写作文了。每次写作文，老师都会把我的作文拿给同学们念，同学们都向我投来羡慕和赞许的目光。我感到很自豪。华罗庚爷爷曾经说过："勤能补拙是良训，一份辛苦一份才。"今后，我一定会继续努力，创造最好的自我。谢谢大家！

严尉榕：

大家好，我是六三班的严尉榕。我的爱好广泛，如看书、写字、绘画等。其中，我最喜欢绘画了，每当我拿起画笔绘画时，我就会把所有的烦恼抛在身后，专心致志地画起来。长大后，我想当一名画家，画出祖国的大好河山，让祖国的一山一石、一草一木在我的画笔下栩栩如生，我最喜欢齐白石的一句名言：作画贵在似与不似之间，不似则欺世，似则媚俗。谢谢大家！

刘浩：

大家好，我叫刘浩，是个阳光活泼的小男孩。我喜欢运动，如踢足球、打篮球等。其中，我最擅长打羽毛球。在闲暇时间，我也喜欢看看书，教科书、课外书，来者不拒。我从小就对科技有着无限的向往，这个暑假，我参加全国信息技术大赛荣获二等奖。我相信，机会只属于珍惜他的人。谢谢大家！

林童宇：

大家好！我是林童宇，来自六三班这个温暖的大家庭，我的兴趣爱好十分广泛，如打篮球、踢足球、编程。我曾经在暑假参加编程比赛，只获得了第三名，我感到十分遗憾，我决定今后更加努力地学习编程，争取下一次获得第一名。我相信，失败乃成功之母，只有不断地努力奋斗，才会获得成功。谢谢大家！

王伯珩：

大家好，我是六三班的王伯珩。我是一个活泼开朗的男孩子。在双福实验小学读书是一件很快乐的事情，我不光可以在这里学到知识，还能参加各种不同的活动，让我体会到了成功的乐趣。在我心里有许多追求的目标，我想只要有一颗积极向上的心勤奋刻苦，总有一天就会到达成功的顶峰。谢谢大家！

附：名人故事

何雅轩

梅兰芳苦练基本功

梅兰芳出生在北京的一个京剧世家。他从小父母双亡，由伯父抚养成人，他的伯父梅雨田是一位出色的京剧器乐家，号称"六场通透"，就是说所有场面上的乐器都能拿起来伴奏。梅兰芳长期在伯父身边听他给别人伴奏，这为他以后在京剧艺术方面的发展打下了坚实的基础。

梅兰芳8岁开始学艺。刚开始学艺时，老师教他唱启蒙戏《三娘教子》唱段，他背了很长时间也背不下来。老师不耐烦地说："祖师爷没给你这碗饭吃！"说完就走了。梅兰芳并没有灰心，反而更加苦练基本功，以勤补拙。他想：人家练10遍，我就练100遍，不信学不会。他以这种勤学苦练的精神，终于过了台词这一关。

梅兰芳小时候的视力不太好，眼珠转动也不灵活，可是京剧最讲究眉目传神。后来，他听说看鸽子飞翔能够锻炼眼神。于是，梅兰芳除了练习演戏外，还养起了鸽子。他每天早上放飞鸽子，目光紧紧追随着在天空飞翔的鸽子，从未间断过。经过练习，他的眼睛变得炯炯有神了。人们都说："梅兰芳的眼睛最能传达人物内心的细腻感情，一颦一笑，秋波流转，光彩照人，无与伦比！"

为了使基本功更加扎实，寒冬腊月，别人都在火炉旁取暖，梅兰芳却在院子里泼水成冰，在冰上练踩跷、跑圆场，摔倒了爬起来，爬起来又摔倒。经过反复的练习，他终于练就了腿脚稳健的硬功夫。每天清晨梅兰芳还练嗓子，念道白，发音不准或不圆润他就反反复复地重来，直到满意为止，一年四季，春来冬去，始终如一。这些努力终于使他发出了饱满、圆润的声音。

梅兰芳19岁时随京剧大师王凤卿首次到上海演出，从此他在京剧舞台上大放异彩，至今仍为人们所传颂。

同学们，梅兰芳勤学苦练的精神多么值得我们学习啊！

（二）少儿广播

每周播音两次，培养了一批"小主持人"，"校园动态""能人之星"栏目成为亮点。

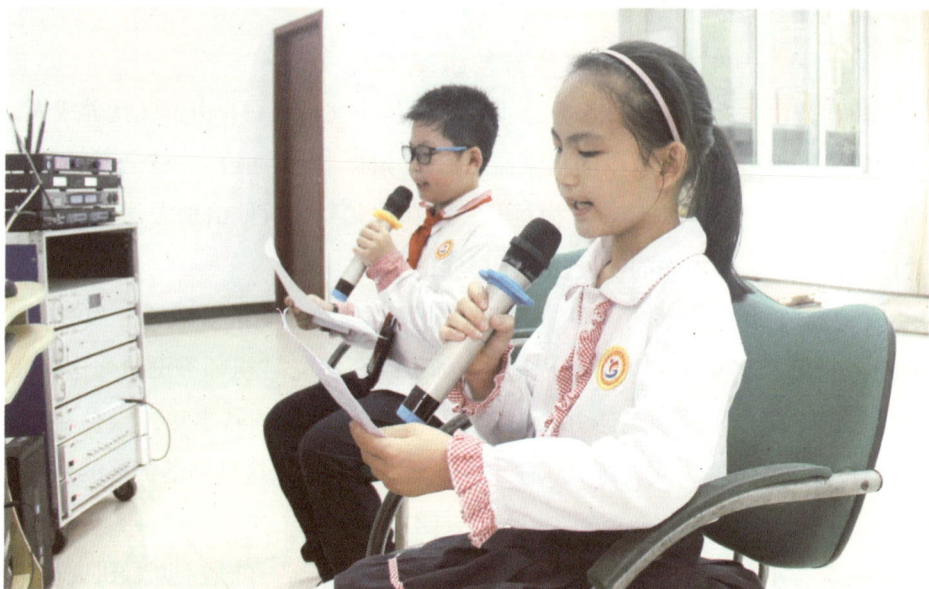

少儿之声广播台（2018 年 9 月 20 日拍摄）

四、月月"小能人"上榜

（一）我是小名家

我是小名家，我要把我最好的作品展示给全校师生看！（2018 年 9 月 28 日拍摄）

（二）百强小明星

你这里行，我那里行，你行，我行，人人行！（2018年6月8日拍摄）

五、期期"小能人"行动

（一）福小"孝敬日"

倡议书

尊敬的老师，亲爱的同学们：

大家上午好！

今天是新学期第二周的星期二，是我们双福实验小学特有的"孝敬日"。尊敬长辈，是我们中华民族的传统美德，爸爸、妈妈、爷爷、奶奶、外公、外婆等亲人长辈，他们常常起早贪黑，努力工作，关心我们的身体，关心我们的生活，关心我们的学习，关心我们的思想……为了我们能健康成长，他们真可谓操碎了心。

"鸦有反哺之义，羊有跪乳之恩"，动物尚且懂得感恩父母，更何况我们新时代的好少年。让我们常怀一颗感恩之心，向父母、向长辈大胆地表达我们的爱：回家道一声"爸爸、妈妈辛苦啦"。主动向父母汇报我们的学习生活情况。替家长分担一些力所能及的家务事：自己的小天地自己整理，自己的小衣服自己洗，为父母做一次饭、洗一次碗、夹一次菜、梳一次头、洗一次脚……这些都是我们可以做到的事情。

亲爱的同学们，让我们从孝敬日出发，从现在做起，积极行动起来，尊敬、理解长辈，做一名懂事、乖巧、能干、善解人意的好孩子！

江津区双福实验小学

爸爸的脚

学生：五年级2班　吴彦灵

今天是校定孝敬日。放学回到家，我就靠在沙发上沉思——怎样开展孝敬日活动呢？

原本在我眼里，孝敬日基本就是多余的，无非是老师布置的孝敬作业，做做样子罢了。

晚上七点，我早早地把洗脚水打好了，准备给老爸洗脚。在家里，我就是"小皇帝"，家人就是我的"仆人"，为我付出，为我工作，而我对这一切仿佛都习以为常，直到今天……

"爸爸，我来给你洗脚！"我好像把老爸吓着了。老爸受宠若惊地说："哦！这么早就睡啦？那既然是女儿的要求，那我就悉听尊便好了。"

我帮老爸脱掉袜子，哇！老爸的脚实在是太臭了！世界大战要爆发了！整栋楼仿佛都被老爸的脚臭味笼罩！虽然老爸的脚很臭，但我还是忍住了，屏住呼吸，使劲儿地给老爸搓洗着。

我静静地为老爸洗脚，凝视着老爸脚上那粗糙的黑色血管。咦，这是什么？啊，老茧！爸爸脚上怎么会有老茧？

看到这一幕，我联想到了爸爸工作的很多情景，眼泪禁不住掉了下来。泪珠滚到水盆里，和水搅混在一起。

想到这么些年老爸为我们家的付出，我更加难过了。埋起头来，陷入了沉思。

是啊！凭什么家人要对我这么好？还不是因为他们对我的爱！为什么我只会索取，不懂奉献呢？为什么我把这一切当成习惯呢？我应该更感恩家人，更孝敬家人才对！

想到这里，我鼻头一酸，泪如泉涌。我一头扑进爸爸怀里，放声哭道："爸爸，我爱你！"

（二）福小"家庭会日"

倡议书

亲爱的同学们：

每学期第三周星期三是我们双福实验小学特定的"家庭会日"。

这一天，由我们聪慧能干的福小孩子当主持人，放学回家后召集爸爸、妈妈、爷爷、奶奶等亲人一起，我们的福小能人大声地、流利地、声情并茂地向家人宣读《双福实验小学给家长的一封信》：向家长介绍我们福小这块育人灵魂的宝地，向家长汇报我们喜爱的福小取得的优异成绩，向家长讲述我们学校先进的育人理念，向家长展示我们自己取得的进步……

同学们，期待你们在"家庭会日"活动中的精彩表现！这将是我们福小孩子展示自己风采的又一舞台！

同学们，加油！

江津区双福实验小学

月光下的演讲

学生：张俊雅　指导教师：林运霞

当月亮升起时，我还在忙碌。为什么呢？因为今晚要主持召开家庭会议。现在正在布置会场，我把茶几向阳台方向移动了几米，在茶几旁放置好三张木椅，茶几上也摆上了我精心制作的水果拼盘。

吃了晚餐，我既兴奋又紧张，手拿着会议稿长吁了一口气，心里仿佛有一只淘气的小兔子，一直上下不停地跳。等人到齐了，我站在阳台前，身后银盘般的月亮正深情地望着我，阳台上的花儿们也在含笑望着我，仿佛也在准备着听我演讲。我向大家鞠了一躬，妈妈、爸爸、外婆面面相觑，不知道我葫芦里卖的什么药。我便对他们说："今天是家庭会日由我当主持人，大家都要认真一点哟。"

当我滔滔不绝地讲着学校发的致家长的一封信，讲到一半时，发现我不认识一个字！我正滋生了要胡乱读的想法，心里好像笼子里一只乱撞的小鸟，即便头破血流，也想逃出笼子。我必须让笼子的小鸟安静下来，此刻，我停了下来，诚实地对大家说："对不起，我有一个字不认识，我要去查一下字典。"妈妈他们一听便笑了起来，看着我有点失落的样子，他们渐渐不笑了，用鼓励的目光看着我，向我点了点头。

过了几分钟，查到了字该怎么读，我便快速跑向阳台，在银色的月光下又向家人鞠了个躬，用感激的目光，望着妈妈。我又大声讲了起来。我感觉月光更皎洁了，连我的影子也差点没跟上我的动作和节奏。

皎洁的月光仿佛随着我自信满满的声音也变得更加洁白，我宣布会议结束，雷鸣般的掌声像一阵和暖的春风绕过我的耳旁，而在一片掌声中，我辨别得最清楚的掌声是妈妈的。妈妈满意地笑了，我带着一丝欣喜又深深地鞠了一个躬。

家庭会让我收获自信和快乐

学生：杨可欣　指导教师：苏世均

好开心！今天是新学期第三周的星期三，是我们学校特有的"家庭会议日"，由聪明能干的我组织爸爸妈妈开家庭会议。

我回家后认认真真地完成了作业，然后一本正经地对爸爸妈妈说，我要给你们念一封信。爸爸妈妈惊讶地看了看我，然后又相互对望了一眼后，一脸疑惑地坐在了沙发上。我清了清嗓子，拿着信纸开始大声地朗读起来，当我读到了"双福实验小学荣获全国百强特色学校，全国书画特色示范基地，重庆市校长培训基地，教师每年获得区级及以上奖近300人次"时，爸爸妈妈脸上都露出了微笑，赞许地点了点头，肯定了我们的学校。我自己也觉得我们学校非常不错！于是接下来我就更加自豪地念起来。突然，正在我聚精会神地念得起劲时，正在睡觉的妹妹大概是被我吵醒了，她飞快地爬了过来抓住我的衣角让我陪她玩。我向她摆了摆手要她一边去。她仿佛看懂了我要表达的意思，又也许是被我声情并茂的朗读声给吸引住了，乖乖地爬向了爸爸妈妈并坐在了他们的中间。我顿了顿又继续读了下去。当我读到教育孩子遵守交通法规，过马路要走人行横道，不乱穿马路时，爸爸打断了我，问了我一些简单的交通规则，我对答如流，爸爸高兴地竖起了大拇指，得到了爸爸的表扬，我更加自信和大方了，用铿锵有力的声音大声地读出了最后一句："家长好好学习，孩子天天向上。"

今天的家庭会日就在爸爸妈妈还有妹妹欢快的鼓掌声中结束了，我也感到无比的快乐。

（三）福小"进步日"

倡议书

亲爱的同学们：

大家好！

今天，是**新学期第四周星期四，是属于我们福小孩子的"进步日"**。请每一个福小孩子静下心来想一想，问一问，自己究竟都取得了哪些进步？是你的字写得比以前漂亮了？是你上课更爱开动脑筋回答问题了？是你变得更文明、更有礼貌了？还是你的动手能力更强了？……这点点滴滴的进步都是我们成长的足迹！

同学们，在老师的辛勤培育下，在父母的无私关爱中，我们在一天天长大，一天天懂事。今天，就让我们自信地走上讲台，向老师、向同学，勇敢大声地说出自己的进步，展现出更好的自我！

同学们，让我们积极行动起来吧！加油！

江津区双福实验小学

进步中的我

五年级9班　谢明娟

每学期第四周星期四是我们学校特定的进步日。从一年级入学开始，我们每天都争取进步一点点，一个月、两个月、一年、两年……日积月累，我们都取得了大大的进步。

你看，教室里，同学们正大方、自信、幸福地和伙伴们分享着自己的进步。有的进步来自会帮家长做家务了，有的来自会认真完成家庭作业了，还有的是因为字写得越来越漂亮了……

同学们都进步了，当然我也不例外。您能猜到我有什么进步吗？想起一二年级的我自己都觉得可笑，老师请我起来回答问题时，我总会怯生生地站起来，自己虽然知道答案，但半天憋不出一个字儿来。老师也只好无奈地让我坐下，锻炼的机会就这样一次次地让给了其他同学。三四年级的时候，我的胆子稍微大点了，老师请我起来回答问题，我敢大胆地把自己的想法说出来。但自己主动举手回答问题的次数却寥寥无几。而现在的我不一样了。

我主动举手回答问题的次数越来越多了，回答也越来越准确，说起话来也越来越自信。老师都夸我自信了，家长也夸我大胆了，同学们也更喜欢我了。在以后的学习和生活中，我会争取更大的进步。

（四）校园歌手大赛

（2018 年 4 月 10 日拍摄）

（五）故事大王比赛

（2018 年 11 月 9 日拍摄）

六、处处"小能人"展示

（一）阳光体育运动

大课间操比赛，强健体魄。（2018 年 3 月 29 日拍摄）

校园运动会，团结、拼搏，奋发向上。（2018 年 4 月 18 日拍摄）

（二）主题中队活动

每年11月举办五年级主题中队活动比赛，雷打不动。

（2017 年 11 月 30 日拍摄）

（2017 年 11 月 30 日拍摄）

2015年中队活动第一名

主题：我的未来不是梦

活动目标：树立远大理想，并为之努力奋斗

活动主人：5.2中队

活动时间：2015年12月3日

辅导员：钱永琴

班主任：邓燕

设计理念：小学五年级学生是一群特殊的群体，他们来不及告别美丽的童年，就要走进懵懂的青春期。教师应引导他们树立远大的理想，并为之努力奋斗。目前，理想对于他们来说，只限于嘴上说说，学生们认为理想既大又远，并无真切的体会。"针对学生的年龄特征"，"让学生在真实的生活中体会、思考，受到自然而然的教育"是德育活动课的重要原则，因此，我选择了"理想"作为本节队会课的主题，让队员经历一次精神成长，来完成小学生到中学生的过渡，提高生命的质量。

活动目标：通过这次主题队会，使同学们明确人生奋斗目标，增加学习的动力和热情。认识到实现理想的路途充满艰辛，需要靠同学们脚踏实地和不懈努力，才能实现心中美好的理想，使美梦成真。

设计思路：在设计这个主题时侧重于正面引导。在舒缓、和谐的氛围中让队员体验、感受从小树立远大理想的重要性。围绕这三个环节，设计了丰富多彩的活动，加入了图片、队员表演等，触动队员的心灵，让他们在课堂上受到启发和教育，从而把意识内化为具体的行动，从小事做起，从身边事做起，做一个有理想并为之不断奋斗的人。

活动方法：情景体验、讨论、现场访谈等。

活动准备：

1. 学生排练节目：朗诵、演讲、小品、唱歌、讨论、相声等；

2. 策划活动方案；

3. 制作PPT。

活动过程：

一、启动仪式

中队长宣布：5.3中队"我的未来不是梦"主题队会现在开始。

各小队整队，报告人数。

全体队员起立，出队旗，敬队礼。

合唱队歌，指挥：况宗睿（齐唱后全体队员请坐）。

二、队会过程

（一）追梦

1. 设置感人的氛围，引入话题。

2. 诗朗诵《理想》，朗诵者：况宗睿、李南星。

3. 讲名人追求理想成功的故事。

（二）筑梦

1. 做一个有理想的人。

主持人幸心纯：听了这些名人追求理想的经历，你有何感想呢？

学生张迪明：一个人只有从小树立远大的理想并为之奋斗，才会成功。

学生邵珊珊：理想是一个人走向成功的指路明灯。

学生陆阳阳：有了理想，才会为实现理想而努力奋斗。

主持人李钦：听了这些名人追求理想成才的故事，我想同学们一定都想做一名有理想的小学生。不信，你听《做一个有理想的人》（表演者：彭诗雨、尹燕秋、杨丽巧）。

2. 主持人况宗睿：每一个人都有自己的理想。那么，你的理想是什么呢？

学生熊先壕：我的理想是做一名医生，为病人解除病痛的折磨。

学生邹明蒙：我的理想是当一名宇航员，驾驶着宇宙飞船，和老师同学一起去其他星球上做客。

学生高可妍：我的理想是当一名民乐家，吹奏出世界上最美妙的音乐。

学生熊鹏程：我的理想是当一名优秀的人民教师，在平凡的工作岗位中为祖国培养出一批又一批栋梁之材。

学生曹霞：我的理想是做一名面对黑暗毫不畏缩的充满正义的法官。

学生吴渝玥：我的理想是当一名歌唱家，用我的歌声给别人带来欢乐。

学生张文雨：我的理想是做一名服装设计师，把生活装扮得更加美丽。

学生沈杨：我的理想是当一名画家，用我手中的画笔，把家乡描绘得更美丽。

学生李聪：我的理想是当一名解放军战士，用现代化的军事武器，保卫我们伟大的祖国。

学生陈珂：我的理想是做一名市长，把我的家乡规划得更加美丽，更加繁华。

学生曾佳庆：我的理想是当一名歌唱家。

一群队员：我们的理想是当舞蹈家。我们要来秀一下，让大家看看我们行不行！（歌伴舞《爸爸妈妈听我说》，表演者：王璐瑶、张好、罗李涛等24人。）

（三）圆梦

1. 主持人李南星：你们的表演真精彩！只要你们努力，理想一定能实现。让我们把美好的理想在心底悄悄地种下，让它们将来像太阳一样放射出夺目的光彩吧！因为我们是新时代的少年，我们是祖国的春天。（大合唱《少年，少年，祖国的春天》，表演者：全体队员）

2. 主持人幸心纯：崇高的理想，是一个人前进的动力，是我们的指路明灯！没有理想，我们就没有坚定的方向，没有方向，我们就会失去前进的动力！然而，理想的实现，需要坚定的意志、顽强的毅力和脚踏实地的努力！因此我们都在努力！我们都在奋斗！让我们听听队员们用三句半《谈理想，论未来》（表演者：刘祥瑞、李钦、刘嘉印、邓镇翼）。

3. 主持人李钦：刚才的节目表演得真叫棒！说出了我们每个人的心声，放飞了我们的理想。只要有理想即使身无分文，我们也富有。

主持人况宗睿：如果没有理想即使努力拼搏，前途也是渺茫。

主持人李南星：美好的理想，激励着美好的人生；美好的理想，成就未来的希望。

主持人幸心纯：但美好理想，并不是虚幻的彩虹，还需要脚踏实地，从一点一滴开始。

主持人李钦：童年里，是不是有你的影子呢？一起来听听他们的童年怎么度过的吧！（歌曲《童年》，演唱者：张好、彭楚妍。）

4. 主持人况宗睿：每个人都有自己的理想，理想是人生的奋斗目标，指明了人生前进的道路，体现着人们对未来的向往与追求。

主持人李南星：没错！21世纪是一个充满竞争的世纪，我们作为新世纪的少年，可不能"少壮不努力，老大徒伤悲"呀！

主持人幸心纯：这不，咱们班还有几个同学在为理想烦恼呢！（小品《玩》，表演者：罗李涛、沈杨、张星、吴俊锋。）

5. 主持人李钦：同学们，当你在深夜挑灯夜读时，想想你的理想，你会觉得有无限动力。

主持人况宗睿：当你遇到难题时，想想你的理想，你会觉得困难只不过是海上小小的礁石。

主持人李南星：当你早晨准备踏上征途时，想想你的理想，你会觉得它像朝霞一样绚丽明亮！

主持人（合）：让我们为了每个人都有美好的未来，去放飞我们的理想。时刻准备着为共产主义事业而奋斗，是我们青少年共同的理想！

主持人幸心纯：我相信，不久的将来，我们的理想一定能变成现实。（舞蹈《我相信》，表演者：张晓琴、王薪雅等16人。）

三、结束程序

主持幸心纯：请辅导员老师讲话。

辅导员钱永琴：亲爱的队员们，还记得五年前我们第一次见面的场景吗？那时的你们才这般高。那时，你们还什么都不懂，还是一群时常会哭鼻子的小孩子。可是，五年过去了，曾经的小孩子长大了，懂事了。今天，你们向大家证明了5.3中队的队员们个个都是小能人，都是有理想、有志向的好少年。孩子们，只要我们有理想，并朝着理想努力奋斗，我相信我们的理想一定能够实现！

主持人况宗睿：全体起立，举起右手！

辅导员：为共产主义事业而奋斗！

队　员：时刻准备着！

中队长：退队旗（敬队礼）！

中队长：主题队会到此结束。

2016 年中队活动第一名

主题：让梦想启航

活动主人：5.1 中队

活动时间：2016 年 11 月 24 日

辅导员：朱铧

班主任：谢建华

活动过程：

胡璇逸：各小队整队集合，清点人数。邀请辅导员参与中队活动。

胡璇逸：出旗，奏乐。

音乐起，开场舞：大梦想家。

第一篇章　畅谈梦想

王紫寒：谢谢陈洁、陈晨等同学为我们带这支精彩而欢快的舞蹈《大梦想家》。梦想是个美好的字眼，有了它，人生才有追寻的方向。

黄成旭：梦想是温暖的光芒，有了它，才能把黑暗照亮。

杨欣宜：梦想是人的翅膀，有了它，人才能飞翔。

明陈南惟：梦想可以是远大而辉煌的理想，也可以是平凡的小小的愿望。

学生老师一起观看关于梦想短片。

王紫寒：黄成旭，看了他们的梦想，我想知道你的梦想是什么？

黄成旭：我的梦想呀，就是当好这节队会课的主持人。你不知道，为了这个梦想，这些天我可谓是"特想主持好，天天背此稿，谁知这滋味，字字皆辛劳呀"！

王紫寒：好吧，看你这么卖力，我就祝你今天梦想实现吧。不知道同学们的梦想又是什么呢？

（背景音乐起）同学们用各种形式（快板、唱歌、作品展示等）呈现自己的梦想。

宋君瑶、张成龙的快板《种粮食》。

陈敏独唱《隐形的翅膀》。

杨欣宜、蒲柏君、陈敏、黄成旭的《赋得古原草送别》。

王一淳、王彦淳的拉丁舞秀。

王紫寒、胡璇逸、卢钰瑄的绘画作品展示。

第二篇章　扬帆追梦

杨欣宜：好好好，大伙儿的梦想真是妙妙妙！可实现梦想不容易，还需现在就努力。

明陈南惟：对对对，实现梦想需努力，真人真事告诉你。

毕佳讲关于梦想的故事，而后全班一起观看追梦的短片。

王紫寒：在台下，听了这一个个感人肺腑的追梦故事，我想现场采访采访同学们此时此刻心里的感受。

黄成旭：吉朗同学，如果用一个关键词来表达你对追逐梦想的理解，你会用哪个词？请写在梦想的风帆上。

第三篇章　梦想启航

王紫寒：谢谢你们！相信在你们不懈的坚持和努力中，自己的梦想一定会得以实现。

黄成旭：其实作为一名新时代的小学生，我们除了关注自己的梦想，更应该关心家庭、关心集体、关心学校、关心社会、关心祖国的一切发展。

杨欣宜：是呀，我们只有在追梦的途中练就出勤奋、坚强的品质，学到真本领，才能在祖国需要我们的时候发挥出自己的聪明才干，为社会尽一份力，为祖国增光添彩。

明陈南惟：说得太好了，这让我想起革命先驱梁启超的"天地苍苍，乾坤茫茫，中华少年，顶天立地当自强"。

全班起立齐诵："天地苍苍，乾坤茫茫，中华少年，顶天立地当自强。"（配乐：《英雄的黎明》）

全班朗诵《少年中国说》。

王紫寒：伙伴们，让我们带上激情与梦想，向快乐出发吧！

莫荣涵、包怡可等人表演舞蹈《快乐出发》。

黄成旭：同学们，让我们插上梦想的翅膀，冲云霄飞翔吧！

全班合唱班歌《我想要飞》。

杨欣宜：健儿们，让我们写下梦想的誓言，乘风浪启航吧！

（音乐起）队员依次上台贴自己的梦想笺。

明陈南惟：梦想号——启航咯——

辅导员：等一等——等一等——老师还准备了临行前的祝愿，为你们壮行呢！（辅导员总结讲话）

全体宣誓：

辅导员：为共产主义事业而奋斗。

全体学生：时刻准备着。

胡璇逸：全体集合，退旗奏乐。

胡璇逸：5.1中队"让梦想启航"主题中队活动到此结束，请各小队同学有序退场。

2017年中队第一名

主题：梦想，与我同行

活动目标：培养有梦想的人

活动主人：5.1中队

活动时间：2017年11月30日

辅导员：肖练

班主任：邹华忠

设计理念：有梦想就有希望

活动目标：

1.通过本次活动，让队员明晰什么是梦想。

2.讲述梦想，思考实现梦想需要如何行动。

3.体会自己的未来也是家庭的未来、学校的骄傲，懂得梦想需要自己、家庭、学校、社会的共同努力才能更好地实现。

设计思路：在设计这个主题时侧重于正面引导。在舒缓、和谐的氛围中让队员感受做一个有梦想的人的快乐，从倾听梦想、诉说梦想到梦想与我同行三个环节，从而"反省自己"，"主动践行"。这符合少年儿童认识事物从感性到理性的一般规律。围绕这三个环节，设计了丰富多彩的活动，加入了图片、队员表演等，触动队员的心灵，让他们在课堂上受到启发和教育，从而把意识内化为具体的行动，从小树立远大梦想，懂得有梦想就有希望。

活动方法：诗朗诵、唱歌、舞蹈、现场访谈。

活动准备：

1.查找从小树立远大理想的名人故事。

2.小记者采访袁校长，知道什么是梦想。

3.排练节目：诗朗诵《梦想天堂》、舞蹈《追梦》、歌曲《大梦想家》等。

4.树立远大梦想并得到家长支持。

活动过程：

一、启动仪式

中队长张杭雨：春苗中队"梦想与我同行"主题队会现在开始。

各小队整队，报告人数。

全体队员起立，出队旗，敬队礼。

合唱队歌（齐唱后全体队员请坐）。

二、队会过程

（一）梦想是什么

主持人陈怡伽：梦想是什么？我一直在思索。终于有一天，袁校长为我们解答了这个问题。

（播放"采访袁校长"视频）

主持人张盛熠：梦想就是理想，它是我们心中的一盏永不熄灭的灯，指引我们前进的方向。

主持人陈怡伽：一个没有梦想的人，就像鸟儿没有翅膀，不能飞翔。

主持人张盛熠：一个没有梦想的人，就像无舵之船，没有方向。

主持人陈怡伽：罗勃朗宁曾说过，人类的伟大不在于他们做什么，而在于他们想做什么。

主持人张盛熠：福尔摩斯也说，世界上最重要的事，不在于我们在何处，而在于我们朝什么方向走。

主持人陈怡伽：同学们，现在你们知道梦想是什么了吗？

（同学们齐答：梦想就是对未来的一种期望，是我们努力的方向，是我们要去的地方。）

诗朗诵《梦想天堂》，朗诵者：张杭雨、江良坤、龚元琪、龚晓榆。

（二）我的梦想

主持人张盛熠：我的梦想像羽毛一样，飘向那遥远的地方。那个地方在哪里呢？

同学1：那个地方在健康中心，我穿着白大褂，穿梭在各个病房。

同学2：那个地方在实验室，我醉心研究，勇夺诺贝尔奖。

同学3：那个地方在战舰，我身着军装，保家卫国，乘风破浪。

同学4：……

（家长：孩子，你的梦想就是我们一家的梦想，爸爸/妈妈支持你！）

歌曲《大梦想家》，演唱者：范添文、冉志强、许光骏。

（三）梦想与我同行

主持人陈怡伽：我们不能只做梦想家，我们更要做追梦人。

主持人张盛熠：一步一个脚印，梦想才与我们同行。

（播放"采访袁校长视频"，讨论我们怎样才能实现自己的梦想。）

诗歌朗诵《放飞梦想》，朗诵者：全班同学。

（孩子站成圆圈，分小组朗诵）

第一组：放飞梦想，坚持到底，无论道路多么漫长；

　　　　放飞梦想，澎湃激昂，相信自己可以实现理想；

　　　　放飞梦想，荡气回肠，坚定信念定能成就辉煌。

第二组：我要告诉全世界，给自己一个希望，

　　　　希望就会变成无穷无尽的力量；

　　　　我要告诉全世界，就算暴风骤雨，

　　　　也阻挡不了我奋飞的翅膀。

第三组：我要告诉全世界，只要坚持不懈；

　　　　就算我痛、我哭，但我绝不认输。

主持人张盛熠：只要坚持不懈，梦想一定能实现！

全体同学：对，一定能实现！

舞蹈《追梦》（十六人集体舞）。

三、结束

主持人张盛熠：追梦，从福小起航！

主持人陈怡伽：号角，在这里吹响！

朗诵《福小赞歌》，朗诵者：周月星、钱晨、郭瑞、陈文浩、陈思宇。

有一个地方，梦想在这里起航；

有一个地方，号角在这里吹响。

听，自能朝读，书声琅琅，旗手演讲，生发梦想。

一歌一享，轮流上台，提醒宣誓，自信雄壮。

看，课间集合，规范有序，八八行动，出汗有力。

午间练字，挥毫泼墨，读书启魂，找寻精神。

这是哪儿？

齐：福小！

桂花芳香扑鼻，八字沁人心田；

红莓花儿开，朵朵放异彩；

紫薇照笑脸，满堂红七洲；

树木千千形态各异，学生万万各领风骚；

今天福小小能人，明天世界大名家；

魏巍福旗，志高致远；

百师情怀，沁人心脾。

这是哪儿呀？

齐：福小，福小！

创造最好的自我，开辟美好的未来。

这是福小指引的方向。

他就是一块巨石，任凭风大浪高，依然屹立不倒。

育学生灵魂，福小，我因你，骄傲。

创天下名校，福小，你因我，自豪。

这到底是哪儿呀？

齐：福小，福小，福小！

这里，就是梦想起航的地方，号角，已经吹响。

齐：20年后，我们的梦想一定能实现。

20年后，福小一定因我天下名扬。

福小一定因我天下名扬！

主持人张盛熠：带着梦想起航。

主持人陈怡伽：一步一个脚印。

主持人张盛熠：爸妈为梦想助力。

主持人陈怡伽：老师为梦想护航。

主持人张盛熠：谢谢您，我的爸爸、妈妈。

主持人陈怡伽：谢谢您，我最亲爱的老师。

合：还有我们可爱的学校！

合：5.1中队"梦想与我同行"主题队会到此结束。

中队长张杭雨：全体起立，集合，立正，请辅导员讲话。

辅导员：亲爱的队员们，祝贺你们这次中队活动取得圆满成功。承着希望，载着梦想，有学校为你们助力，爸妈为你们护航，你们的梦想一定会实现，加油！谢谢！

中队长张杭雨：稍息，立正，退旗。有序回教室。

2018年中队活动第一名

队会主题："幸福花园"我的家

活动主人：5.5中队

活动时间：2018年12月6日

辅导员：罗文彬

班主任：黄小维

设计理念：现在的小学生，受一些社会不良风气的影响，形成了以自我为中心、学习观念不强、自私自利的不良习惯，因此，德育工作尤为重要。本次活动通过生活中的小品，让学生自主发言发现不良的习惯，受到启发和教育，同时通过舞蹈、快板、诗朗诵、相声等节目，让学生在愉快的活动中陶冶身心，感受班级的温暖与同学的友谊，明白热爱班集体，团结、友爱，遵规守纪，文明礼貌的重要。

活动目标：

1.通过小品节目让学生知道在学校生活中怎样做到遵规守纪，文明礼貌。

2. 通过老师与学生共同表演舞蹈《学校就是我们的家》《我爱我们的家》，齐唱《生日快乐》《相亲相爱的一家人》，让学生感受班级的温暖。

3. 通过相声《自私与捣乱》和诗朗诵《团结》教育学生团结、互助。

设计思路：在这次活动中，要求学生人人参与，在活动中体会快乐，不光让学生身心得到陶冶，同时也锻炼学生活动的能力。本次活动分为三大篇章：一是我有一个温暖的家，二是我爱我的家，三是我赞美我的家。围绕这三个环节，设计了丰富多彩的活动，加入了图片、队员表演（老师参与）等，触动队员的心灵，让他们在课堂上受到启发和教育。

活动方法：诗歌朗诵、快板、舞蹈、小品、小合唱等。

活动过程：

一、活动仪式

1. 集合列队，整理队伍

中队长邹铭婧：全体立正，稍息，立正，各小队报告人数。

小队长荣爱嘉、刘朋举、罗思月、张皓茗：立正。向右看齐，向前看，报数。

（跑到中队长面前，互敬队礼并报告人数。）

中队长邹铭婧：接受你的报告。

（互敬队礼后小队长归队）

中队长邹铭婧：立正！

（跑到辅导员面前，互敬队礼）中队长邹铭婧：报告辅导员，我中队应到48人，实到48人。主题队会已经准备完毕，请您参加并给予指导。

辅导员：接受你的报告，很高兴参加这次中队活动，并祝愿我们的活动取得圆满成功！

（互敬队礼）

2. 出队旗，唱队歌

中队长邹铭婧：稍息，立正！出旗，奏乐、敬礼！礼毕，唱队歌。

3. 宣布主题队会开始

中队长邹铭婧：班级是避风的港湾，班级是理想的摇篮，生活在班集体，我们感到无比温暖。5.5中队"'幸福花园'，我的家"主题队会现在开始！请各小队入座!

（全体坐好）

二、活动过程

第一篇　我有一个温暖的家

（电话铃声响起）

邹铭婧：妈妈来电话了。

电话录音：宝贝，爸爸妈妈不在家，你要好好学习，听爷爷奶奶的话。

邹铭婧：我想爸爸，我想妈妈，可他们为了我们的家，远走他乡！

舞蹈《学校就是我们的家》，表演者：彭小桐、郑诗渝、张承馨、张承奕、周梦妍、陈佳、刘佳、张皓茗、陈鹏、张兰木、夏远春、李佳俊。

刘佳鑫：班级是浩瀚的大海，我们是跳跃的浪花。

邹铭婧：没有大海，浪花不会晶莹。

刘桐君：班级是辽阔的土地，我们是一粒种子。

王志敏：没有沃土，种子无法发芽。

刘佳鑫：班级是个大家庭，不可缺少你我他。

邹铭婧：同学好比亲兄弟，老师就是爸和妈。

刘桐君：班级是我家，我们大家都爱它。

王志敏：班级力量大，困难挑战都不怕。

邹铭婧：队员们，我们的班级名称是——

全　班：幸福花园中队!

刘桐君：我们的班级目标是——

全　班：学习自觉，行为自主，生活自理!

刘佳鑫：咱们的班级口号——

全班齐：努力拼搏，超越自我!

王志敏：幸福花园，我的家，队员们，你感受到家的温暖了吗?

邹铭婧：张皓茗，你来说。

张皓茗：在这个家里，不会做的题有同学热情为我讲解。

刘佳鑫：同学之间就应该互相帮助。

刘桐君：李茂玲，你来说。

李茂玲：生日时，全班为我祝福，让我感到无比温暖。

全　班：集体生日最难忘（合唱《生日快乐》片段）。

王志敏：陈鹏，你来说。

陈　鹏：运动场上我们挥汗如雨，同学们呐喊助威，我喜欢我们团结一心的家。

邹铭婧：张兰木，你来说。

张兰木：在课堂上我爱动脑思考，积极回答问题，受到老师和同学们的表扬，使我变得自信阳光。

刘桐君：在学校、班级的各种活动中有获奖的同学起立，祝贺你们（全班鼓掌）。

刘佳鑫：李佳俊，你说。

李佳俊：我犯错误了，是老师耐心地教导我。

王志敏：张承奕，你说。

张承奕：我受伤了，是心急如焚的老师第一时间把我送到了医院。

邹铭婧：谢谢我们可亲可敬的老师们。

刘桐君：刘佳，你说。

刘　佳：我不开心的时候，是好朋友来安慰我，同学就像我的亲姐妹。

王志敏：是呀，我们班是一个温暖和睦的大家庭。

刘佳鑫：有48个长相不同、性格各异的同学！

邹铭婧：有认真负责、和蔼可亲的老师们。

刘桐君：还有呕心沥血、育我爱我的家长们。

合：我们亲如一家，相亲相爱（合唱一段《相亲相爱》）。

第二篇　我爱我的家

郑诗渝：幸福花园，我的家，它盛满幸福，盛满欢笑。

文展鹏：幸福花园，我的家，它盛满友谊，盛满希望。

郑诗渝：可是，我们却看到了这样的现象。

小品：

一、《今天，我真烦》，表演者：李佳俊、陈鹏。

二、《上课不听讲》，表演者：活动队员：李玲莹、雷雅文、夏远春、张皓茗、王江文。

三、《做卫生不合作》，表演者：李茂玲、罗思月、项松杰、张兰木、刘鹏举、牛婉霖。

郑诗渝：队员们，看到他们的行为，你有想说的吗？

文展鹏：简利，你说。

简　利：每天戴红领巾，集会穿校服是学校的规定，陈鹏违反学校纪律，为班级抹黑的行为是不对的。

郑诗渝：是呀，我们应自觉遵守学校纪律。

文展鹏：王江文，你来说。

王江文：我想说，即使垃圾不是自己扔的，我们也应当主动捡起来。

全　班：爱护环境，人人有责。

郑诗渝：刘佳鑫，请你说。

刘佳鑫：我想对打扫卫生偷懒的队员说，班级是我们的家，只有团结合作才能为大家服务。

张承馨：我来补充，学校每天都在进行卫生评比，作为班级的主人，团结才能为班级争光。

（全班鼓掌）

文展鹏：胡欣煜，你来说。

胡欣煜：我想对刘天胜、刘鹏举他们说，上课铃响应马上回座位，做好课前准备。

全　班：铃声一响进课堂，学具书本右上角，面朝窗户静息好，回忆预习准备到。

郑诗渝：陈科航，请你说。

陈科航：赵成民上课吃东西、董曦阳玩具这些都是不好的习惯。

全　班：上课做到"七个到"，用具到、眼到耳到口到、手到心到情到。

文展鹏：队员们说得真好！郑诗渝，学校不是在开展"优秀班级"评比活动吗？

郑诗渝：是呀，我们中队当然不能落后，各个小队铆足了劲，积极行动起来了。

快板《遵规守纪，文明礼貌》，表演者：刘桐君、朱豹、王云鹏、涂雨航、文展鹏、简利、何雨、李茂玲、庞恩雨、胡欣煜、董曦阳、付茂鑫。

刘桐君：队员们，走上台，高高兴兴唱起来。队员们，上台了！

全　班：来了！

刘桐君：跨进福小门，就是福小人，福小人。

全　班：行行行，我们要做能干人！

说学习，唱学习，遵守纪律是前提。

建设一流好班级，校纪班规很重要。

校纪班规记心间，人生道路走不偏。

校纪班规记心间，人生的道路走不偏！

文展鹏：我们班级管得严，校纪班规制度全。

简　利：违纪处分有规定，我越看心里越高兴。

文展鹏：纪律标准有量化，我越看心里越害怕。

全　班：你怕什么？

文展鹏：因为我的毛病多。

全　班：校纪班规不违反，改掉不良坏习惯。

校纪班规不违反，改掉不良坏习惯！

文展鹏：校纪班规记心中，遵守纪律是标兵。

简　利：校纪班规记得牢，违纪处分条条清。

文展鹏：校纪班规记得清，全都落实行动中。

简　利：校纪班规记心底，咱们现场比一比。

男：上课纪律我知道，认真听讲很重要。

女：不开小差不乱讲，不能早退不迟到。

男：上下楼梯不拥挤，集体活动守纪律。

女：楼梯行走不乱跑，防止再把别人吵。

齐：人人争着做贡献，美好家园来共建。

校纪班规牢牢记，争做优秀班集体。

为了给"家"添光彩，我们大家齐努力。

齐——努——力！

文展鹏：队员们，明白了吗？幸福花园，我的家，爱家就要——

全　班：遵规守纪，文明礼貌。

邹铭婧：嘿，刘佳鑫他们怎么拿着劳动工具上来了？

王志敏：他们不是我们班的卫生环保小分队吗？

邹铭婧：那我们就看看他们的表现吧！

（音乐《大扫除》表演）

邹铭婧：队员们，幸福花园，我的家，爱家就要——

全　班：讲究卫生，环保先行！

相声《捣乱与自私》，表演者：付茂鑫、文展鹏。

付茂鑫：队员们，各位领导各位老师，你们好！

文展鹏：哎，付茂鑫，主持人还没叫我们呢！

付茂鑫：嘿，我这不是着急嘛！

全　班：急什么呀？

文展鹏：他呀，看到其他队员在为咱们班争当优秀班级贡献力量，按捺不住了呢！

付茂鑫：（抓抓头，不好意思）：嘿嘿！（清嗓子）队员们，你们说在一个班级中，最重要的是不是团结？

全　班：当然是！众人拾柴火焰高！

付茂鑫：可我就认识那么一个人，他十分调皮，别人都往东，他却往西。

全　班：（惊讶）真的？

付茂鑫：当然了！这个人姓捣，名乱。

文展鹏：啊？！还有叫这名儿的？

付茂鑫：这个"捣乱"呀，还真是"名副其实"。

文展鹏：怎么个名副其实？

付茂鑫：有一次，我们正在上自习，学校突然通知老师开会了。

文展鹏：然后发生什么了？

付茂鑫：全班当然乱成一锅粥了。

文展鹏：那肯定是。

付茂鑫：不过最兴奋的就要数这个"捣乱"了！

文展鹏：他怎么啦？

付茂鑫：他呀，一个箭步窜到讲台上……

文展鹏：哟？这是想给大家上课？

付茂鑫：上什么课呀！他一个箭步窜到讲台上，拿着教鞭啪啪一拍，现在我宣布，娱乐时间到！首先请听我给大家讲一个笑话……

文展鹏：还讲上笑话了？

付茂鑫：可不吗？"有一天小明……"只看见这个捣乱手舞足蹈，讲得唾沫横飞，突然……

文展鹏：怎么啦？

付茂鑫：老师回来啦！

文展鹏：天啦！我很想知道接下来发生什么？

全班：挨批评！扣班分！

付茂鑫：那可不是，所以说，"一颗老鼠屎，坏了一锅汤"。要想办好事，就要团结。只要一人不协调，集体就不会很给力。这倒让我想起一首歌……

全　班：哪首？

二人合：团结就是力量，团结就是力量，这力量是铁，这力量是钢！（加上动作）

文展鹏：我觉得，要当优秀班级，不光是团结，还应该互助。

全　班：没错！

文展鹏：可是，还就有那么几个人不互助。

全　班：啊？这人叫啥？

文展鹏：这人姓自名私。

付茂鑫：呵！这名儿也叫绝！

文展鹏：他呀，从不帮别人，不借给别人东西。

付茂鑫：是够自私的。

文展鹏：一次考试，他的同桌正在做题，突然发现钢笔没水了，摸书包，嗨！

付茂鑫：怎么了？

文展鹏：这个同桌呀，忘带墨水了。

付茂鑫：借呗，多大点事啊！

文展鹏：是呀，不算事！"哎，借下墨水吧？谢谢！"

付茂鑫：不行！（哦，我这是又演自私了！）

文展鹏：不行就不行呗，这个自私，一只手答着考题，一只手还紧紧地捂着自己的宝贝墨水瓶，害怕被同桌拿走了。没料到握得太紧，一不小心……

付茂鑫：又怎么啦？

文展鹏：墨水撒了，一张卷子全完了！

付茂鑫：唉……真够自私的，损人不利己！

文展鹏：队员们，你们说有这样的同学，咱们还能当上优秀班级吗？

全　班：不能！

付茂鑫：所以呀，我们一定要怎么样？

全班：团结！互助！

诗朗诵《团结》，表演者：邹铭婧、刘桐君、穆俊争、吴浩然、荣爱嘉、刘鹏举、罗思月、刘佳鑫、李忆南、何禹磊、胡欣煜、项松杰、张鑫、杨梦瑶、王志敏。

邹铭婧：大海告诉我，团结浩瀚无边，她的身体里是无数的小水珠。

刘桐君：高山告诉我，团结巍峨耸立，他的骨骼中是数不清的小石块。

穆俊争：老师告诉我，团结芬芳醉人，她的血液中是四十八张可爱的笑脸。

齐：四十八朵鲜花共栽一个盆。

四十八棵翠竹共连一条根。

四十八个队员团结一条心。

穆俊争：在这里，老师为我们插上知识的翅膀。

刘桐君：在这里，我们迈出人生的第一个步伐。

邹铭婧：在这里，我们用成功与挫折书写美好童年。

齐：在这里，四十八颗心紧紧相连。

刘桐君：忘不了，孤独时，是同学给我温暖。

邹铭婧：忘不了，迷惘时，是老师为我指明方向。

穆俊争：忘不了，摔倒时，是同学为我抹去膝上泥土。

三人合：忘不了，伤心时，是老师为我擦去腮边的泪珠。

齐：一棵树尚不能成为森林，只有千万棵才能汇成海洋。

一粒沙石不能构建高楼，只有亿万颗才能创造奇迹。

三人合：我们是一个团队。

齐：为了共同的目标前进。

三人合：我们是一个团队。

齐：只有团结互助才能凝聚成一个优秀的集体。

邹铭婧：队员们，看了刚才队员们的表演，我们更应该明白，幸福花园，我的家，爱家就要——

全　班：团结友爱，互帮互助。

王志敏：我们班的队员们平时表现怎么样呢？

（图片展示）

邹铭婧：跑操时，步伐整齐，口号响亮。

王志敏：球场上，勇于拼搏，身姿矫健。

邹铭婧：跳绳时，我们挥汗如雨，坚持到底。

王志敏：智能早读，同学们声音洪亮，精神饱满。

邹铭婧：课堂上认真听讲，积极回答问题。

王志敏：读书启魂，我们博览群书，启迪灵魂。

邹铭婧：中午练字，我们规范书写，天天进步。

王志敏：还有班上的各种活动，我们遵规守纪，积极参与。

（全班鼓掌）

邹铭婧：队员们真厉害，幸福花园，我的家，爱家就要——

全　班：勤奋学习，善思好问！

第三篇　我赞美我的家

文展鹏：我们为我们的中队自豪！

邹铭婧：幸福花园，是我家，人人都来关爱他。

王志敏：你爱他，我爱他，我们一起加油，以优异的成绩来装扮他。

舞蹈《加油，me go》，表演者：彭小桐、郑诗渝、张承馨、张承奕、周梦妍、陈佳、刘佳、邹铭婧。

杨梦瑶：这是一个团结奋进的班集体。

文展鹏：这是一个和谐温馨的大家庭。

邹铭婧：这是一处生机盎然的乐园。

王志敏：这是一片心灵成长的沃土。

杨梦瑶：四十八双眼睛，默默地求索。

王志敏：四十八颗跳动的心，鸣奏着一个声音——爱我五班。

文展鹏：我爱我的班级，在这里我充分体会着家的温暖。

邹铭婧：我爱我的班级，在这里我可以感受到家的关爱。

舞蹈《我爱我们的家》，表演者：彭小桐、郑诗渝、张承馨、张承奕、周梦妍、陈佳、刘佳、张皓茗、陈鹏、张兰木、夏远春、李佳俊。

（最后一段全班拍手齐唱，踏步走入场中成集合队形。）

三、结束部分

中队长邹铭婧：立正，稍息！下面请辅导员老师讲话。

辅导员罗文彬：队员们，你们这次活动非常成功！通过这次活动，队员们都明白了，班级是我们温暖的家，学校是我们实现理想的家，地球上的"雄鸡板块"是我们共同的家，我们要用实际行动建设小家，报效国家。

中队长邹铭婧：呼号。

辅导员罗文彬：准备着为共产主义事业而奋斗！

全体队员：时刻准备着！

中队长邹铭婧：退旗！奏乐！敬礼！礼毕！

中队长邹铭婧：5.5中队"幸福花园，我的家"主题队会到此结束！谢谢所有领导和家长们！

中队长邹铭婧：各小队归位，有序退场。

不是下载剧本编演，而是创造剧本育人

——"'幸福花园'我的家"主题中队活动感想

罗文彬

一年一度的五年级中队活动比赛来了，是网上下载一个剧本突击排练几天完成任务呢，还是抓住机会结合班情开展活动育人？

针对我班有的学生做清洁卫生不积极、不主动、斤斤计较，导致班级卫生经常被扣分；有的学生以自我为中心，不爱与同学友爱合作；有的学生在班级集体活动中纪律性较差。我精心策划了"'幸福花园'，我的家"主题中队会活动，鼓舞学生展示自我、改变自我，在活动中修炼美好的灵魂。

一、把班情班况编成小品、快板、舞蹈，在活动中育人。

小品《做卫生要合作》让孩子们明白了没有集体观念、不合作，导致班级常常被扣分、挨批评不光彩。启迪着每一个孩子不断修正自己，人人主动干事，净化班级环境。孩子们铿锵有力地回答：我们要做到"爱护环境，人人有责！"折射出孩子们心灵得到洗礼。相声《捣乱与自私》用实际生活中的反面事例教育孩子们要团结友爱。诗朗诵《团结》中深含哲理的话语使孩子们的心灵受到感染。舞蹈《学校就是我们的家》《我爱我们的家》通过感动人心的歌曲及孩子们的情景舞蹈，班主任黄小维老师与孩子们共舞，与孩子们融为一体，让孩子们感受到了老师的爱和班集体的温暖。快板《给"家"添光彩》让孩子们明白了要共同维护好班集体。在孩子们的高涨情绪下，辅导员最后总结："班级是我们温暖的家，学校是我们实现理想的家，我们要用实际行动从小热爱小家，长大后报效国家。"简洁明快、热情洋溢的希望，激励着孩子们热爱小家，报效国家。

二、严格的仪式训练，让孩子们体验团队与规矩的力量。

入场、离场，集合、整队，出旗、退旗，安静有序，鼓掌呼号，整齐雄壮，孩子们体验到团队与规矩的强大力量。

三、活动成功鼓舞士气，班级面貌焕然一新。

本次活动，人人参与，个个出色，取得圆满成功，获得第一名的好成绩，受到老师、家长的好评，更增强了孩子们自信与集体荣誉感。活动后，班级思想、纪律、卫生有了很大改观，同学之间矛盾少了，互相监督、帮助进步的氛围浓了，纪律、卫生扣分大大减少。

作为辅导员，我真切地感受到了活动育人的力量。

（2019年1月15日晚）

（三）期期四五六年级篮球赛

（四）科技活动创新

学生无人机科技活动，感受前沿科技魅力。（2018 年 10 月 24 日拍摄）

第五章　家校同心 筑牢灵魂

什么是家长？什么是家庭教育？

家长是终身不能辞职、不能退休的职务，孩子18岁以前你不管，18岁以后可能会交给警察管。

教育好自己的孩子就是投资自己的后半生，后半生的幸福指数就是你孩子的发展状况。

教育的根本在哪里？——家。从孩子出生的那天起，父母就是孩子的第一任老师，父母的言传身教就是孩子的人生课堂。

家，是爱的港湾，是孩子出海的码头，也是孩子归来的避风港。

1岁前请自己带孩子，6岁前要对孩子说不，12岁前重视心理抚育。

教师、家长、学生三者之间的关系就好比一个三角形，三角形的两条腰分别是家长和老师，学生是顶点。教师和家长的长度决定学生的人生高度。家长和老师联系越近，学生站得越高。善待老师就是善待孩子的未来！

一、家长会，校长这样讲

校长袁仁超家长会讲话要点

一、父母的心愿

孟母三迁为了什么？为孟子成才。今天，高价买学区房为了啥？为了孩子，因为：一代强过一代，父母的福；一代不如一代，父母的哭。儿女成才，父母享福；儿女堕落，父母流泪。儿子收入一月1万，每月叫他给您1000，好说；儿子收入一月2000，每月给您1000，不太可能。

二、小学教育的重要性

1. 万丈高楼平地起，泡沙石安基必倒无疑。

2. 小学是苗：种苗费心劳神。

3. 西方国家：小学教育与大学同样重要。

4. 启蒙教育之重要。

5. 牛儿学"黄昏"了，难纠正。

小学是孩子的语言发育最佳期、观察事物敏感期、培养大胆关键期。我们老师与家长都要辛苦一点儿，把孩子们引上路。

三、育儿经

1. 健康第一。

例1：北大军训3500人，6000人次看病。专家评：头脑发达，四肢简单。

例2：高中生体检全合格率：13.39%。

在今年征兵体检中，各地上站体检人数较往年均有增加，但体检的"不合格率"却高得惊人。据了解，某市体检淘汰率竟然高达56.9%，着实令人咋舌。

问题一，血检、尿检不合格，转氨酶过高占不合格人数的17%，血小板积压、尿酸、尿酮超标占不合格人数的28%，主要是肝胆肾功能受损、脂肪肝等。

（主要原因：可乐、甜蜜素火锅、膨化食品、熬夜过度）

问题二，视力不合格，占不合格人数的46%，双目视力低于4.6的占三分之二，散光、斜视占三分之一。

（主要原因：玩游戏、玩手机、看电视、坐姿不正）

问题三，体重不合格，占不合格人数的20%。虽然体重要求有所放宽，但超重青年有增无减。

（主要原因：好吃懒动）

例3：近视问题日益严重且低龄趋势明显。

今年6月国家卫生健康委发布的数据显示，我国小学生近视比例为45.7%，初中生近视比例为74.4%，高中生近视比例为83.3%，大学生近视比例则高达87.7%，青少年近视率居世界第一。今年8月，教育部发布了《中国义务教育质量监测结果报告》，报告显示，四年级、八年级学生视力不良检出率分别为36.5%、65.3%。近视已经成为危害青少年身心健康的重大因素。

中共中央总书记、国家主席、中央军委主席习近平近日作出重要指示指出，我国学生近视呈现高发、低龄化趋势，严重影响孩子们的身心健康，这是一个关系国家和民族未来的大问题，必须高度重视，不能任其发展。习近平指示有关方面，要结合深化教育改革，拿出有效的综合防治方案，并督促各地区、各有关部门抓好落实。习近平强调，全社会都要行动起来，共同呵护好孩子的眼睛，让他们拥有一个光明的未来。

以上例子启示我们，在教育孩子时我们要重视劳动、活动、运动、互动，让孩子远离手机，远离游戏，远离好吃懒做。

2. 做快乐自信的人。

江老师选女婿

江老师的女儿26岁了，还没有找到男朋友。江老师的一个同事热心地做起了红娘，把江老师当年的一个得意门生介绍给了江老师的女儿。江老师让小伙子到家里来吃顿饭，小伙子便在红娘的陪同下来到了江老师家。

这顿饭吃得并不十分顺利，原因是江老师没看上这个有意做自己未来女婿的人。小伙子走后，江老师对红娘说："他读中学的时候，我是多么欣赏他啊！他学习成绩棒，又特别听话，调皮捣蛋的事儿准找不着他。现在，人家也挺成功，这么年轻就当上了单位的中层干部。可是，要让他做我的女婿，那就不够格了。你看他的背，明显地驼了，像个小老头儿；你看他的近视眼镜，足有800度吧，以后会影响生活质量的；你再看他说话时细声细气的样子，哪像个小伙子啊；最让我看不上的是他那么古板，一点幽默感都没有，我女儿要是跟这样的人生活一辈子，她怎么能快乐呀！"

我们要培养什么样的孩子？想想江老师选女婿的标准。

3. 坏脾气、坏习惯、无理要求——要下决心革除！

孩子在成长过程中，可能会出现一些问题及不当行为，如逃学、偷东西、摔碗筷、骂父母、骂老师、打人、上课玩手机、不做作业、不讲道理、只会哭闹等，父母一定对这些行为重视起来，并下决心革除，如果以"孩子还小"为由，就不予管教，将就敷衍，将贻害一生！

4. 要能干，干才能。

5. 要爱劳动。

劳动创造人本身，劳动使人聪明，劳动才有作文素材。心灵手巧，手巧心灵。教学做合一（陶行知）。

6. 要尊敬父母、长辈。

7. 要尊敬老师。亲其师，信其道；尊其师，奉其教；敬其师，效其行。严是爱，松是害。严师出高徒。在家中，父母舍不得管；在学校，老师不敢管；长大了，交给公安局管。这样不行啊！

8. 要注意影响，言传身教。家长在 QQ 群、微信群只传播正能量。

9. 要扬长发展、差异发展，正确看待分数。

重庆市教委要求：每个孩子在小学必须掌握两项体育技能，一项科技特长，一项艺术特长。

我们要鼓励孩子多参加活动，多参加各种竞赛。包括田径队、鼓号操队、演讲、书法、绘画、跳绳、乒乓、篮球、下棋、科技赛、六一演出等。

有家长说：参赛费划不来，制服装划不来……是真划不来吗？目光短浅，因小失大，可能失去孩子的扬长发展、个性发展、最大发展啊！

记得 15 年前，白沙窄口小学排舞，家长给学校打电话恳求让孩子参加。家长说，让孩子上台涨涨胆量、涨涨自信吧！

10. 要有责任感，要有社会公德。

11. 要写好字，字是打门锤，是见面礼。字能反映人的文化水准，还能反映人的品格、气质。

12. 要多读书、读好书。

一项官方公布的阅读量数据表明，2013 年以色列人人均年读书 64 本、占人口 80% 的犹太人人均年读书 68 本之多，而我国成年国民人均纸质阅读量仅为 4.77 本，两者差距悬殊，以致大前研一教授在其名著《集体智慧的滑坡》中预言中国的阅读危机将使自身无望于文明发达国家行列。以色列阅读量长居榜首，有其民族传统和宗教信仰的影响，更值得注意的是以色列政府建国以来一以贯之的阅读教育为受教育者制定了终其一生的阅读指导方案，将阅读教育理念与教育改革紧密结合，夯实国民阅读意识的同时积极提高其阅读水平和能力。

没有一艘船能像一本书，也没有一匹骏马，能像一页跳跃着的诗行那

样——把人带往远方。这条路最穷的人也能走，不必为通行税伤神，这是何等节俭的车——承载着人的灵魂。——狄金森

阅读，让心灵澄澈，让眼睛有光。阅读，帮助孩子发现自己，创造自己。阅读，轻轻地为孩子播下一粒书的种子。阅读，与最美好的书籍相遇，与最伟大的心灵相伴。生命因阅读而精彩，童心因阅读而明亮。阅读，从儿童开始！——《阅读，从儿童开始——2017领读者大会通知》

13. 要想成绩好，作业必须要。好比木匠，只听，不刨，不锯，会学到手艺吗？

14. 要当好榜样。养不教，亲之过；小不教，误一生。父母是第一任教师。夫妻和睦，友邻团结，孝敬父母，是最好的榜样。家长的言谈举止、人格习惯是最好的榜样。

15. 家长要多与老师沟通、交流，形成合力。金无足赤人，无完人，老师也有缺点，甚至不如家长，但家长不能在孩子面前诋毁老师，降低老师的威望，这样会让孩子失去敬畏之心。

16. 要和孩子摆摆龙门阵、玩玩游戏。每天5分钟交流、5分钟游戏，对孩子夸夸、亲亲，培养亲情！

17. 要给孩子自由玩耍的空间，玩出友谊、玩出规则、玩出矛盾、玩出发明……眼镜就是小孩玩出来的。钱学森玩纸飞机，成为航天专家，成为中国的自豪！

18. 好孩子是夸出来的，也是管出来的。光夸不管，无法无天——熊孩子；光管不夸，管成"憷包"。要注意严慈相济。

19. 正确处理校园内外孩子间玩耍意外伤害事件。相互理解，主动承担。

二、家长会，老师这样讲

一年级五班家长会讲话稿

夏清英

尊敬的各位家长：

下午好！我是一年级五班的数学老师兼辅导员夏清英。首先感谢您对我

的信任，把您的宝贝孩子交到我手里，由我为他（她）开启人生的第一扇学习之门。我很荣幸成为您孩子的启蒙老师，也很荣幸能够和您一起参与到孩子的成长中来。我们将一起走过六年的时光，在孩子成长的关键六年里，愿我们共同把孩子培养成健康快乐、积极阳光的少年，让他们成为全面发展的合格小公民。今天我主要给大家分享三个方面的内容。

首先谈谈我们的学校。我们学校占地50亩，建筑面积20139平方米。教学楼、综合楼宽敞明亮，艺体大楼集音乐、美术、图书馆为一体，设备设施一流。

我校校长袁仁超是全国百强特色学校模范校长、全国百名优秀小学校长、《教育文摘周报》2007年第51期头版人物、中国教育学刊学术研究员、江津区名校长。

我校荣获全国百强特色示范学校、全国书香校园、全国足球特色学校、全国百佳书画特色教育示范基地、全国素质教育先进单位、重庆市文明交通示范学校、课堂内外杯书画比赛重庆市"团体一等奖"及"江津区教育质量先进单位""江津区2+2艺体教育优秀学校""江津区校园文化达标学校""江津区教育科研先进集体""江津区体育特色先进单位"等多项荣誉。

"双福，双福，我们——创造幸福！""福小人行行行，我们要做能干人！"这是我们的口号，亦是我们的行动。我们秉承"教育因培育灵魂而神圣"，我们追求：让不同的学生得到不同的发展，人人都得到最大的发展。让30年后的人们因我们今天的教育而自豪！

为实现这个伟大的目标，我们还开展了许多丰富多彩的活动，下面说说每天都要开展的活动。

"一歌一享一提醒"活动。每天早上第一节课前，一个孩子指挥唱一首雄壮的有气势的歌，另一个孩子为全班同学分享一个小故事，并为全班孩子提一个醒（比如过马路左右看、课间不打闹等）。

午间练字活动。每天中午1点到1点20有20分钟练字时间，班主任、辅导员轮流指导。别看很多一年级的小朋友名字都写不好，六年下来，有好多同学的字都能让人刮目相看，我校参加全国中小学生书画大赛并获奖的同学不计其数。

读书启魂活动。每天下午第一节课前10分钟，孩子们自由读课外书，如名人故事、科学家的故事、百科全书等。当然一年级识字能力和理解能力有限，可读适合低年级的一些报刊书籍。别看每天这短短的10来分钟，小学六年下来，绝大多数同学都能养成很好的读书习惯，为他们以后的学习奠定了扎实的基础。这些课外书家长可以自己去书店买，基本要求是一期至少买一本，另外每期学校都要组织订阅报刊书籍活动，比如等会我们就有一个征订《少年先锋报》的活动，希望家长们能积极支持，让孩子们多读书，读好书，把读书当成一种习惯。

我校还有每学期固定周要开展的活动，有些也需要家长的配合。

1. 每学期第二周星期二：全校孝敬日活动。

活动要求：孩子回家为长辈做一件事，如为妈妈洗脚、为爸爸捶背或为父母分担家务等。三年级以上的学生活动后（后面的活动也是三年级以上才写）当天写一篇日记，把自己做的过程、心里怎么想的写通顺就行了，第二天上交，学校还会选写得好的发布在双福小学网站上。

2. 每学期第三周星期三：家庭会日活动。

学校会发一张关于学校各种信息的"致家长的一封信"，要求孩子回家后当小小主持人，把所有家庭成员叫到一起，孩子先认真朗读内容，家长一定要认真听，还可以说说自己对学校的一些看法，或者夸夸孩子主持得不错，再让孩子说说到了这么好的学校上课以后应该怎么做，谈谈自己主持开会的感受，表扬一下哪个家长听得最认真，等等。通过开会，又一次锻炼了孩子的朗读能力和表达能力，当然，最后还是要把自己开会的过程和大家的表现以及孩子自己的心理活动写成片段上交，再一次培养了孩子的写作能力。

3. 每学期第四周星期四：进步日活动。孩子当着全班同学畅谈自己各方面的进步，从中发现自己的优点，培养孩子的自信心。当然还是要写一篇感受。

4. 每周星期一的升旗仪式活动。三年级以上每班选出8名旗手，一名主持人，一名讲名人故事的孩子，共10人。八名旗手在旗台上向全校同学介绍自己，谈自己的理想、目标，很是振奋人心，特别能锻炼孩子。六年下来几乎每个孩子都能够上台一次。

5. 每周的音乐、美术、棋类、体育辅助活动（跳绳、羽毛球、乒乓球、足球、魔方）。每周二下午第二节、周五下午一二节开展。

全班同学根据自己的兴趣参加这些活动，学生在这些活动中能积极动脑动手，对他们的智力开发作用很大（这些活动的工具以后由家长委员会代表代买，每个同学在20元内，管一年应该可以）。

其他还有六一儿童节表演、体操比赛、运动会、中队活动、手抄报比赛、绘画比赛、写字比赛等。

我们学校举办这么多活动的宗旨是：让不同的人都得到不同的发展，人人得到更好的发展。所以希望大家一定支持自己的孩子多参加学校组织的各种活动。

其次说说孩子的习惯养成。

今年，我全面接触的是一年级新生。开学两个星期，我看到的是，我所教的两个班110名学生自制能力很不好，常常会发生一些与课堂教学毫不相干的动作：会随便吃东西，随意走动，对老师的话充耳不闻，甚至在上课时去和自己熟悉的同学说话……在具体的每一节课中，他们或东张西望，情绪不稳，或者发呆，不明白自己该干什么。有的甚至上课睡觉，注意力非常不集中。更不可能把注意力长时间地集中在某一知识点上，所以课堂上师生配合非常累。几乎每堂课有一半的时间是在要求学生遵守课堂纪律。课堂教学效率就更不用说了。这就是一个摆在我们面前的大问题——习惯的养成，这些不好的习惯，从哪里来的，以后我们又该怎么办？

以下是夏老师一点不太成熟的看法，仅供大家参考。

1. 放学回家的第一件事是做家庭作业，并且控制时长，不能太随意，把做作业的时间拖得太长，这样会养成一种拖拉的坏习惯。作业做好了，家长必须检查签字，这一习惯的养成会使家长终身受益，等到孩子上高年级的时候你就可以放手了，可以说是一劳永逸。

2. 书写的习惯，书写潦草时一定要让孩子擦掉后重新书写，久而久之，把字写得漂漂亮亮的习惯就潜移默化地注入学生的心底。

3. 学会听话的习惯，在家多和孩子交流，让他有听人说话、和人对话的习惯。

4. 读书的习惯，家长只说不行，必须给孩子做示范。我们常常听到一些父母抱怨：家里买了那么多书，孩子却视而不见，没有阅读的兴趣；您希望他多看些有教育意义的书，他偏偏对卡通、漫画类的书籍情有独钟；硬逼着看，一会儿就会趴在那呼呼大睡……其实，家长更应该反省反省自己：下班后您在做什么？孩子可以经常看到您在读书吗？您又有多少时间是在读书的？您是否经常玩电脑、看韩剧，甚至玩麻将？试想，父母每天一有空就打麻将或者靠看电视或玩手机打发时光，又怎么能指望孩子热爱读书呢？夏老师在双福中学教了十年语文，对于阅读别有一番感受。首创班上买书柜，自筹资金买书、读书，这样班上孩子的犯错次数几乎为零，因为他们把时间放在了读书上，转移了注意力。如果家长爱看书，经常和孩子们聊聊书的内容，营造好的家庭读书氛围，这种无言的、天长日久的"身教"一定比你一天到晚唠叨"说教"的效果强多了。

5. 教会孩子讲卫生，爱劳动也是非常有必要的，到了三年级的时候我们就要自己扫教室、扫公共场地。但是，有的孩子连扫帚都不会拿，何谈扫地。况且，劳动是我们求生的一种必备的本领。

6. 学会感恩，有礼貌，做个诚实的孩子。

7. 学会谦让，现在的孩子大多都比较自私，所以相处时很容易产生矛盾，培养他们心胸开阔，学会宽容。

总之，习惯的养成要严爱结合。大家都知道：一年级的学生犯错会一而再，再而三。有时我对他们说："我们是一年级的学生了，不能再和幼儿园一样爱玩了。可就有同学乱打，还扣了分……"看着孩子那稚气又很"无辜"的脸，我只能生自己的气。所以良好习惯的养成过程，对我和学生来说都是一个"痛苦"的过程。在这个过程中除了要有耐心、爱心，还有更重要的是对学生的严格要求。学生既然错了，就要批评，让他认识到自己的错误，且要承认错误并向全班同学保证以后不再犯错，让全班同学一起提醒他、监督他。如果孩子回家说他不喜欢哪个老师，肯定是被那个老师批评了，希望家长们要正确对待这个问题。因此，训练就要有个"狠劲"，严而又严。这里一个重要的原则是不要有例外，开始第一件不该迁就他，你迁就他，以后就难以要求了。确定标准之后，就要严格遵守，不能放松。没有"狠"劲，表面上是爱孩子，可最终是害了他们。我们必须把严与爱紧密地结合在一起，严中有爱，爱中有严，通过严达到爱。

最后我想送给大家一段我很喜欢的话："每个孩子都是一颗花的种子，只不过每个人的花期不同。有的花，一开始就会很灿烂地绽放，有的花需要漫长的等待。不要看着别人的花朵怒放了，自己的还没有动静就着急，相信每一朵花都有自己的花期。细心地呵护自己的花，陪着她沐浴阳光风雨，慢慢地看着她长大。这何尝不是一种幸福。"相信孩子，静待花开！

祝您万事顺意！祝我们合作愉快！祝孩子快乐成长！

（2016年9月7日）

三年级一班语文教师家长会讲稿

陈大利

尊敬的家长们：

大家下午好！感谢大家在百忙中抽出宝贵的时间来参加我们的家长会，这是各位对自己孩子的关心，也是对我们工作的大力支持。召开这次家长会，是为了加强老师与家长之间的联系，加强孩子与家长的沟通，构建一个爱的桥梁，使他们能更健康快乐地成长。在此，我代表三（1）班全体任课教师对大家的到来表示衷心的感谢。

今天我主要讲以下几方面内容。

一、学习环境简介

我校校长袁仁超，曾荣获"重庆市优秀少先队辅导员""重庆市骨干教师""江津区骨干校长""江津区十佳校长"等荣誉称号。发表教育教学论文40余篇，其教案曾多次获国家级奖励。他主持和参研的国家级、市级教育课题曾获一、二等奖。还参与编写了《西部地区农村小学课程改革理论与实践》，主编了《轻松100分四年级数学上册》。

他的教育理念是：教育要对学生一生的幸福和终身发展负责。教育名言是：小学是苗，中学、大学是杆，贡献社会是果；没有健壮的苗，哪有粗壮的杆，没有粗壮的杆，哪有丰收的果！

的确，小学是一个不可替代的、错过了就不可重现和修复的人生起点，需与幼儿教育有效衔接，传授知识，养成习惯，培养能力，提高素养。专家研究表明，小学阶段是孩子由儿童向少年过渡、从不成熟到逐步成熟的一个演变期。在这一时期，优质的教育资源、师资力量、书香氛围都将对孩子产生正面影响，让孩子在以后初、高中的学习中更加游刃有余，甚至是在孩子一生的发展中起着重要作用。我校重视孩子们的能力发展、特长培养、习惯养成，致力于如何塑造人、如何培养对社会有用的人。学校被评为"全国百强特色学校"，每学期学校都会获得重庆市级、江津区级的无数奖励，孩子们快乐自信，各有所长。

我们班教师团结协作，尽心尽职；学生聪明可爱，情商很高。本期有55人，女生26人，男生29人，组成了一个团结上进的班集体。对于学校组织的各项活动，全班同学都是齐心协力、积极参与，有很强的凝聚力。比如开运动会时，孩子积极要求参加。许多同学都热心为班级服务，特别是肖红梅、段显涵、张颖、梅瑞雪、梁煜嘉、赵茂橙几位同学，表现格外出色。

二、三年级的特殊性

三年级，这是一个转折时期。

通常学生的成绩都是在三年级开始分流，差距逐渐拉开。一二年级成绩领先的孩子到了三年级不一定继续领先，但三年级名列前茅的孩子，一般到了四五年级仍然优秀。这主要是因为，一、二年级知识比较简单，成绩好的孩子有些是因为"抢跑"，在入学前已经先学了一些学科知识，并不一定是学习能力很强的孩子。对于那些没有提前学习的孩子，只要学习习惯好，学习兴趣高，学习能力强，到了三年级就慢慢赶上去了。另外，三年级开始，学科内容难度有所提升，对于学习能力的要求也更强一些，所以，三年级成绩差距会拉大。对家长来说，如果孩子在这个阶段遇到了一些困难，一定要给孩子鼓励，增加孩子的信心，帮助孩子度过这个阶段。

三、有关语文学习方面的问题

以前一、二年级总是90几分甚至100分，三年级可能只有80几分甚至更差。其实这个现象还是比较正常的，三年级语文是小学阶段的一个低分期。为什么呢？因为学生刚刚升入三年级，以前学的都是字词，句子也是比较简单的，对段落甚至文章方面所掌握的知识较少，接触的题型也比较少，文章的分析和写作都刚刚起步。可是从这学期第一单元开始，每一张测验卷上都有阅读分析短文和写作的题目，一般占50分。不丢分几乎不可能。其次呢，我觉得也要正确地看待分数，要怎么看？一个要看看在班级中的位置，还有一个要看看他错的原因。如果是已掌握的知识，因为粗心扣分了，就该批评。如果确实题目难度较大，那么做错了，我们该做的就不是一味地批评责备，而应该坐下来和他讲解、分析，使孩子从不会到会。

三年级语文确实是一个转折期、困难期，但还是有办法帮助孩子提高成绩的。主要可以从六个方面来着手。

1. 加强良好的学习习惯的培养，养成细心的习惯。要杜绝粗心，一个平时认认真真、全神贯注的人，不太可能粗心。所以，粗心比做不出更不应该。

2. 要适应中年级的学习，还有一点就是要提高作业的效率。

现在不仅作业难度提高了，作业量也增加了不少，再拖拖拉拉、一边玩一边做，学习会越来越吃力，学习兴趣也会越来越低。要改变这种情况需要老师和家长的配合，请家长们在孩子完成作业时可以多加表扬，不断提高孩子作业的质量和速度，对一些速度较慢的孩子，一定要耐着性子督促好他。（发火只能让他紧张，做得更慢。）

3. 提高阅读理解能力。

平时每一堂课上对每一篇课文的分析就是进行阅读能力的培养。所以孩子在课上一定要专心听讲，而且要积极发言，参与到讨论中来，锻炼自己的头脑，发展自己的思维。阅读面的广泛与否和孩子的语文水平息息相关，中高年级的语文试卷中往往会出现许多课本外的知识，所以我们平时要鼓励孩子多看课外书。而且要针对书中内容和孩子交流看法，不能只是简单地规定他看多少时间。可以在他看完后和他谈谈书中的内容、主题、他的想法等。既培养他课外阅读的兴趣，又有助于提高阅读能力。在这个方面还要请家长们多督促、多指导。

4. 提高写作能力，保质保量完成练笔作业。

提高写作能力，经常练笔不失为一个好办法。让孩子在双休日写的小作文，一般结合学生的日常生活中的人、事、活动或配合所教课文进行一些小练笔。练笔内容和学生的校园生活、教材安排紧密结合，让学生有内容可写，再加强写作与修改作文的指导，就容易写出质量，就会受益较大。我发现部分孩子的练笔质量很差，似乎以完成任务为目的，这与提高写作能力是背道而驰的。希望家长能多提醒、多督促。

5.接触生活，加强语言表达。

其实写作文很简单，就是把自己看到的、听到的、想到的写下来，把你要对别人说的话写下来，让人看明白。所以生活素材是否丰富、口头表达能力强不强很重要。平时可以带孩子多出去走走，让他开开眼界，见见世面，写作文时有话可说，有吸引人的东西可写。生活中和孩子多进行一些语言交流，看到遇到什么事让他说一说，听听他的意见，口头表达能力强了，写作文也会有进步，这就是"口头作文"，既不加重负担，又有效。

6.培养学生良好的学习习惯。

主要有以下几点：预习与复习的习惯；勤于思考与全神贯注的学习习惯；参与课堂学习活动的习惯；多动脑，勤动手的习惯；大胆发言，敢于质疑问难，敢于表达自己见解的习惯；独立完成作业与自我评价的习惯；课外阅读的习惯。

四、给家长朋友的建议

教育孩子是我们教师的责任，学生来到学校接受教育，有所提高和进步，是我们老师的愿望。但是要想真正教育好孩子，光靠学校、光靠老师是很困难的。我们需要你们的支持和配合。在以后的时间里，我希望家长朋友能多费点心思，配合我们做好以下几个方面的工作。

1.用平和的心态去看待孩子，看到孩子的"另一半"。

记得我以前一位学生家长与我交流孩子的学习情况时，他不断诉说孩子的种种缺点：学习不认真，没有耐心，太粗心，做题很马虎，成绩总是上不去，不肯听父母的话……总之，在他的眼里，孩子一无是处。正在成长过程中的孩子就像一杯没有倒满的水，我们不能总看到"一半是空的"，重要的是要看到已有一半的水，不能因为孩子有一些不足就全盘否定孩子。

每一个人都希望得到掌声、受到表扬，尤其是孩子，其实我们每位家长也有这样的体会……苏霍姆林斯基曾说过："不了解孩子，不了解他的智力发展、思维、兴趣、爱好、才能、天赋、倾向，就谈不上教育。"每一个孩子都有成为一个好孩子的欲望，家庭教育就应该让孩子找到"我是好孩子"的感觉。事实上，我们要对有缺点的孩子多一些宽容与赏识，多用发展的眼光看待他们，帮助孩子分析落后的原因，提出应对的策略，你一定会发现"那只杯子里的水越来越多"。

2. 给孩子一个锻炼的机会。

在某大学，曾经发生过这样一件事，一位即将毕业的物理系高才生，因成绩出类拔萃，被学校选送到美国某名牌大学深造。谁知该大学生却一口回绝，说什么也不愿出国。拒绝的原因令人难以置信：他根本无法独立生活。大学四年中，他的衣服被褥都是妈妈定期来到学校取回去清洗。很显然，这位大学生是在父母的过分保护下成长起来的。所谓过分保护，是指父母亲对子女的一切大包大揽、包办代替，像老母鸡保护小鸡一样，始终将子女护在自己的羽翼之下，不舍得让孩子做力所能及的事情。

过分保护会严重干扰孩子身心的正常发展，产生极其恶劣的后果。首先是孩子独立生活能力差了，动作笨拙，行为幼稚，起码的个人生活都不会料理；第二是社会化困难，社交无能，无法与他人沟通、相处；第三是优柔寡断，缺乏自信心，过分羞怯和自卑；第四是容易产生消极情绪，陷进持久的焦虑苦闷和抑郁的心境中不能自拔；第五是缺乏道德情感，责任心淡漠，报复心较重，甚至具有盲目的进攻性行为。

3. 给孩子一点纪律约束。

家有家法，校有校规，班级也有班级的纪律。这些规定和纪律，是同学们提高成绩的保证，学生们只有好好地遵守这些纪律，才能够形成一个良好的班级，才能够全面提高自己的水平。加强纪律观念，做到文明守纪，就显得格外必要。要教育学生明白，一个懂得规矩，并且自觉地遵守规矩的人，才能够时刻按照规矩办事，才能够使自己进步。风筝要想飞得高，必须由底下的线牵引着，假如没有了这根束缚它的线，风筝只能掉在地上。人也是这样，不要幻想什么绝对的自由，绝对的自由带来的是绝对的放纵，是绝对没有什么好结果的。

4. 把你的时间留一点给孩子。

每天花一定的时间与孩子交流，抽出一定的时间陪孩子。时间的长短并不重要，但是每天要花一定的时间坐下来，问问孩子学习的情况，和孩子交流思想，沟通情感。

每天花一定时间和孩子玩耍。不一定要在空闲时，你在做家务时也可以和孩子玩"猜谜语"等游戏，这样既不影响你做家务，又让孩子在快乐中积累了词汇，岂不一举两得？

带孩子一同去户外散步，上街购物，去公园赏景，有条件的带孩子出去参观、旅游，拓宽孩子的视野，陶冶孩子的性情。

陪孩子看一些有益于他们身心健康的书和电视节目，并相互交流观后感，培养孩子的鉴赏能力。

5. 多做练习，强化知识，举一反三，发散思维。

6. 每天请检查孩子的家庭作业，做到坚持不懈。检查完后请在作业本上签名。

7. 让孩子多读书，读好书，多订阅杂志多买书。

我班有家长说："我家孩子不喜欢看书，买了也不会看。"而且，下半年订阅《少年先锋报》的只有两人，过去每次订书稀稀拉拉拖几天也没几个人，所以这个问题我讲得具体一点。我相信订书的几十元不是问题，家长对于孩子多读书的重要作用没有足够的认识才是根本原因。

到底多读书有什么好处呢？

一是能提高孩子的写作能力。读的书多了，孩子的心中自有一个"小书库"，不管遇到什么题材的作文，孩子心中的那个"小书库"就会开始"自动搜索"有关的知识，如此，不至于在写作文的时候东拼西凑只为凑一个字数。一定要记住，读书，是孩子写作的奠基石。读书少的孩子，尤其只读课本的孩子，三年级时学习起来就会显得底气不足，词不达意，孤陋寡闻，总会有一定的局限性，而读书多的孩子，相对而言思维活跃，创造力较强，表达能力也强。

二是培养孩子气质。多读书的孩子，言谈举止总会有一种知书达理的气度，那是任何金钱也买不来的气质，将会伴随孩子的一生。因为读得万卷书，孩子所接触的层面就会广，在与人交谈时不至于缩手缩脚、胸无点墨。

三是增加孩子的知识面。每一个孩子都是块可以开发的璞玉，而读书，就好比打磨的过程。因为读的书多，一些较难的学习领域也会有接受的能力，并能更好地理解与学习，这是任何辅导班也做不到的事情。

四是激发孩子的语言能力与交际能力。一个几乎不爱读书的孩子，他的语言也没有新鲜的成分，如此一来，孩子的交际能力会很弱。多读书可以让孩子有许多的写作灵感，可以在写作文时用得更好。在写作的时候我们往往可以运用一些书中的好词好句和生活哲理，让文章更富有文采和美感。

五是多读书能使人超越凡尘俗世，心情变得快乐。读书也是一种休闲、娱乐的方式，在书的海洋里遨游也是很惬意的事情，用读书来为自己放松心情也是十分明智的。读书能陶冶人的情操，给人知识和智慧。

总之，读书的好处，有显性的也有隐性的，有短期彰显的，也有长远影响的。所以，爱孩子、重视孩子学习的家长，请不要吝啬为孩子订购书籍。这不单单是支持了老师的工作，更是理性地、有眼界地在为孩子的学习和成长投资。现阶段，家长可以和孩子一起制定一个合理的读书时间安排，指导孩子认真摘抄积累一些优美的词句、诗词名句等，可能某一天，你也会为孩子的知识储备、优雅的谈吐感到震惊。没错，这就是你投资的回报。而那些不爱读书也无书可读的孩子，一定会在很多方面显现出掉队的趋势。

9. 教育孩子上课认真听讲，积极参与课上学习，做好笔记。

10. 注重培养孩子良好的学习和行为习惯。共同制定孩子的作息时间，为孩子提供一个安静的学习和休息的环境。

11. 家庭是孩子的第二课堂，家长在方方面面要做孩子的榜样，热情、包容、诚信、上进、勤劳等。不在孩子面前讲老师的不是，让孩子尊敬老师，崇拜老师，他也会更听老师的话，教育的效果也会更好。

12. 保证孩子合理的膳食和适度的运动。

13. 离校门50米外停车。

14. 针对孩子的情况，及时和老师联系，最好是电话联系。

我觉得在教育孩子的问题上，首先要了解学生的思想动态、行为表现。在此基础上，家长和老师们携起手来，把工作做到学生的心坎上，才会真正有效果。希望家长们多和我们联系，让孩子像一颗蓬勃生长的小树，长得直、长得快。感谢家长们一直以来对我们班几位老师的信任，对学校工作的大力支持，期待并相信未来的日子里会一如既往得到大家的鼎力支持，支持教师、支持学校，就是支持孩子。谢谢！

（2016年9月7日）

六年级一班家长会讲话稿

谢建华

各位家长好！

在这秋风送爽的日子里，我们又相聚在这里。首先，我代表学校和班上的老师向各位家长的到来表示热烈的欢迎和衷心的感谢！大家能在百忙之中抽出时间来参加家长会，可以看出你们对子女的关心和对学校工作的支持。

其次，我还要替学生们感谢大家的到来。为什么这么说呢？我觉得在学生的心中，他们不在乎我们家长会开什么内容，但只要家长在其中，来参加会议，对他们来说这就是骄傲就是幸福，就会转化为取之不尽、用之不竭的力量源泉。

召开这次家长会的目的是为了加强老师与家长之间的联系，交流一下学生在校及在家的情况，以便老师能够及时调整工作，培养学生良好的生活、学习习惯，提高教育教学质量，同时促使家长也能够积极参与到学生的教育管理中来。总之一句话，就是"一切为了学生"。这是我们教育的一个根本出发点。接下来，我将从以下几方面展开与大家交流。

一、谈谈我们的学校

我们学校的袁校长是一位非常优秀的校长。他是江津区骨干校长、江津区"十佳校长"、江津区名校长，是江津区唯一获得三项殊荣的校长。他办学理念先进，管理有方。我们学校在他的领导下，取得了辉煌的成绩，去年我们双福实验小学学校共获得了13项区级以上表彰奖励：获得重庆市课堂内外杯书法绘画大赛优秀组织奖，还获得了江津区2015学年教育质量先进单位，参加江津区的科技模型比赛获得团体一、二、三等奖，啦啦操比赛获江津区二等奖，学校男女足球队参加江津区校园足球比赛均获第四名。同时我们的老师获区级以上表彰奖励的有191人次，学生获区级以上奖励的有1500多人次。

二、谈谈我们的科任老师

我担任班主任，教语文，从教20多年了，有一定的教学经验。朱老师，教学有方。涂老师是优秀的英语专职老师，对工作认真负责。

三、班级的基本情况

我们五（1）班是一个充满自信、知难而进、团结合作的班级。在这里有

57颗朝气蓬勃的少年心，他们个个有着自己独特的个性，又有着为一个共同的目标、共同的集体而拧成的一股强大的力量。

先来说说班上取得的成绩。在学校领导的关心下，在各个任课老师的共同努力下，还有各位家长的支持下，上学期我班取得了较为丰硕的成绩，如：唱国歌比赛获得了一等奖；校运会中，入场式比赛取得优胜；赛场上运动员奋力拼搏，获得团体总分二等奖；在捐款活动中被评为"爱心班级"；被教管中心评为"优秀中队"；被学校评为"先进班集体"等。

再来谈谈孩子的学习情况。我们班的大多数同学都有良好的学习习惯，每天能认真完成家庭作业。进入高段以后，我们的语文学习增加了难度，很多家长总是担心孩子的学习成绩下降，其实不然。这里，我也要向家长们说明一下，一、二年级时，我们的优秀分是95分以上，三、四年级，优秀分降到了90分，现在，进入了五年级，优秀分是85分。所以，分数的下降，也并不是意味着您的孩子在一年年退步，这是自然的现象。另外，分数也不是唯一的，要多方面培养孩子。引导孩子参加其他的活动，增强自信。

四、小学教育的重要性

万丈高楼从地起，小学是苗，要精心呵护、培养。从小搞砸了，使孩子失去了自信，将来就不好办了。

五、安全方面

校园里的伤害事故是家长和老师都不愿意看到的。与其事故发生了再去补救，还不如把工作做在前面，我们共同努力杜绝校园伤害。家长怎么做呢？一是要对孩子进行正面宣传。首先不要伤害别人，其次不要被别人伤害。要嘱咐孩子时时要绷紧安全这根弦，不要让孩子为了鸡毛蒜皮的小事而大打出手，个别的家长教育孩子千万不能吃亏，吃了亏坚决打回来，这些话不利于孩子的健康成长，不利于学生的团结协作，这样是最容易出问题的。第二个是要分清责任。是谁的责任就应该让谁来负。希望我们都能重视孩子的安全，防患于未然。还有一点提醒家长，出于交通安全考虑，我校要求家长接送子女在校门外50米处。

六、孩子的课外阅读问题

俗话说："开卷有益。"多看书能拓展孩子的视野，发展孩子的智力，培养孩子的综合能力，让孩子生发梦想，启迪灵魂。所以，许多家长大都乐意为孩子购买课外阅读物。家长们只要每天督促一下孩子，要求有半个小时左右的看书时间。养成爱阅读的习惯，学好语文就有了良好的基础。班上的小书虫如王紫寒、王一淳同学，课外能做到"两耳不闻窗外事"，午间的嘈杂丝毫影响不了她们看书；还有男生中的黄承旭、刘皓阳同学，也是如此，这令我很欣喜。希望家长们要多支持孩子购书。

七、亲其师才能信其道

家长在孩子面前必须树立教师良好的形象，注意自己的言行，教师是人不是神，没有十全十美，如果你在孩子面前说老师的不是，会降低老师的威信等于是害了自己的孩子，得不偿失。

八、培养孩子一些良好的习惯

作为父母帮助孩子养成一个好的学习习惯非常重要，一个好的习惯可以让孩子终生受用，老师的自身体会便证明了这一点：一个好习惯一旦养成，长大后便会一直坚持下去。

1. 专心致志。家长要给孩子创造一个适合孩子学习的环境，让孩子养成放学及时做作业、按规定时间完成作业之后再做其他事情的好习惯。

2. 独立思考。父母对孩子不能解决的问题要采取诱导的方式，引导孩子思考问题，重要的不是教会孩子一道题怎样解决，而是要告诉他们解决问题的方法，培养孩子独立思考的习惯。

3. 认真细致。孩子的作业一定要在规定时间内去完成，而且不能草率马虎。这就要求内容正确、书写工整、按时完成等。为使孩子养成良好的习惯，提高正确率，增强责任感，从一开始，就应要求孩子养成检查的习惯。

4. 培养孩子活跃的思维。不要以大人的眼光来看待孩子的提问，要善于培养孩子勤思的优点，对他们的提问进行恰当的鼓励与表扬，并能及时更正孩子的错误想法。对孩子接触的事物家长要多讲，多启发诱导，千万不要对孩子的提问不理不睬，这样会使孩子有问题也不敢问。

5. 背记词汇和课文。小学生记忆力好，有些东西背会了，可以终生不忘。家长在指导孩子学习时，可以引导孩子尽量地多背记一些词汇和课文。

6. 养成看书读报的习惯。家长需要为孩子购买、订阅合适的图书报刊，创设一个阅读环境，但书最好不要订得过多，要少而精。为防止"走马观花"，家长可以与孩子们一起阅读，共同讨论书中的问题，并指导孩子做读书笔记。

7. 培养周期学习习惯。掌握学习周期，培养孩子按预习、听课、复习、作业这样的周期学习的习惯。

8. 让孩子自己能做的事自己做，大人的事帮着做。让孩子自己来合理地安排时间，家长在旁只做适当的引导。哈佛大学学者曾经做过一项长达20多年的跟踪研究，得出一个惊人的结论：爱干家务的孩子和不爱干家务的孩子，成年之后的就业率为15：1，犯罪率是1：10。

各位家长，学校的教育离不开家庭的配合。在这里，我要向你们提出几点建议。

1. 以平常心来对待孩子的成长。父母都希望子女有出息、有作为。但是大千世界，还是普通人占多数。如果家长不顾客观因素，而一味地高要求、高投入，其结果可能就是期望越高，失望越大。在孩子成长的问题上，不要给孩子过大的压力，要在孩子的成长过程中积极加以引导，对孩子不能一味地拔高要求，加重负担，但也不能放任自流，撒手不管。其实，孩子辨别是非的能力、自我判断的能力还不够，再加上这个社会错综复杂，因此，还离不开家长和老师的引导。

2. 要学会科学地爱孩子。孩子需要的不仅仅是物质上的关爱，他们更需要有精神上的支持。孩子不需要父母的溺爱，溺爱只会使他们走入歧途；他们也不希望有过于严厉的关爱，我们在适当的时候应给予孩子更多的鼓励与支持。如果您的孩子做十题答对三题，与其责骂"你这么笨，才会三题"，还不用鼓励的话来说："你真不错，答对了三题。既然能答对三题，多努力一下，别的也就都会了。"

3. 关注孩子的思想，经常了解孩子学习或生活上的需要。对孩子的教育要诚恳、深入、有力度。经常找孩子谈心，不要让孩子封闭自己的内心世界，对孩子学习上的需要应尽量给予满足，配合老师做好查阅工作，经常和老师沟通，一定要据实以告。一个班级有50多个学生，一般情况下，孩子如果没有特殊情况，老师很少有机会给家长打电话。当然，更多时候，我希望给您打电话是报喜，让我们共同分享孩子的进步。

各位家长，在全面实施素质教育的今天，家庭教育、学校教育、社会教育是现代人成才的三大支柱。家庭教育是基础性的，因为家长的思想境界、人生观、价值观及其对工作和生活的态度、待人接物、举止谈吐，都会对孩子的成长产生潜移默化的作用，即便一些生活上的小事，也往往会影响孩子的一生。就让我们创造一个良好的家庭环境，让孩子在健康的家庭环境中快乐成长。

（2018年9月8日）

一年级一班家长会讲话稿

谢建华

各位家长：

大家下午好！

首先，感谢大家能在百忙之中抽出时间来参加这次家长会。这足以证明大家对孩子的关心，对学校工作的支持。请允许我代表学校，代表一年级（1）班的任课老师，代表一年级（1）班所有的孩子对大家的到来表示热烈欢迎。召开这次家长会的目的是为了加强老师与家长之间的联系，以便我们能够及时调整工作，提高教育教学质量，同时促使家长也能够积极参与到学生的教育管理中来。总之一句话，就是"一切为了孩子"。下面我从几个方面来和大家做一个交流、探讨。

一、自我介绍

我是班主任兼任语文老师谢建华。我从教23年了，在座的家长就有我的学生或是大孩子被我教过的，当班主任也有20年了，教语文也教了20多年了，以前我老教高段，所以五、六年级我带了5次了，一、二年级带了3次，教学经验还是有一些的。我这个人最大的特点是认真负责，我觉得既然担任了这份工作，就要凭着良心做事，要对得起学生的期盼，对得起家长的嘱托。但是金无足赤，人无完人，在教学工作中，我也有很多疏忽的地方，我敬请各位家长私下里跟我交流，我会虚心接受。但是，希望家长不要在群里或孩子面前指点我的不是，因为在每个孩子幼小的心灵中，老师都是神圣的，这样他们才会听老师的话，才能更好地成长。如果你在孩子面前破坏了老师的形象，使孩子对老师有了抵触情绪，这样你伤害的不只是老师，更是自己的孩子。

二、班级简介

我们班共有学生56人。其中女同学25人，男同学31人。这是一群优秀的孩子，个个聪明伶俐、活泼可爱。他们的背后还有一群可亲可敬的家长，家长们对孩子关爱有加，对我们的工作大力支持。一开学，我就被我们这些可爱的家长感动了。上周，我们举办了一次亲子劳动——清洗地板，我们班的家长踊跃参加，准备工具、按时到校、积极劳动、以身示范，本来半天的任务，我们一节课就完成了。家长们用行动诠释了对孩子的爱、对老师工作的支持。在这里，我再次感谢大家。相信有这样一群优秀的家长，我们也会创建出优秀的班级。

三、正确认识小学一年级

一年级是小学阶段中一个关键性的年级。一年级就相当于我们盖房子中的地基。如果地基没有打好，房子怎么能坚固？我们袁校长经常把小学阶段比作苗儿，其实我要说，一年级就是芽儿，只有芽好才能苗壮，将来才能长成参天大树。如果芽儿都黄了，苗儿怎能好？一年级除了学习一些基础的文化知识以外，主要是培养学生良好的学习习惯、生活习惯。一年级学生由于刚从幼儿园进入小学阶段，很多事情都不太适应。这就需要各位家长和老师密切配合，帮助他们渡过这个适应期。在这里我想郑重地告诉各位家长，你面对的是一年级的小孩子，他们的学习能力、自理能力还很差，甚至很多字都不认识。他们这一年的学习都离不开家长。他们的作业需要家长和孩子共同完成。特别是语文家庭作业，大多是口头作业。语文的学习不但要写，还需要朗读、背诵、听写、背写等。这些软性作业的完成全靠家长，其他的纸质作业也需要家长耐心地一道题一道题地指着读给孩子听，并给孩子讲解该怎么做题，指导他把家庭作业完成。孩子刚入小学，什么都不懂，自我约束力也很差，但是一年级又是培养孩子学习习惯的关键时期，所以务必引起家长的重视。比如，孩子每天下午一回到家，就应督促孩子先完成家庭作业，家长对着老师发的作业信息一条一条地指导孩子完成。让孩子从一开始就养成按时完成作业的好习惯，如阅读的习惯、积累语言的习惯、预习的习惯等，习惯一旦养成，就会终身受益。如果家长错过一年级这一关键时期，孩子一旦养成不良习惯，将来改起来就难了。良好的开端是成功的一半，请家长们务必重视。

四、讲讲教材

我要求家长每天花一个小时陪孩子，这段时间都需要做什么呢？首先要看看教材，我们本册语文书的重点就是识字和汉语拼音两部分。先看识字部分，包括课题、课文，要求孩子能大声朗读，这能培养孩子的语感、自信心；双横线里的生字是要求会认的字，家庭作业里每天都有认字任务，要求孩子会用这些字组词、造句，积累词语。重点说说田字格里的红字，这种字要求最高，不光要会认还要会写，写的时候，要让孩子观察字形、笔顺，这些字还要每天听写。其次，汉语拼音也是本册的重点，需要家长帮助孩子完成这部分的学习，打好基础。另外，预习习惯也很重要，提前让孩子看看第二天的学习内容。我重点说一说阅读习惯，先讲语文的重要性，高考语文难，而得阅读者语文才能得高分，得语文者得天下。如果现在舍不得花时间和精力，将来花更多的心血可能都补不回来。

五、对家长的建议和要求

1.学习用品的准备。这个阶段的孩子，注意力容易分散，准备学习用品时要注意。文具盒要准备简单实用的，以免分散注意力。文具盒里的东西不能太多，四五支削好的铅笔、一把尺子、一块橡皮擦就足够了。铅笔要在头一天指导孩子自己削好，不能使用自动铅笔，也不要把削笔刀带到学校。教育孩子不拿铅笔打闹，更不能拿铅笔在自己手上写字或玩耍，以免发生意外。每本书都要给孩子包上书皮，写上班级和孩子的姓名。包上本皮，保持本子的整洁，教育孩子不在本上乱写乱画。

2.多与孩子交流，多鼓励孩子。每天和孩子谈谈今天学了什么新知识，读了哪篇新课文，懂得了什么道理。交谈时要有耐心，不能简单粗暴。有时你一个微笑，一句鼓励的话语，都能开启孩子一个美好的心情，让他感受学习的快乐，感觉爸妈的关怀，何乐而不为呢！

3.重视孩子的安全。亲自接送孩子，教给孩子自我保护的方法。拒绝吃陌生人的东西，不跟陌生人走。如果孩子生病或其他事儿要请假，一定要记得给老师打电话，不然老师会很担心的。电话号码有变动，要及时来告诉老师，方便老师联系家长。让孩子记住自己的电话号码。

4.教育引导孩子积极参加学校的各种活动，培养孩子的特长、爱好，让孩子在活动中增强自信心、培养胆量。多参加活动的孩子性格更开朗，这对孩子来说是一种历练。

5.孩子小，在学校难免有磕磕碰碰，发现问题我们老师也会及时处理的，如果老师没有发现，希望家长心态要好，心平气和地跟老师反映，不要太过于计较或与其他家长发生冲突，影响团结。另外，小学老师和幼儿园老师不一样了，小学孩子有学习任务了，每一节课我们都要完成一定的学习任务，所以老师可能不会像幼儿园老师一样把孩子照顾得面面俱到，希望家长理解。

6.要保证孩子有充足的睡眠时间，晚上让孩子早睡觉。

7.告诉孩子长大了，是小学生了，并告诉孩子上课应该怎样做。班上有小部分孩子总喜欢上课开小差，喜欢转来转去、找人说话，或者独自玩游戏，不听讲。这些坏习惯的改正需要家长积极配合。

尊敬的家长，学校教育不是万能的，但学校会尽力；家庭教育不可少，望家长重视。最后，请天下所有的父母记住这样一句话："你可以不是天才，但你可以成为天才的父母。"我们以此和各位家长共勉。谢谢大家！

（2018年9月19日）

三年级五班家长会讲话稿

刘明富

各位家长：

下午好！

感谢你们在百忙之中来参加我们双福实验小学一期一次的家长会。孩子的教育是我们共同关心的问题，把孩子培养成才也是我们家长和学校共同的责任和愿望。孩子的每一点进步也会给我们带来成功的喜悦。我是孩子们的新班主任，上期刚带完一个毕业班，这期才接手三（5）班的班主任工作。所以跟很多家长还有一个相互熟识、了解的过程。但是我相信各位家长一定会像以前那样，一如既往地支持学校和老师的工作，一定会配合老师们，共同陪伴孩子成长！

一、赞赞咱们的班级

咱们班是一个积极向上的班集体——春笋班，这个称呼寄予了我们对孩子们的殷切希望。孩子们开朗、活泼、充满朝气。和孩子们相处这段时间来，我和孩子之间建立了深深的感情。每天一早到校，一群孩子就像小鸟一样飞过来，七嘴八舌地向我问好，那一刻心里是暖暖的。每天的"自能早读"时间，小老师像模像样，带领同学们认真读书，识字。"一歌一享一提醒一宣誓"活动中，孩子自己排序上台大方讲故事，指挥全班同学唱歌，小能人们有板有眼。"午间练字"培养良好的书写习惯，"读书启魂"培养孩子的读书素养，食堂就餐文明规范。可以说咱班的同学个个都是小能人。

二、加油鼓劲明道理

教育孩子要尊敬老师。俗话说：亲其师才能信其道。作为小学老师，从刚接手蒙昧的孩童到培养成具有初步人生观和价值观的十二三岁的小大人，老师陪伴他们六年的时光，对他们的人格塑造起着重要的作用。家长们一定要重视孩子小学阶段的教育，教育孩子要尊重老师、尊重同学，家长要身体力行，做好尊师重教的典范。

培养劳动、运动的意识。认识到劳动是光荣的，不要因为担心自己的孩子做不好，而剥夺了他们劳动的机会。三年级开始，我们每天要打扫教室、公地，这是孩子养成劳动习惯的有效途径，家长要支持配合。我把每组的学生扫除的情况做了一个表，明确了哪个孩子做什么，每组的组长清洁做完后要留守，等老师检查后再走，这也是培养学生的管理能力和责任感。

其次要培养孩子的运动意识。生命在于运动，孩子在家里、在学校锻炼出汗，吃苦是好事，既锻炼了身体，又锻炼了意志。我们的大课间跑操，是对学生体能和意志力的一个磨炼。这学期开始，我们将要参加学校的足球联赛，下周就将举行了，所以班上的小队员们要积极参加，家长们要支持，马上就涉及买比赛服装，希望家长们支持。

懂得在学习上的投入。我们现在是三年级，处于学习的上升期。孩子们将要开始学习写作，老师只能教给他们写作的方法，更重要的是学生自身的积累，好比我们修房子，老师帮你搭起来房子的框架，屋子里的装修就要靠学生去完成。你自己积累的词汇多，能灵活运用，这就是很好的了。所以我们的语文，需要孩子们大量阅读，大量积累好词好句。今后学生高考的语文所占分值可能要上升到180分，大量的阅读才能适应将来的升学。对于语文学科来说，我们不仅仅只是学习那本语文书，还需要工具书的辅助，所以语文上的工具书、语数的教辅资料的运用是必要的，希望家长支持。每学期，我们都要订阅各种报纸杂志，只要是学习上的，家庭条件允许的，我建议每个孩子都订一下。

多支持孩子参加各种比赛，锻炼自己的能力。家长们都希望自己的孩子能成为有出息的孩子，所以一定要在学习上舍得为孩子投资，我们很多家长给自己的孩子报学习班或兴趣班，注重提升孩子的素养，这是非常好的！同时，学校给孩子们提供了很多展示自己才能的机会，每期我们都要开展各级的比赛，家长们要多鼓励支持自己的孩子多参加。

三、老师温馨提示

（一）正确面对孩子的成绩

孩子进入三年级，学习的知识越来越多，知识的运用也越来越灵活。对孩子来说是一个很大的考验，要迈一个大台阶。特别是阅读和作文的综合性知识运用，要求孩子不仅仅是运用书本上的知识，还有课外书上的知识，以及生活的积累，每一次测试对他们都是一种考验！所以三年级的语文就不是像一、二年级那样都是90多分了。差距就慢慢地显现出来。一般来说，孩子语文在85分左右都是学习很努力的了，90分以上就是很拔尖的了。如果能一直保持这样的成绩，稳中有升。那成绩绝对是杠杠的！所以我们的家长们不能"望子成龙"过度，要求孩子语文都要考到90分以上，客观来说，有些孩子能达到，有些孩子努力一把也能达到，但是有些孩子怎么努力都达不到。所以要尊重孩子的差异化发展。所以我恳请家长们，正确面对孩子的成绩，以坦然的心态陪伴孩子成长！

（二）正确应对孩子成长的"烦恼"

有一首词说："少年不识愁滋味，为赋新词强说愁。"可能我们大人认为孩子们的烦恼微不足道，但也许对他的一生都有影响。比如，怎样处理好和同学之间的矛盾，什么是正确的道德指向，生活中怎样保护自己，等等。孩子慢慢在长大，多少懂得道理了。我们做家长的要对孩子采用"多平等，少指责，多鼓励，少打击"的方式。发现孩子成长中出现了问题，要及时谈心、疏导。或者与老师联系，共同帮助他们。对于原则问题，决不能迁就和敷衍，甚至为孩子遮掩。我们的家长要多和孩子交流。

（三）家校及时沟通，为孩子健康成长保驾护航

1. 家长要多和老师联系沟通、配合，有事情随时和老师交流。了解学生在家里和在学校的表现，才能促进孩子的成长。

2. 多鼓励孩子参加各种各样的活动，重视体质和智力的培养。

3. 鼓励孩子学会交朋友。

4. 培养学生科学的时间观念。培养孩子的时间观念，在时间方面有以下几个方面需要家长注意：牢记学校作息时间，要保证孩子有充足的睡眠时间，注意孩子的饮食起居。

5. 培养孩子正确的是非观念。

6. 培养孩子的劳动习惯，教孩子方法。比如这次我们班级的清洗地板大行动，有些孩子很优秀，做事井井有条，踏实肯干。个别的缺乏条理，"东一榔头西一棒槌"，别人干完了他还不知如何下手。

总之，希望我们的家长和老师相互尊重、相互了解，相互配合，才对孩子的教育有帮助，才有利于您孩子的成长。通过学校、家庭、社会一起努力，共同教育培养孩子。让他们都成为有出息的人，这是我们的共同心愿！

（2018年9月19日）

六年级一班家长会讲话稿

邹华忠

各位家长朋友：

大家好！感谢大家在百忙之中抽出时间来参加小学阶段最为关键的一次家长会，我代表我们班级的全体任课教师对大家的到来表示热烈的欢迎！感谢大家一直以来对我们工作的支持！六年级是小升初最关键的一年，孩子上中学能走多远也与这学期有太多的联系，我希望也相信，从这个出发点，我们的家长会一定能够达到预期的效果，取得圆满成功。

双福实验小学校是一所百强示范校，在袁校长的带领下，也形成自己独特的办学理念，袁校长先进的教育思想如春风沐浴般地浸润着福小人的心，孩子们六年来在幸福的乐园里开心快乐地成长。下面我就班级情况为家长们汇报如下。

一、班级情况

我班通过六年的努力已经形成自己特有的班风，孩子们自信团结，快乐健康，蓬勃向上，积极创造一个务实奋进、凝聚力强的集体，各种活动总能取得好成绩，受到学校老师的认可，成为学校少有的先进班级。

二、学生情况

（一）关注孩子的变化

1. 进入六年级了，家长朋友应该多关注孩子的心理和行为。根据以往经验，孩子进入这段时间思想状况容易出现波动，学习时怕苦，容易受社会影响，迷恋追星、看青春偶像片，情感朦胧发芽……所以学习不再单纯，厌学也时有发生。因此家长要细心发现，明察秋毫，及时发现情况，及时引导制止，以免发生难以挽回的后果。

2. 在学习方面，要时常陪伴孩子学习，有困难要鼓励孩子勇敢克服，培养孩子坚强的意志品质；注意训练孩子的做题速度和解题思路，加强高难度题目的练习，因为要读好中学要有好成绩，必须要有更为敏捷的思维和功底。

（二）教会孩子理解、沟通

家长了解了孩子的身心变化，就要适当引导孩子学会与人沟通，要教导孩子多从他人的角度考虑问题。遇到事情要学会如何应对，不能总从别人身上找毛病。

做到公平、公正地对待每件事情，不要把一些小事夸大其词地告诉家长，引起不必要的矛盾。否则极其容易助长孩子极端自私心的形成。

三、安全卫生

1. 安全工作是一切工作的重中之重。家长朋友要教会孩子的安全注意事项，每天平安而来，安全而归。对于小学生来说，安全工作尤为重要。首先我们在思想上要高度重视，认真搞好学生在家在校的安全工作。教育学生在家要听从父母的安排，不玩火、电，不接触危险品；外出要征得家长的同意；

上学放学路上要提高警惕，告诫孩子千万不要到网吧，不玩手机、电脑；在校内不要追逐打闹等事项。

2. 孩子大了可以训练孩子的独立生活能力，能不接送就不接送，但要把握好上学和放学时间，不让孩子在外游荡，养成不良习气。

3. 及时检查孩子的卫生状况，养成讲卫生的好习惯。

4. 其他方面

（1）提醒孩子每天佩戴红领巾、校牌，着装干净整洁。

（2）保证孩子每天的早饭要吃好吃饱，健康的身体是学习的保证。

（3）教育学生不乱花钱，不在小摊子上买吃的，不带零食到校。

四、对家长的几点希望

1. 重视家庭教育，因为家长是孩子的第一任老师，言谈举止都会给孩子带来影响。

2. 观念要转变。关注孩子的成长，应更加关注孩子的长远发展、全面发展。认识到孩子是否能成为合格有用的人才，不是一张试卷决定的，而是社会对他的检验。未来社会需要的是人格健全、心理健康、有社会适应能力、有终身学习愿望和能力的人。一个人的观察能力、思维能力、综合运用知识的能力、生存能力是非常重要的。因此，光有知识是远远不够的，学生的综合素质、情感、态度、价值观更为重要。所以，不能像以往那样，眼睛只盯在分数上。要给孩子自信，鼓励点滴进步。在很大程度上，学生的学习积极性靠外部驱动，尤其是孩子，他们更希望得到大人的赏识。在别人面前，我们应该夸奖自己的孩子，别老拿自己的孩子和别的孩子比较而责骂孩子，孩子犯错误我们要关起门来耐心教育，给孩子面子。尤其在学习上，任何一个孩子都愿意取得好成绩，只是因为方法不当或是努力不够而暂时落后，教师和家长要为他们树立自信、找到方法，花时间帮助他克服困难、解决问题。

3. 陪孩子阅读。今后的语文考试不只是课本知识的较量，更是孩子博览群书的检验。特别是今后的高考，考试内容极其宽广，所以不读书的语文学习是走不到多远的，不阅读的孩子知识一定是贫乏的。

朋友们，大家行动起来，为了孩子美好的明天，现在我们吃点苦，多花点时间也是值得的。关键的小学一年，将为孩子打下一生良好的基础。同时我也希望家长们更加关注我们的学校，我们的学生也需要您的呵护，学校发展也必须有家长们的关爱。希望家长处处关心爱护学校，随时给我的工作提出宝贵的建议和意见。最后，我想说，要相信自己孩子的潜力，永远不要对孩子失望，不要吝啬父母的表扬和鼓励，教给孩子一生受用的东西。再次感谢大家的到来，愿今天的家长会能为孩子也为我们带来真正的助推，相信教育的脚步永远不会止步。谢谢大家！

（2018年9月20日）

六年级三班家长会讲话稿

涂家荣

尊敬的各位家长：

你们好！

作为班主任，我首先代表我和所有任课老师，对各位家长的到来表示深深的感谢。感谢你们在百忙之中来到学校，你们的到来既是对你们子女的关心，更是对我们工作的大力支持。

一、介绍班级情况

我们这个班现有53名学生，其中男生31人，女生22人。总体来说，孩子们思想活跃，活泼可爱，求知欲、上进心强。我们六年级三班是一个团结、勤奋、文明、自信、快乐的大家庭。

二、表扬各项优秀学生

课堂上开动脑筋、积极发言的有：邹鑫、代维亿、隆佳欣、刘浩、林童宇、刘宏伟、严俊丰、张涵露、王伯珩。

作业书写工整美观的有：张雨涵、何雅轩、慕俊鑫、熊玉林、陈肇钦、陈玲玉、邓羚、王熙铖、何钒源、严尉榕。

热爱朗读、语音标准、表情丰富的有：肖寒玉、何雅轩、唐杰、刘浩、刘宏伟、吴鑫。

爱看课外书籍的有：肖寒玉、慕俊鑫、娄欣悦、陈玲玉、张涵露、何钒源。

对班级事务热心、能干、有责任心的有：游传钦、唐杰、肖寒玉、胡柯兰、刘浩、何雅轩、熊玉林、陈肇钦、严俊丰、陈玲玉、兰钰婷、林宇、严尉榕、张振宇。

学习有进步的有：唐杰、杨逸凡、隆佳欣、王少杰、张振宇、柳江、隆东林、何雅轩、李井华。

积极参加科技活动并获奖的有：唐杰、廖秋云、刘浩、林童宇、董宇杭、熊恒阅、严俊丰、柳江。

积极参加体育活动并获奖的有：肖洁、廖梓伊、林童宇。

参加朗读比赛并获奖的有：何雅轩、刘浩、林童宇。

参加演讲比赛并获奖的有：何雅轩

成绩优秀的有：廖秋云、刘浩、廖梓伊、陈玲玉、王伯珩、王熙铖、张涵露、娄欣悦。

三、六年级孩子的心理和行为特点

六年级的教师可能都有相同的感受：六年级的学生不好管。学生表现出来的是一种莫名的躁动：不听老师的说教，自由行动。其实并不奇怪，这就是学生进入青春期的表现。在这个时期，心理特点归纳起来大致有以下几个方面：

1. 自主意识增强，排斥老师、家长的管理。孩子们总爱说的话就是"我知道""不用你们管"。在他们的心目中，家长、老师的权威已经慢慢地减弱，他们可以对家长的缺点错误进行批评，他们开始对家长、老师的言行提出质疑、表示反对。同学间的交往更频繁了，许多事不让大人参与，不让大人知道，甚至是非不分地为了义气而互相隐瞒包庇。

2. 不尊重人。在自我意识的强烈导向下，孩子们唯我独尊，对待周围的人与事都是比较冷漠的。在他们的眼中，父母与师长们的付出都是理所当然的。他们比较重视自己的感受，而不去在乎别人的感受。在家里冲着长辈们发脾气；在学校，对师长不礼貌。受到家长批评后，他就拒绝接受父母的任何安排；受到老师批评后，他就通过不听课、课堂捣乱、乱写作业等方式来表达他的不满。

3. 易冲动。处于青春期萌芽的学生好胜心强，但自控能力差，当受到挫折后很容易使用攻击行为，把敌对情绪直接发泄到造成其挫折的人或物上，经常处理孩子们之间问题的时候发现起因只是一件微不足道的小事。

4. 缺乏责任感。做错事情的时候，他们不会主动去承担责任，而是选择逃避。在学习上，他们马虎浮躁，这是对自己不负责任的体现。

这些问题都是孩子们成长的表现，我们都经历过。所以，老师们、家长们作为成年人，作为孩子们的长辈，我们应该为他们的成长高兴。这个年龄阶段的孩子容易犯错误，但我们要正确对待孩子们成长中出现的以上这些问题，用一颗宽容的心对待他们在成长中所犯的错误，同时要注意正确引导。

四、给家长的几点建议

1. 加强孩子的安全教育。作为家长我们要时刻提醒自己的孩子过马路要小心，不要在马路上追逐打闹，不要骑着自行车到处乱跑，不要私自下河洗澡，注意交通安全，预防传染病，放学后要按时回家，等等。

2. 培养孩子良好的学习习惯。每天督促孩子按时完成作业，不能因为心疼孩子就放纵他，孩子不想写作业，你就让他去玩。作为家长必须让孩子懂得完不成作业，想玩根本不可能。这样时间长了孩子自然就形成按时写作业的习惯了。

3. 要教育孩子学会合理安排时间。每天放学回家后要督促孩子完成作业外，还要让孩子按时睡觉。周末提醒孩子写作业，对他什么时间玩、什么时间写作业要进行安排，不能让孩子把所有作业放到星期天的晚上去完成。

4. 培养孩子良好的行为习惯。我们班一些孩子，在行为上出现了偏差，如拿别人东西、撒谎、骂人、弄坏了别人的东西不赔偿等，这些行为家长要重视起来，及时正面引导孩子。

5. 锻炼孩子的生活自理能力。

6. 提醒孩子谨慎交友。一个好的朋友能让你的孩子更加优秀，而一个不好的朋友则会让你的孩子走上歧途。

7. 给孩子进行挫折教育。

现在的孩子都比较脆弱，都禁不起批评和挫折，作为家长要经常教育孩子正确对待批评与失败。

8. 学习均衡发展，不要偏科。

9. 和教师多一点联系。我们希望家长们要和班主任以及任课老师多联系。沟通有很多方式，打电话、亲自来到学校等。多了解孩子在学校的表现，多了解孩子的学习状况，多了解孩子的作业情况；老师也要向你们了解学生在家里的情况。所以，家长和老师相互联系，相互了解，就能掌握孩子的学习情况，可以有的放矢地对他们进行教育。

（2018年9月20日）

一年级一班家长会讲话稿

唐祖英（重庆市江津区四牌坊小学）

各位家长朋友：

大家好。

我是孩子们的数学老师，叫唐祖英。前15年在大桥小学教书，1997年组织指导学生参加江津区小学数学奥林匹克竞赛，2人获满分奖，7人获一等奖。教委教研室周主任感到震惊！原来那年江津满分奖共3人，一等奖共12人。2003年调入四牌坊小学，接手一年级一个普通班数学（当时6个班中4个实验班），毕业考试成绩却超过所有实验班成为第一。我组织的中队活动比赛获得年级第一，获得全校观摩。今年这个班，毕业考试100分的有25个，是年级最多的。我班孩子去重庆、巴川参加选拔考试，家长反映效果都非常好。重庆二外到江津招考拔尖学生，数学考题总分为45分，近三百考生中只有3个上40分，都是我班学生，分别为44分、43分和40分。所以我认为，现在的孩子绝大多数是聪明能干的，只要家长重视，我是有信心的。

小学教育是基础教育，而一年级启蒙教育是基础的基础。一年级是幼苗期，最容易被伤害而折枝、苗黄、枯萎，造成终身遗憾。所以，我们要多一些呵护，多一些宽容，多一些表扬，多一些耐心。

我个人认为，学生分数重要，但还有比分数更重要的，那就是良好学习习惯的养成。从小养成好习惯，孩子会受益终身。

今年毕业这届学生数学年年都考得好，学校老师是这样评价的："1班的孩子并不比其他班聪明，可学习习惯比别的班都好！"确实是这样，咱班的孩子会倾听、会思考、会反思。学习能静下心来，认真听老师讲，认真听同学发言，积极思考，就连成绩差的孩子上课也能争取大胆回答问题（实际上能争取发言的孩子不会差）。平时做作业时都非常安静，自己做自己的，老师巡视给个别不会的辅导时，其他同学一点都不受影响。安静的课堂让更多孩子得到我的帮助，迅速进步，也让我的课堂成了高效课堂。教学得心应手，孩子学得轻松，成绩优异。我感觉当老师幸福，是一种享受。

现在我重点谈谈培养这4个方面的习惯。

1.培养孩子专心听讲的习惯。老师讲课时，看着老师、看着黑板集中精力去听，这是积极动脑思考的前提，还要会倾听同学发言，不随意打断他人发言。

2.培养孩子独立思考的习惯。平时做作业，尽量让他自己想，成功了及时夸奖，让他感受成功的喜悦；实在不会才去引导、帮助他。

3.培养孩子大声、清楚、完整表达的习惯。能回答问题是能干的表现，对错都无所谓。上课敢大胆发言，这是自信的表现。要创造机会让孩子展示自己，培养自信。我们提倡孩子主动表现自我，鼓励孩子敢于向老师提问。

4.培养孩子认真细致、工整书写的习惯，特别关注孩子正确的写字姿势。

北师大的卢乐山教授说：老师和家长爱孩子的最好方式是帮助孩子养成良好的生活学习习惯。朋友们，我们一起努力吧！

有人认为一年级知识简单教起来太轻松了！那就错了。教高年级教得很好的老师，教一年级不一定很好。教一年级要方法多、方法新，并且要不断更新。用直观的教具演示建构孩子的形象思维，用一个手势、一个微笑、一个眼神吸引孩子的注意，用奖励小红花等调动学生学习的积极性。

我虽然40多岁了，但还充满着童真，和孩子们一起唱、一起跳、一起吼、一起笑、一起乐、一起学。因为亲其师，才信其道。我喜欢孩子们，孩子们也喜欢我，从而喜欢上数学。

近期，我很注重常规训练，培养兴趣。前几周是孩子从幼儿园到小学的过渡期，因此，作业较少，没安排书面作业。现在，我们要尽快引孩子上路，小孩子识字不多，对题的要求不懂，老师和家长要教孩子指着念题的要求，慢慢学会审题，不能急。今后的家庭作业，拜托家长指导孩子做，每次都要纠正前面的错，这一点很重要，让孩子养成错题必改的好习惯。每次的家庭作业，能看出家长对孩子的重视程度。如果家长对自己的孩子都不负责任，老师该怎么做呢？

孩子的点滴进步，不仅仅需要老师的教导，更需要家长的支持和帮助。

给家长5条建议。

1. 每天放学后一定要问问孩子开不开心，快不快乐，今天举了几次手，回答了几个问题，受老师表扬了吗。要开导孩子，不要因为今天举手老师没抽到你，以后就不举手了。

2. 随时关注他（她）的进步，也让他（她）自己知道自己的进步！及时发现孩子的点滴进步，并给予奖励。在孩子的学习上，有时家长要假装不懂，让他当老师讲给你听。这样既训练思维，又锻炼口头表达能力，学习兴趣会越来越高。

3. 不要太关心孩子。凡是孩子能做的事，大人尽量不要替他做。大人退一步，孩子才进一步，这就是"成长"，比如：削铅笔、整理书包等。

4. 孩子在家学习时，家长不要看电视、打牌、唱歌，营造一个安静、舒适的学习环境很重要。晚上按时睡觉，一般不超过9点。有充足的睡眠，孩子才会长知识、长个子。

5. 正确评价孩子。树立"努力做了就是好样的，自己和自己比有进步就是成功"的差异发展育人观。

各位家长，教育是一门宏大的事业，也是一门高深的学问。每个孩子健康成长是我们大家的希望。有的家长是领导，有的家长是教师，有的家长是医生，来自各行各业，都有自己很好的方法。我真诚地请大家为我提出宝贵意见和建议。我相信，在我们的共同努力下，我们的孩子一定会茁壮成长！

（2016年9月8日）

三、家长会后，家长这样说

老师我想对您说

4.8班　吴一然妈妈

我平日里对孩子的照顾少，也很少关注孩子的学习过程，所以每次的家长会是必须参加的。

一则是因为家长会是家校沟通最好、最快、最有效的方式；二则也可以让自己再次走进课堂，聆听老师的讲解，吸收现代教育的精华，形成家校共育的知识结构和体系。

孩子进入福小一年，我也参加过几次家长会，但每一次都感觉有新的知识理念植入，非常感动，也很感谢！

有一次，我参加全校的足球特长生签约会，听到袁校长激情四射、极富人生哲理的发言，受到了很大的感染，看到了福小的希望和孩子的未来，也很庆幸自己果断地将孩子交给了福小。

今天，听了廖老师对上学期的学习总结和本学期的教学规划，听得几次眼睛都湿润了。

谈到对孩子上学期学习的总结时，没有批评任何一个孩子，而是重点表扬了一个学习成绩虽然不理想但进步很明显的孩子和孩子的家长，并且用了一句话来做总结："永远不放弃任何一个孩子！"这是一种多高尚的育人境界，这是一个具有博爱胸怀的教育工作者的肺腑之言！孩子们遇上这样的老师，是人生收获的第一笔财富。

三八班在上学期的六一会演中，表面上只花了很少的时间排演，而取得了优异的成绩，得到了学校和家长的认可。可我认为，那是老师们的厚积薄发，是用真情实感、用心在表演，是长期以来对学校、对孩子们的付出和认可的真实表现。这是一个教育工作者高贵的情操和奉献精神打动和感染了我们！

廖老师为了让每一位家长听得清楚和明白，竭尽所能地放大分贝，看到老师额头上带着汗珠仍然认真仔细地规划着这一学期的安排，这种敬业精神让人肃然起敬。

成立班级足球队、班级篮球队，培养孩子们吃苦和拼搏的精神；举办升旗仪式锻炼孩子们的勇气和公众演说力；组织各种科技创新活动，开启孩子们的创新和思考力；班组统一订阅图书，既统一规范，又减少浪费……每一种安排都是那么的目标明确、思路清晰。通过种种活动，将孩子们培养成有目标有理想的有用之才，这是教育工作者对社会最大的贡献和最伟大的成就。

老师在谈到孩子们本学期的教学交流时，又是那样的具体和仔细。四年级的孩子要养成规范、严肃的学习习惯，形成自主学习和自我学习的学习习惯。就语文而言，四年级进入了一个疯狂写作的阶段，对数学而言，那就是对计算能力的强化和运用。

每次参加家长会，听了老师们的教学心得和教育方法的分享，都受益匪浅，有效地运用到我的工作和管理上，非常有帮助。所以我想对老师说，老师是灵魂教育的工程师，是无上光荣和伟大的职业，非常感谢你们的付出和辛劳！我由衷地敬佩你们，也祝愿你们工作开心，桃李满天下！

我也代表家长们做郑重的承诺，全力配合做好孩子的家庭教育，以福小老师们为榜样，做好孩子的第一任老师，将孩子培养成为有目标、有理想、有责任、有担当的有为少年！

（2017年9月15日）

四、一封信，孩子读给家长听

双福实验小学给家长的一封信

亲爱的家长：

第3周星期三是双福实验小学校定"家庭会日"，由聪明能干的孩子给家人开会——

"双福，双福，我们——创造幸福！""福小人行行行，我们要做能干人！"这是我们的口号。"快乐自信，自主规范"，这是我们的目标。我们的办学宗旨是"育学生灵魂，创天下名校"。我们追求：让30年后的人们因我们今天的教育而自豪！

中国新闻杂志社编辑部主任邝卫红撰文：福小的"教育"既有"中国灵魂"，更有"世界眼光"！

双福实验小学荣获"全国百强特色学校""全国书画特色示范基地""全国书香校园""全国足球特色学校""重庆市校长培训基地"。教师每年获区级及以上奖近300人次，学生每年获区级及以上奖1500人次左右。

为了孩子的成长，请您做到以下几点。

1. 书是人类进步的阶梯，没有阅读就不可能有个体的心灵成长，就不可能有精神的发育，没有阅读的学校不可能有真正的教育。要鼓励孩子读好书、多读书（伟人传记、科学家故事、礼仪关系等），生发梦想。每人每期买两三本自己喜欢的好书拿到学校交换读，养人养性，成就最好的自我。

2. 升旗仪式庄严肃穆，应着装校服，佩戴领巾，精神饱满。

3.支持鼓励孩子参加自己喜欢的体艺活动，包括体育游戏、科技创新、乒乓球、篮球、足球、跆拳道、羽毛球、唱歌、跳舞、书法、绘画等各种"小能人"活动，增强自信，创造最好的自我。促进福小人扬长发展、差异发展、个性发展、最大发展、全面发展。

4.教育孩子尊敬长辈，尊敬老师，团结同伴；热爱祖国，热爱学习，热爱劳动；节约用水，节约用电，节约粮食，文明用餐，不剩饭剩菜；讲文明，讲礼貌，抬头走路，微笑交谈，阳光灿烂；不打人，不骂人，不说脏话，不欺负弱小，不讥笑、戏弄他人，尊重残疾人；主动为家庭做力所能及的事，如扫地、洗碗、洗衣服，因为动手长智慧，懒惰变颓废；外出或回到家要主动打招呼。

5.教育孩子珍爱生命，注意安全。防火、防溺水、防触电、防盗、防中毒，不做有危险的游戏，不到危险的地方玩耍；不带火种上山，不翻越栏杆，不高空吐痰、抛物；不喝生水，不吃路边食品，不带病到校上课；严禁孩子下河、下塘洗澡。

6.督促孩子严格遵守学校作息时间，按时到校，按时离校回家，放学后不在学校、路上逗留，双休日一律不许到学校。学生到校时间，原则上不得超过课前30分钟。

7.教育孩子诚实守信，不说谎话；知错就改，不随意拿别人的东西，借东西及时归还；答应别人的事努力做到，做不到时表示歉意。

8.教育孩子遵守交通法规，过马路走人行横道，不乱穿马路，不在公路、铁路、码头玩耍和追逐打闹。

9.教育孩子不玩手机、不玩电脑、不打网络游戏、不过度看电视，保护自己明亮的眼睛。

10.教育孩子遵守公共秩序，在公共场所不拥挤，不喧哗，礼让他人；超市购物，主动付款，绝不小偷小摸；乘公共车、船等主动购票，主动给老幼病残孕让座。

11.教育孩子保护环境，爱护花草树木、庄稼和有益动物；不随地吐痰，不乱扔果皮纸屑；塑料瓶、塑料袋一律不带入厕所。

12.教育孩子锻炼身体，增强体质，每天坚持参加一些安全的体育游戏活动，如跳绳、下棋、高抬腿、击掌、直立跳等。

13.驾驶车辆接送子女，请在离校门50米外停车。一年级接孩子家长在指定位置等候，其他年级接孩子家长在离校门50米外等候。家长到校，在门岗处主动登记、询问，做到穿着整洁、言行文明，进入校园不吸烟、不乱丢垃圾。接孩子须在校门外指定地点等候，让开通道。

14.多与老师联系、交流，多给老师点赞、支持。因为亲其师，才信其道，家长善待教师，就是善待自己孩子的未来！

15.家长好好学习，孩子天天向上！请家长关注我校官方微信公众号，每天学习，树立正确的育人观，做一名优秀的好家长。引导孩子每天登录双福实验小学网站（http://www.cqsfsx.com/）学习。

【要求：学生主持，大胆、大方、大声、有感情宣读，家人参加，发表意见，签字证明。第二天交班主任，分班收齐装订，交德育处存档】

开会主持人：____年级____班　学生_____

家长意见：_____

重庆市双福实验小学校

2018年9月19日

五、月月简报，家长分享

六、周周提醒，协同育人

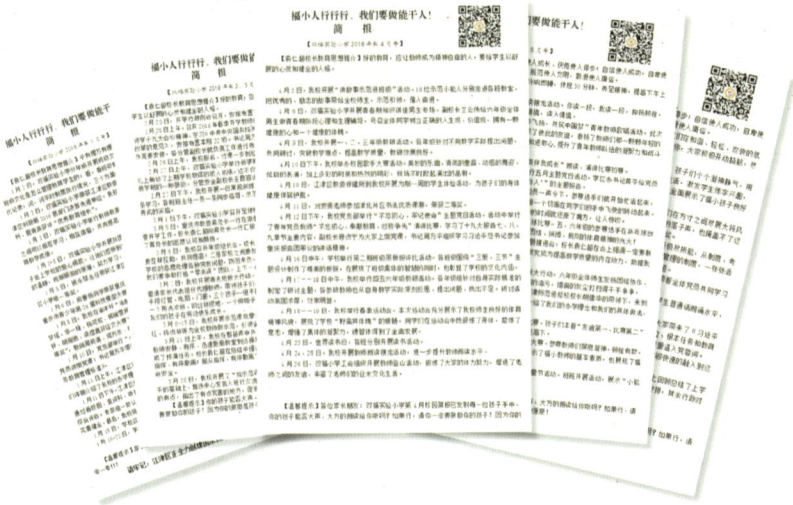

【福小教育 漫入心田，珍爱生命 文明出行】各位家长朋友，请您在家教导您的孩子不和社会上品行不良的人交往；不上游戏机室、网吧、歌舞厅等未成年人禁入的场所；未经家长您的同意、不私自外出或私自在外留宿；注意用电、用火安全，预防触电、火灾事故；如遇遇刮风、暴雨等恶劣天气，不要带孩子在户外活动。祝您周末愉快！【双福实验小学】和教育官方客户端下载地址www.cqhejiaoyu.com/xz

【福小教育 漫入心田，热爱劳动 创造未来】各位家长朋友，劳动，是创造辉煌的源泉，是托起梦想的动力。我们要告诉孩子"没有汗水，浇灌不出鲜艳的花朵；没有勤劳，不可能收获丰硕的果实。"请在您耐心引导和细心监护下，放手让孩子自己去完成力所能及的家庭劳动，让他们体验劳动的快乐和收获！祝您周末愉快！【双福实验小学】和教育官方客户端下载地址www.cqhejiaoyu.com/xz

【福小教育 漫入心田，尊敬长辈 传承孝道】各位家长朋友，"孝道贯百代，上下五千年"，尊老爱幼是中华优秀传统文化的重要内容，具有仁爱、诚信、正义、和合等鲜明特征。请您在家引导孩子从小事做起，从一言一行开始"知孝理、践孝行"。您的言传身教将是孩子最好的榜样！祝您周末愉快！【双福实验小学】和教育官方客户端下载地址www.cqhejiaoyu.com/xz

【福小教育 漫入心田，自能阅读 丰富人生】各位家长朋友，书籍是全世界的营养品，读书有助于孩子形成良好品格、健全人格，读书也可以给孩子提供拼搏的勇气和战胜困难的力量，读书可以让孩子懂得爱自己、爱他人、爱生命、爱世界。请抽出空余时间陪孩子多读书，读好书，不断提升精神境界。祝您周末愉快！【双福实验小学】和教育官方客户端下载地址www.cqhejiaoyu.com/xz

【福小教育 漫入心田，强健体能 身心健康】各位家长朋友，近期气温多变，冷暖交替，极不稳定。请注意及时给孩子增减衣服，引导孩子加强锻炼，提高孩子自身抵抗各种疾病的能力。请您抽出空余时间多陪伴孩子，多与孩子沟通，保持孩子身心健康。祝您周末愉快！【双福实验小学】和教育官方客户端下载地址www.cqhejiaoyu.com/xz

七、天天微信，修身做人

八、干能能干，不干无能

卫生校园行动、文艺演出、代理教师等。

食堂卫生大清洁（2018年11月6日拍摄）

教学楼大清洁（2018 年 9 月 12 日拍摄）

文艺活动（2017 年 5 月 31 日拍摄）

第六章　硕果累累　社会认可

一、权威报道　社会认可

《教育文摘》报道·图片（2016年1月28日拍摄）

挑战"尺度"，超于"常道"

——重庆市江津双福实验小学校长袁仁超印象记

教育理念

教育因培育灵魂而神圣

教育名言

教育不等于教学，更不等于考试分数。教育，贵在培育灵魂，激活潜能。教育是慢的事业，让30年后的人们因我们今天的教育而自豪！

教育经历与成果

袁仁超，男，1965年2月生，大学本科，中学高级教师，中国民主同盟盟员。工作32载，连任校长25年。一直耕耘基础教育。酷爱教育，为人师表，不计得失，不求名利。读教育专著300多本。提出"科教兴国应教科兴国"，立下"育学生灵魂，创天下名校"的誓言。追求：让30年后的人们因我们今天的教育而自豪！编著出版《育学生灵魂，创天下名校》《教育因培育灵魂而神圣》。荣登《教育文摘周报》2007年头版人物，被评为"全国百名优秀小学校长""首届全国书香之家""全国百强特色模范校长"。中国新闻杂志社编辑部主任邝卫红评价：袁仁超教育思想既有"中国灵魂"，更有"世界眼光"！

教育思考与实践

初识袁仁超，是10年前的一次面对面采访。那时，他还是江津区双槐树小学校长。10年间，尽管我与他只有4次谋面，但其卓远睿智的办学思想和科学前瞻的育人理念，却给人留下难以磨灭的印象。

在江津教育界，袁仁超一直是饱受"热议"的人物：他24岁开始任校长，从教32载连任校长25年；他一生做着"创天下名校"的"白日梦"；他反对孩子"循规蹈矩"，鼓励学生"胡说八道"；他是全国百强特色学校模范校长重庆地区唯一上榜者……其行，挑战"尺度"，离经叛道；其思，超于"常道"，新锐独特；其政，"亮点"频现，名噪四方。

有人说，他是一个令人难以理解的"奇葩校长"，他是一个致力创新的"改革校长"。而在我的印象中，他是"狂妄"校长，他是"别样"校长，他是"弥勒"校长，他是"书痴"校长……他是一个与众不同的"个性"校长。

"狂妄"印象：誓言让学校天下闻名

袁仁超身材瘦小，个头不高。尽管年近半百，但他却时常春风满面，自信满怀。

10年来的4次采访中，他时不时地总爱"口出狂言"——育学生灵魂，创天下名校。他总爱做着他的"白日梦"——再过30年，在能气十足的"福小人"中走出几位叱咤风云的世界顶级人物。熟悉他的人都说，袁仁超此人"心高气傲"，心比天高。而在袁仁超看来，他之所以时常"语出惊人"，其意是想通过他的"白日梦"激发学生自信，提升灵魂，创造最好的自我。

从教32载，连任校长25年，历经4所学校。这辈子，袁仁超总是一如既往地做着他的"白日梦"。几十年来，尽管学生毕业了一茬又一茬，但他的"白日梦"却始终未改。这个梦，他足足做了25年。

早在大桥小学当校长时，他摒弃当时盛行的"为考而教"的急功近利思想，改革考试形式，发挥"考试考查"的评价导向功能，极大提升了学生的自信心、好奇心，使学校一跃成为江津首批课改实验校。

大桥中学期间，他努力减少以牺牲学生求知欲、好奇心为代价的高分低能教育，提出"千方百计让能升学的人升学，千方百计让不能升学的人不厌学"理念，积极推行"自主、合作、探究"的学习方式，使学校知名度一路走高。

在双槐树小学与双福实验小学的12年里，袁仁超的"白日梦"更是越做越大，他霸气十足地喊出"育学生灵魂，创天下名校"的豪言壮语，并培育出了个性鲜明的"小能人特色"。如今，双槐树小学的名气已走出江津、冲出重庆、走向全国。

最抓人眼球的是，在双福实验小学这几年间，这个"狂妄"的校长竟毛遂自荐，组织学校参加了由中国教育报刊社等单位联合举办的"中国当代特色学校"推选活动。出人意料的是，该校竟然从全国680所参选学校中脱颖而出，荣获"全国百强特色示范学校"称号，袁仁超同时也获得"全国百强特色学校模范校长"殊荣。

如今，双福实验小学的师生们，就像他们的校长那样锋芒毕露。近年来，该校每年有200多名教师获区级以上表彰奖励，1200多名学生获区级以上表彰奖励，31名学生在少儿书画大赛中捧回全国"金奖"。四川、贵州、青海、哈尔滨等地教育同行纷纷前来取经学习。

以未来的眼光，办今天的教育；用今天的创新，塑未来的能人。从普通老师到校长，从关注学生学校到关注教育。一路走来，袁仁超总是执着追寻着他的"白日梦"。我们坚信，只要沿着"梦"的轨迹坚定走下去，"狂妄"校长的"白日梦"终将成为"福小人"的现实。

"别样"印象：鼓励学生与老师"唱反调"

当前，我国基础教育太多整齐划一的标准造就了乖乖听话、循规蹈矩的"好孩子"，使许多充满奇思异想的孩子不断被剪削平整，丧失了异想天开的勇气，丧失了思维创造的激情，以致学生缺乏自信、缺乏梦想、缺乏动力、缺乏精神。袁仁超凭着创作200多本教育专著的学习感悟和25年校长经历，提出了他与众不同的"别样"育人育才观：教育是农业，人生是长跑；教育是尊重人性，而不是征服人性；没有快乐的童年，人生是有阴影的；读好书多读书，生发梦想，发育精神！小学是苗，中学大学是杆，贡献人类是果；没有苗，哪有杆和果！小学教育应成为保护孩子与生俱来的好奇心、想象力的教育，应成为培养自信、引领灵魂、享受快乐的教育，应成为培育能人、能干、能气的教育，而不是扼杀束缚人本的教育。他说，我们不仅要重视知识技能培养，对学生的升学负责，更要对学生一生的幸福和终身发展负责。

在他眼里，成功的小学教育是这样一幅图景：小学6年后，孩子们离开校园带走的应是"满面春风""快乐自信""好奇想象"，而不应是"面如菜色""少年老成""人云亦云"。

他不是思想家，胜似思想家，不是教育家，胜似教育家。

这些年，无论是在哪所学校，袁仁超总是鼓励孩子们"奇思异想""胡说八道""另辟蹊径""标新立异"，培养学生敢于质疑教材、敢于质疑校长、敢于质疑老师，敢想、敢疑、敢说、敢探的科学态度。

学校努力营造培育学生"能气"的氛围，开展了系列个性鲜明的"小能人"特色活动，创设持之以恒地做小能人的机会，最大限度开发学生的潜能，让学生在丰富的体验中绽放生命的活力。

如今的双福实验小学校园内，时时有小能人自治，天天有小能人出场，周周有小能人登台，期期有小能人展示，处处有小能人行动……几年来，学生们人人参与，阅读能力、演讲能力得到提升，安全意识、集体荣誉感得到增强，知识面得到拓宽，自信心得以建立，学习积极性极大提高。他们时时处处挺胸抬头，微笑大方，快乐自信，精神饱满，素质优秀，全面发展。

双福实验小学持之以恒的"小能人"特色活动，会不会"喧宾夺主"，影响学生的学习成绩？

对此，"福小人"给出了答案：这些年，学生们的成绩不仅在以前基础上逐年提高，而且连续几年在全区抽考中获得一等奖。

对于这样的佳绩，袁仁超不但没有流露出丝毫喜悦，反而满脸忧郁：人的全面发展是德、智、体、美等方面的全面发展，而不应该是考试学科的全面发展。如果到了一定阶段还继续猛追分数，那么势必得到以牺牲学生求知欲、好奇心为代价的高分低能教育。

"弥勒"印象：微笑、智慧引领教师成长

一见到袁仁超，他就给你亲切感，没有一点儿架子。老师们常说他平易近人，和蔼可亲，笑呵呵，乐悠悠。他心态好，好像"生气"与他无缘。他说，校长最重要的素质就是每天给老师微笑点点头。中国网重庆总编走进校园转了转，看了看，送给双福实验小学"四气"：校园优美大气，老师充满朝气，学生富有灵气，人人美丽秀气。

他常说，校长一天到晚老板着面孔，老师能微笑吗？老师一天到晚紧皱眉头，孩子能微笑吗？有什么样的校长，就有什么样的教师，就有什么样的学生。校长的言谈举止、为人处事、生活习惯、人格修养、学识水平，都会给老师和学生带来影响。他的校长职责与众不同，"每天转转校园、看看教室，微笑、快乐共同分享"。

在双福实验小学，不是"管理"，而是"理管"。他说，动之以情，晓之以理，再辅之以管。"千有理万有理，干好工作硬道理"是他的信条。在他的引导下，教师都憧憬未来，干劲十足。

袁校长对教师的培养严格温馨，充满智慧。青年教师写规范字，他一个一个示范，一笔一画指点。普通话训练，他参与其中，接龙朗读。他告诫老师们：字写不尽田字格，教中学可以，但教小学不合格。朗读要正确、流利、

有感情。用心感悟，读入情境，抑扬顿挫，虚实浓淡，声情并茂，摇头晃脑。这样的读才是享受，快读、吼读、念读，只是"和尚念经"，是折磨。

校长荐文、教师荐文网上互学，做"福小育魂天地"微信公众号，是教育思想、教育方法分享，更是做人修身和心灵熏陶。他说，教师的好心情不是说出来的，而是阅文读人中影响出来的。这里的教师个个微笑幽默，疾步如风，精神抖擞。

"书痴"印象："书香之家"成全国典型

纵观袁仁超办学思想、育人理念，不难发现，这些观点是他早年教育思想的继承和发展，是他这些年饱读中外教育名家经典著作感悟后的必然体现。

从教32载，袁仁超购读藏书3000余本，坚持每天必学，和写作大师进行心灵对话；20多年坚持订阅优秀报刊，睡前和醒来总情不自禁阅读、勾画；坚持每天早起上网学习，及时了解国家方针政策和教育动向；身为双福实验小学校长，他常常带动身边的教师读书，学校报账鼓励教师购读专著名篇，成立读书会，交流读书心得；开通"福小育魂天地"微信公众号，引领教师专业发展和心灵成长；鼓励学生好书交换读，每人每期读好书50本以上。2014年，袁仁超家庭成功入选首届全国"书香之家"，成为全国先进典型。

这些年，他主编《育学生灵魂，创天下名校》《教育因培育灵魂而神圣》等专著，参与编写《西部地区农村小学课程改革理论与实践》。组织经验介绍专题讲座80多次。32篇文章在报刊发表，45篇论文、教案获国家、省、市级奖励。获得第五届"全国百名优秀小学校长""全国百强特色学校模范校长""首届全国书香之家""江津区名校长"殊荣。

这，就是我印象中的袁仁超，一个与众不同的"个性"校长。有这么一个与众不同的校长，福小甚幸，孩子甚幸，教育甚幸，国家甚幸，民族甚幸！

以"世界眼光"，育"中国灵魂"。今天，"福小人"又朝着更高更大的"白日梦"阔步迈进。坚信，再过30年，双福实验小学如今的"小能人"，必定成为将来的国际顶级大能人！

（本文作者为《西部开发报》记者杜宜洪，部分有改动）

启迪灵魂 培养能力 养成个性

——重庆市江津区双福实验小学"小能人"特色教育侧记

"小能人"既是美丽的称谓，又是对学生的暗示与期许。重庆市双福实验小学（以下简称"双福实小"）的"小能人"特色教育立足于灵魂启迪、能力培养和个性养成，重点培养学生的实践、操作能力与自信、阳光的性格……让学生创造最好的自我。"小能人"特色教育旨在"凡是学生能做的事，尽量让学生做。""各一样活动，就各一些人享受成功"等理念，让学生在参与"实际工作"中提升能力、享受成功、增强自信、振奋精神。

双福实小的"小能人"特色教育的内容包括值周小能人、领操小能人、电视小能人、安全小能人、收发报刊小能人、小能人系列活动包括"文明礼仪巡逻""课间操行动""读书启蒙""读书风采""少儿广播台""孝敬日"活动""家庭会日"活动等。小能人系列岗位由举校统一设置，各个班级由主任确定岗位职责及工作细则，由班委会负责小能人岗位工作的开展与督促；小能人系列活动由校级和年级组织一组织、策划，以促进学校的精神面貌全面实施，一个小能人搭一个岗等同学负责，一个小能人活动一般由多名学生协作完成。小能人岗位的系列工作和小能人系列活动交叉进行，每天有小能人出场，每周有小能人展示，每学期有小能人行动。

每日小能人出场

双福实小根据学生一天的时间索排，在尊重学生学习特点和成长规律的基础上，设计了一系列"小能人"活动，让学生每天在快乐的流通参与中，充分利用过每时间提升自己。

"一歌一声一提醒一宣誓"这一系列活动是每个班级小学生的课前"必修课"，包括唱歌、故事分享、智能和集体宣誓等等活动。首先是指挥小能人指挥全班同学唱一首歌曲或者唱一首喜欢的歌，小能人给全班讲一个有意义的故事，随着同学们一起交流，接着是安全提醒，最后由值班学生共同

完成担任，让每一个学生都有锻炼的机会。学生在参与这些活动过程中锻炼了演讲能力、提升了自信、拓宽了知识视野……

"课间操行动"这一活动双福实小学每天举行两次，分别在上午和下午的大课间。下课铃响后，领操小能人迅速组织班内学生站成两队队人马。进入操场后，领操小能人根据广播中的节奏自主带领全班同学做操时的秩序……整个活动由领操小能人组织的训练，是对全体学生纪律意识的培养。整个活动全部由学生自主完成，学生的自理能力、自律意识在活动中不断增强。

"读书启蒙"活动 双福实小要求各个班级级都好书香涌动站，鼓励学生把自己最心爱的"好书"（伟人传记、科学故事、名家成长历、童话、科幻等）拿到班里与同学们交换阅读，推行50个人读50本不同的书。为了推动读书活动的有效开展，学校在每天下午实施了课前10分钟读书活动，教师在读书策略、读书方法等方面对学生提出一定的指导与要求，并根据读书效果对学生进行有针对性的引导和点拨，促进学生掌握有效的读书方式方法、养成良好的读书习惯。

"文明礼仪巡逻"双福实小学生组织每天纠别小能人的飘逻队进行"文明礼仪巡逻"，去发现、教育和正校园内乱丢、乱放、乱跑、

乱攀、乱写、乱摘等不文明行为，以改善校园环境、提升学生的文明素质。巡逻小能人要做到眼睛灵敏，及时发现；反应快，及时纠正；态度好，及时帮助。巡逻小能人还要切实做集查找、反馈和表扬的活动，培养学生养成良好的环保习惯。

"一周一话"一周一话"是双福实小的班级内活动，由值周小能人轮流负责。值周小能人每周一自选一句名言佳句，规范地写在黑板左边角，并就此"名言佳句"向全班同学发一场简短的有关"做人修身"的演讲，这一活动既是对演讲者的一次锻炼，也是对全体学生的提示与警策。

每周小能人展示

双福实小依据学校每周的事务安排，设计出一系列个性化的活动，为"小能人"创造登台的机会。这些活动既有恒常，总结每天的"小能人"活动的作用，又为学生提供了更高的平台，更大的锻炼机会。

"升旗风采"双福实小每周举行一次个性化的升旗活动，为学生搭建锻炼能力、展示风采的舞台。升旗活动由各班升旗小能人轮流负责，每个班级都有展示、锻炼的机会。升旗系列活动分为升国旗，升班小能人自我介绍、名人故事演讲、安全幸福提醒等环节。在升旗小能人自我介绍环节，主持人先对他们做简单介绍，八名升旗小能人依次面向全校学生自信演讲，他们向全校师生介绍自己的爱好，特长，畅谈自己的人生理想。

在名人故事演讲环节，各个班级根据学生在"故事分享"中的表现选拔出班级推小能人，同各校师生分享同志故事，既锻炼了讲述者，又熏陶了听众。同时，名人成长故事对学生又是一种引领和熏篇。

在安全幸福提醒环节，相关校领导联系季节特点自活动实际，每周为学生提供平安安全幸福提醒，这些提醒贴近学生的生活实际，有利于帮助学生提高自主生活能力，培养良好的生活习惯。

"少儿广播台"双福实小的少儿广播台是锻炼学生能力的一个重要平台，包括巡逻队队人，进行"文明礼仪巡逻"，去发现、教育和正校园内乱丢、乱放、乱跑、乱攀、

播音的机器调试、维稿、播音等工作，都由广播小能人自主完成，他们各司其职、相互协作，这既发展了学生的专业能力，有培养了学生的协作意识和团队精神。

每学期小能人行动

双福实小每学期设计了一系列校本特色活动，包括"孝敬日"活动""家庭会日"活动等等。"孝敬日"活动""六一汇演""金风晓晴""书画展"等，这些活动既为"小能人"们提供了展示与锻炼的机会，又丰富了学校的办学内涵。

"孝敬日"活动 每学期第二周周二，是双福实验小学的"孝敬日"。这一天，少先队大队部每学期都会选定一个"孝敬"主题，向全体学生发出行动倡议。如2016年上学期的行动倡议是：给长辈同一声好，给长辈捶一杯水、给长辈夹一次菜，给长辈讲一件使人人自豪的事，"孝"从自身做起，从小天做起，从小事做起。"孝敬日"活动让学生在行动中体会孝敬的意义与内涵，养成孝敬长辈的习惯。

"家庭会日"活动 每学期第三周周三，是双福实验小学的"家庭会日"。这一天，少先队大队部发出倡议，全校同学回家组织家庭成员的"主持家庭会议"，学习《双福实验小学给家长的一封

信》。信的内容包括两部分，第一部分介绍学校办学思想、不仅锻炼了学生的能力，办学定向和精神；第二部分是向校向家长建议的教育孩子的态度思想、原则、方法等。简单明了、操作性强。

"家庭会日"培养了学生的组织能力、顺话能力和民主意识，向家长推介了育人方法、育人技巧，构建起家校共育新机制。

"进步日"活动 每学期第四周周四，是双福实验小学的"进步日"活动。这一天，各个班级都举行一份活动，分享进步的经验，研讨进步的策略等。全体同学都参加进步的行列，在取得进步的同学都将被评为班级的同学出主意、想办法、多给予心动力，共谋集体进步。"进步日"活动既有助于全班共同进步，又

双福实小的"小能人"特色教育让学生处有锻炼的平台，时时促进成长的机会，不仅锻炼了学生的能力，提高了学生的自信心，而且有助于学生在参与实践中发现自我、培养兴趣、养成个性。双福实小的"小能人"特色教育也获得了社会各界的充分肯定。先后荣获"全国文明礼仪示范学校""全国百强特色学校《教育导报》''西部开发报》《重庆行政》等媒体先后对双福实小的"小能人"特色做过多次报道。

（撰稿/刘事伟）

《教育文摘周报》报道图片（2016年6月9日拍摄）

启迪灵魂，培养能力，养成个性

——重庆市江津区双福实验小学"小能人"特色教育侧记

"小能人"既是美丽的称谓，又是对学生的暗示与期盼。重庆市双福实验小学（以下简称"双福实小"）的"小能人"特色教育立足于灵魂启迪、能力培养和个性养成，重点培养学生的实践、操作能力和自信、阳光的性格，让学生创造最好的自我。"小能人"特色教育秉承"凡是学生能做的事，尽量让学生做""多一样活动，就多一些人享受成功"等理念，让学生在参与"实际工作"中提升能力、享受成功、增强自信、振奋精神。

双福实小的"小能人"特色教育的内容包括小能人系列岗位和小能人系列活动。小能人系列岗位包括值周小能人、领操小能人、节电小能人、安全小能人、收发报刊小能人等，小能人系列活动包括"文明礼仪巡逻""课间操行动""读书启魂""升旗风采""少儿广播台""孝敬日""家庭会日""进步日"等。小能人系列岗位由学校统一设置，各个班级自主确定岗位职责及工作细节，由班委会负责小能人岗位工作的开展与督促；小能人系列活动由校级学生组织统一组织、策划，从班级和学校两个层面实施。一个小能人岗位一般由一名同学负责，一个小能人活动一般由多名学生协作完成，小能人岗位的系列工作和小能人系列活动交织进行，每天有小能人出场，每周有小能人展示，每学期有小能人行动。

每日小能人出场

双福实小根据学生一天的时间安排，在尊重学生学习特点和成长规律的基础上，设计了一系列"小能人"活动，让学生每天在快乐的活动参与中，充分利用边角时间提升自己。

"一歌一享一提醒一宣誓"这一系列活动是双福小学学生的课前"必修课"，包括唱歌、故事分享、安全提醒和集体宣誓等活动。首先是指挥小能人指挥全班同学唱一首歌曲振奋精神，随后故事小能人给全班讲一个有意义的故事，接着由安全小能人对全班进行安全提醒，最后全班学生共同宣誓以鼓舞士气。学校提前对这些小能人进行简单培训，然后通过不同的机制确定出场机会，比如指挥小能人需要具备一定音乐指挥专业基础的学生担任，安全小能人和故事小能人则由学生轮流担任，让每一个学生都有锻炼的机会。学生在参与这些活动过程中锻炼了演讲能力，提升了自信，拓宽了知识视野。

"课间操行动"这一活动在双福小学每天举行两次，分别在上午和下午的大课间。下课铃响后，领操小能人迅速组织班内同学列成两纵队入场。进入操场后，领操小能人根据广播中的节奏自主带领全班同学做操，并且负责维持做操时的秩序。整个过程整齐有序，这既是对领操小能人组织能力的训练，又是对全体学生纪律意识的培养。整个活动全部由学生自主完成，学生的自理能力、自律意识在活动中不断增强。

"读书启魂"活动要求各个班级建好书香流动站，鼓励学生把自己最心爱的"好书"（伟人传记、科学家故事、名家成长经历、童话、科幻等）拿到教室交换阅读，推行50个人读50本不同的书。为了推动读书活动的有效开展，该校在每天下午实施了课前10分钟读书活动，教师在读书策略、读书方法等方面对学生提出一定的指导与要求，并根据读书效果对学生进行有针对性的引导和点拨，促进学生掌握有效的读书方法、养成良好的读书习惯。

"文明礼仪巡逻"活动需要双福实小学生每天组织小能人巡逻队进行"文明礼仪巡逻"，去发现、教育并纠正校园内乱丢、乱放、乱踏、乱攀、乱写、乱摘等不文明行为，以改善校园环境、提升学生的文明素质。巡逻小能人要做到眼睛灵，及时发现；反应快，及时纠正；态度好，及时帮助。巡逻小能人还要收集废纸、废塑料袋，适时表扬好的行为，培养学生的主人翁意识，使全校师生养成良好的环保习惯。

每周小能人展示

双福实小依据学校每周的事务安排，设计出一系列个性化的活动，为"小能人"创造登台的机会。这些活动既有统领、总结每天的"小能人"活动的作用，又为学生提供了更高的平台、更大的锻炼机会。

"升旗风采"是双福实小每周举行一次的个性化升旗活动，为学生搭建锻炼能力、展示风采的舞台。升旗活动由各班升旗小能人轮流负责，每个班级都有展示、锻炼的机会。升旗系列活动分为升国旗、升旗小能人自我介绍、名人故事演讲、安全幸福提醒等环节。

在升旗小能人自我介绍环节，主持人先对他们做简单介绍，再由八名升旗小能人依次面向全校学生自信演讲，他们向全校师生介绍自己的爱好、特长，畅谈自己的人生理想。

在名人故事演讲环节，各个班级根据学生在"故事分享"中的表现选拔出班级故事小能人，向全校师生分享励志故事，既锻炼了讲述者，又激励了听众。同时，名人成长故事对学生又是一种引领和鞭策。

在安全幸福提醒环节，相关校领导联系季节特点和学生生活实际，每周为学生提出若干条安全幸福提醒，这些提醒贴近学生的生活实际，有利于帮助学生提高自主生活能力、领悟生活智慧。

"少儿广播台"是双福小学锻炼学生能力的一个重要平台，台长、副台长、主持人等职务全部由班级选拔出的广播小能人担任，每班负责一周。广播台的机器调试、组稿、播音等工作全部由广播小能人自主完成，他们各司其职、相互协作。既发展了学生的专业能力，又培养了学生的协作意识和团队精神。

"一周一语""每周一语"是双福小学的班级内部活动，由值周小能人轮流负责。值周小能人每周周一自选一句鼓舞人心的名言佳句，规范地写在黑板左边区域，并就此"名言佳句"向全班同学发表一场简短的有关"做人修身"的演讲。这一活动既是对演讲者本人的锻炼，也是对全体学生的提示与鞭策。

每学期小能人行动

双福实小每学期设计了一系列校本特色活动，包括"孝敬日""家庭会日""迎新年""六一会演""全员跳绳""书画展"等，这些活动既为"小能人"们提供了展示与锻炼的机会，又丰富了学校的办学内涵。

"孝敬日"活动时间为每学期第二周周二。这一天，少先队大队部会根据每学期选定的"孝敬"主题，向全体学生发出行动倡议，例如，2016年上学期的行动倡议是：给长辈问一声好，给长辈倒一杯水，给长辈夹一夹菜，给长辈讲一件福小人自豪的事等。"孝"从自身做起，从今天做起，从小事做起。"孝敬日"活动让学生在行动中体会孝敬的意义与内涵，养成孝敬长辈的习惯。

"家庭会日"活动时间为每学期第三周周三。这一天，少先队大队部发出倡议，全校同学回家组织家庭成员，"主持家庭会议"，学习《双福实验小学给家长的一封信》。信的内容包括两部分，第一部分介绍学校办学思想、办学特色、办学业绩等，增强家长对学校教育的信心；第二部分是该校向家长建议的教育孩子的指导思想、原则、方法等，简单明了、操作性强。"家庭会"培养了学生的组织能力、朗读能力和民主意识，向家长推介了育人方法、育人技巧，构建起家校共育新机制。

"进步日"活动时间为每学期第四周周四。这一天，各个班级都举行中队活动，分享进步的秘诀，研讨进步的策略等，全体同学都参与其中。取得进步的同学帮助暂时落后的同学出主意、想办法，大家齐心协力，共谋集体进步。"进步日"活动既有助于全班共同进步，又有利于培养学生的协助意识和团队精神。

双福实小的"小能人"特色教育让学生处处有锻炼的平台、时时有成长的机会，不仅锻炼了学生的能力，提高了学生的自信，而且有助于学生在参与活动中发现自我、培养兴趣、养成个性。双福实小的"小能人"特色教育获得了社会各界的充分肯定，该校先后荣获"全国文明礼仪示范学校""全国百强特色示范校"等荣誉称号，师生每年获区级以上表彰奖励突破1200人次，《西部开发报》《重庆行政》等媒体先后对该校的"小能人"特色做过多次报道。

（本文作者为刘军伟，部分有改动）

"践行党的群众路线，办好人民满意的教育"
系列报道

育学生灵魂 创天下名校

——重庆市江津双福实验小学育人纪实

□ 文／杨志文 重庆市江津双福实验小学供图

双福实验小学校门

双福实验小学校坐落在重庆市双福新区学府大道，占地50亩，建筑面积20139 ㎡，2011年投入使用。各种功能用房（音、体、美、科、劳、书、计）齐全，教育装备基本配套，"绿荫芳香、快乐自信"的氛围让人向往、舒服。

育人理念卓远 教育思想深邃

双福实验小学坚持以人的自由发展为最大的发展。让不同的学生得到不同的发展，人人都得到最大的发展。真正实现差异发展、扬长发展、个性发展、最大发展。人的全面发展是德、智、体、美等方面的全面发展，而不应该只是考试学科的全面发展。

小学教育应成为保护孩子与生俱来的好奇心、想象力的教育，应成为培养自信、引领灵魂、享受快乐的教育，应成为解放人的教育，应成为张扬个性的教育，不应成为束缚人的教育。双福实验小学坚持放眼世界看人的潜能，预测、期待学生未来，不断

鼓励，不断强化，不断暗示，不断引发，激活学生"梦想"、"冲动"、"钻牛角尖"、"与众不同"、"奇思异想"、"胡说八道"、"异想天开"、"另辟蹊径"、"标新立异"，不让每一个孩子灵魂掉队，不让"钱学森"、"袁隆平"之苗在手下枯萎。

学校校标由"双福"的拼音声母"SF"组成。似快乐奔跑的小能人，似翻开的书本；又似帆船在大海中航行，寓意双福学子迎着朝阳，在知识的海洋中遨游；又如一只大手，拖起孩子，寓意双福学子在学校、老师的呵护下，健康快乐的成长。整个标志造型简洁、赋予动感，色彩主色为橙色，色彩鲜明，象征阳光、欢乐、朝气蓬勃的精神。

让30年后的人们因双福实验小学今天的教育而自豪！教育因培育灵魂而神圣！老师因此而伟大，福小因此而天下闻名。

教师德行提升 理管结合高效

教育大计，教师为本。一个好老师带出一个好班级，影响一群孩子的一生。教育是慢的艺术，教师成长也不例外，双福实验小学开展多种形式的教师教育，促进：书生之师→灵魂之师→神圣之师→阳光之师→幸福之师。

学校带领行政一班人坚定办学思想，既追求好高骛远的目标，又脚踏实地的行动、弘扬与践行阳光心态，心胸豁达，宽容大度，语言诙谐幽默，雅而不俗，营造宽松和谐、民主和谐氛围，抓好自己的本职工作、分管工作，具有示范性、完美性。

在管理上，学校提倡"多理管、少管理"，即先动之以情，晓之以理，

中国教育学刊学术研究员，江津区名校长，双福实验小学校长袁仁超

袁仁超被评为江津区"五一劳动奖章"获得者、首届全国"书香之家"、全国百强模范校长。

"育学生灵魂，创天下名校"，坚持再坚持，一定不是梦！

（责任编辑：蔡晓梅）

读好书启灵魂

辅之以管，坚持"多人发脉，集体决策，分工负责，协同推进，民主治校，人本管理"行政管理机制，落实人人有事做，事事有人做，时时有人管，处处有人抓。做到学期有计划，月月有安排，周周有行动，日日有检查，事事有落实。

班子成员，既分工，又合作。既尽本职，又协助别人。牺牲假日，不计得失，深夜加班，无怨无悔。把千头万绪的工作打理得有条不紊。

"小能人"特色璀璨 教育成果辉煌

学校努力营造培育学生"能气"氛围，创设持之以恒的做小能人机制，让学生充满自信，振奋精神，使之血液中流淌着能干之气。并开展"教一享一提醒一宣誓"、"课间活动"、"午间练字"、"读书启迪"、"文明礼仪巡逻"、"课程辅导活动"、"家务我来做，跳绳100个"

等一系列活动。定期开展《家庭小报》全员展示活动。双福实验小学网站，校定"孝敬日"、校定"家庭会日"、校定"进步日"，让学生动脑又动手。

双福实验小学荣获"全国文明礼仪示范学校"、"全国百佳书香特色教育示范基地"、"全国百强特色示范学校"等殊荣，师生每年获区级以上表彰奖励突破1200人次。2012年12月，江津区基础教育现场会在双福实验小学召开，推广本校教育特色2013年11月，重庆市"卓越课堂"现场会在校内举行，校长做大会交流。2012年5月，《西部开发报》以题"教育创新的'双福模式'"报道福小教育；2013年2月，《中国新闻杂志社》时代中国之声报道福小教育《育魂激能：让每一个梦想都开花》；2013年4月，江津网报道福小《育学生灵魂，闯天下名校》。中国新闻杂志社编辑部主任邝卫红撰文：福小的教育既有"中国灵魂"，更有"世界眼光"！

家庭会日，学生给家人开会

家庭小报大展示

庄严肃穆的升旗仪式

走进企业，感受科技魅力

育学生灵魂创天下名校

——重庆市江津双福实验小学育人纪实

双福实验小学校坐落在重庆市双福新区学府大道，占地50亩，建筑面积20139平方米，2011年投入使用。各种功能用房（音、体、美、科、劳、书、计）齐全，教育装备基本配套。"绿荫芳香、快乐自信"的氛围让人向往、舒服。

育人理念卓远，教育思想深邃

双福实验小学坚持以人的自由发展为最大的发展，让不同的学生得到不同的发展，人人都得到最大的发展，真正实现差异发展、扬长发展、个性发展、最大发展。人的全面发展是德、智、体、美等方面的全面发展，而不应该是考试学科的全面发展。

小学教育应成为保护孩子与生俱来的好奇心、想象力的教育，应成为培养自信、引领灵魂、享受快乐的教育，应成为解放人的教育，应成为张扬个性的教育，不应成为束缚人的教育。双福实验小学坚持放眼世界看人的潜能，预测、期待学生未来，不断鼓励，不断强化，不断暗示，不断引发，激活学生"梦想""冲动""钻牛角尖""与众不同""奇思异想""胡说八道""异想天开""另辟蹊径""标新立异"，不让每一个孩子灵魂掉队，不让"钱学森""袁隆平"之苗在手下枯萎。

让30年后的人们因双福实验小学今天的教育而自豪！教育因培育灵魂而神圣！老师因此而伟大，福小因此而天下闻名。

教师德行提升，理管结合高效

教育大计，教师为本。一个好老师可以带出一个好班级，影响一群孩子的一生。教育是慢的艺术，教师成长也不例外，双福实验小学开展多种形式的教师教育，促进"教书之师→灵魂之师→神圣之师→阳光之师→幸福"之师的持续提升。

学校行政领导班子坚定办学思想，既追求"好高骛远"的目标，又脚踏实地地行动。弘扬与践行阳光心态，心胸豁达，宽容大度，语言诙谐幽默，雅而不俗，营造宽松和谐、民主和谐氛围。抓好自己的本职工作、分管工作，具有示范性、完美性。

在管理上，学校提倡"多理管，少管理"。即先动之以情，晓之以理，再辅之以管。坚持"多人发脉，集体决策，分工负责，协同推进，民主治校，人本管理"的行政管理机制，落实人人有事做，事事有人做，时时有人管，处处有人抓。做到学期有计划，月月有安排，周周有行动，日日有检查，事事有落实。

班子成员既分工，又合作。抓本职，又协助别人。牺牲假日，不计得失，深夜加班，无怨无悔。把千头万绪的工作打理得有条不紊。

"小能人"特色璀璨，教育成果辉煌

学校努力营造培育学生"能气"的氛围，创设持之以恒地做"小能人"机会，让学生充满自信，振奋精神，使学生血液中流淌着能干之气。开展"一歌一享一提醒一宣誓""课间操行动""午间练字""读书启魂""文明礼仪巡逻""课程辅助活动""家务我来做，跳绳100个"等一系列活动。定期开展《家庭小报》全员展示活动、校定"孝敬日"活动、校定"家庭会日"活动、校定"进步日"活动，让学生动脑又动手。

双福实验小学荣获"全国文明礼仪示范学校""全国百佳书画特色教育示范基地""全国百强特色示范学校"等殊荣，师生每年获区级以上表彰奖励突破1200人次。2012年12月，江津区基础教育现场会在双福实验小学召开，推广该校教育特色；2013年11月，重庆市"卓越课堂"现场会在校内举行，袁校长做大会交流。2012年5月，《西部开发报》以题"教育创新的'双福模式'"报道福小教育；2013年2月，《中国新闻杂志社》时代中国之声刊登文章——《育魂激能：让每一个梦想都开花》报道福小教育；2013年4月，江津网发布文章——《育学生灵魂，闯天下名校》报道福小。中国新闻杂志社编辑部主任邝卫红撰文：福小的教育既有"中国灵魂"，更有"世界眼光"！校长袁仁超获得的个人荣誉包括：江津区"五一劳动奖章"获得者、首届全国"书香之家"、全国百强模范校长。

"育学生灵魂，创天下名校"，坚持再坚持，一定不是梦！

（责任编辑：蔡晓梅，部分有改动）

中国网报道图片（2019年10月28日拍摄）

二、获奖展示　激人奋进

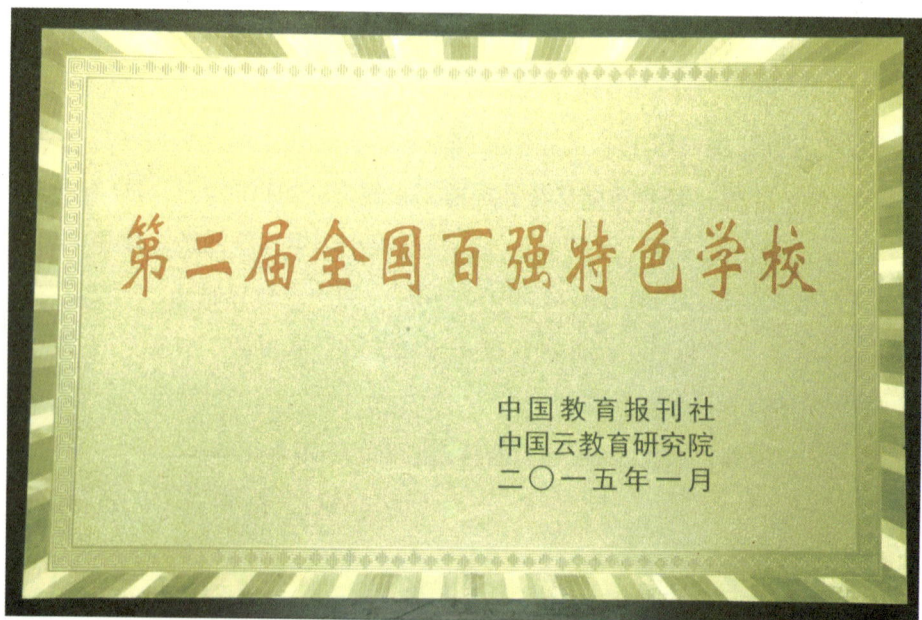

第二届全国百强特色学校

中国教育报刊社
中国云教育研究院
二〇一五年一月

全国百佳

书画特色教育示范基地

星火杯全国少年儿童书画大赛委员会
团中央辅导员杂志社 颁

重庆市江津区双福实验小学

在2015"飞翔中国"全国青少年儿童书画摄影
展示交流活动中，荣获

艺术教育集体特等奖

中国青少年发展服务中心　　中国少年儿童书画院　　中国书画艺术促进会

二〇一五年六月

岗位学雷锋示范点

中共重庆市委宣传部
2016年3月

重庆市文明交通示范学校

重庆市文明交通行动计划
领导小组办公室
二〇一三年三月

授予: 重庆市江津区双福实验小学校

重点课题实验研究基地学校

重庆市教育科学"十二·五"重点规划课题
二〇一五年十二月八日

2017——2018学年江津区小学教学质量

先进单位

重庆市江津区教育委员会
二〇一八年十二月

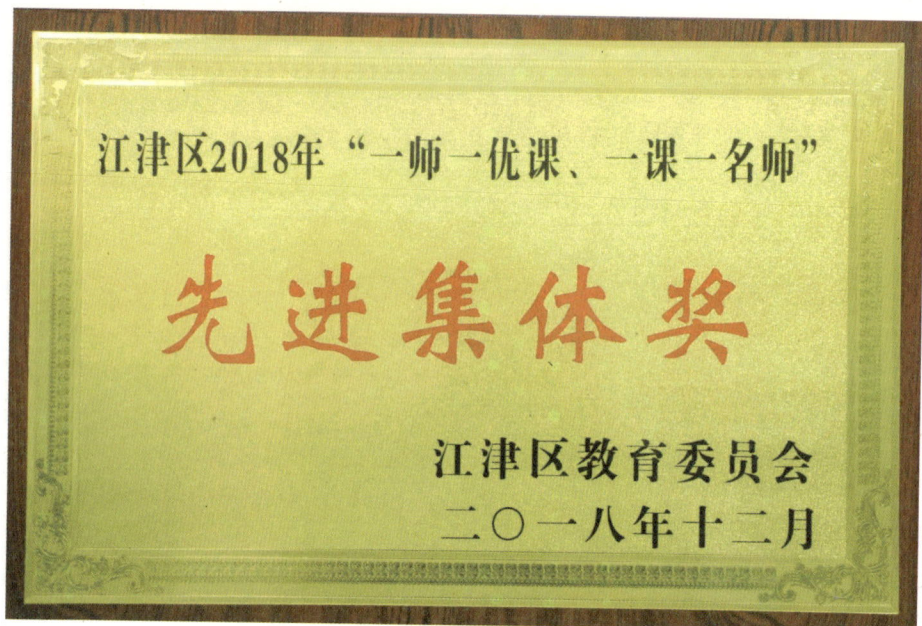

江津区2018年"一师一优课、一课一名师"

先进集体奖

江津区教育委员会
二〇一八年十二月

获奖证书

双福小学：

荣获江津区2018年中小学生艺术展演活动

学校优秀组织奖

重庆市江津区教育委员会
二〇一八年十月

获 奖 证 书

双福小学：

    在2018年江津区中小学生艺术展演活动中，荣获(合唱类)：

一 等 奖

重庆市江津区教育委员会
二〇一八年十月

第七章　我的班级　同乐宇宙

少年智则国智；少年富则国富；少年强则国强；少年独立则国独立；少年自由则国自由；少年进步则国进步；少年胜于欧洲，则国胜于欧洲；少年雄于地球，则国雄于地球。福小"小能人"，干能——能干，越干——越能，我们———定能！